권력이행기 북한의 예술정치

지은이 김정수

이화여자대학교 독어독문학 학사 이후, 동국대학교 연극영화과에서 석사와 박사학위를 취득하고, 대학로에서 작·연출로 작품 활동을 했다. 이후 단국대학교 한국문화기술연구소에서 연구교수를 역임하면서, 이화여자대학교 북한학과에서 박사를 취득하고, 통일부 통일교육원 교수를 역임했다. 현재는 정의와 통합아카데미 대표이며, 남북연극교류위원회 자문위원, 이화여대 북한연구회 연구이사이다. 정의와 통합아카데미에서는 연구위원들과 함께 남북한 문화예술, 북한의 예술정치, 청소년 평화통일교육, 한반도 사회통합 등을 연구하며 강의하고 있다.

북한학 박사논문으로는 「북한 예술영화의 '행동'과 '감정' 분석」(2018), 연극영화학 박사논문으로는 「한국연기에 있어서 화술표현의 변천양태 연구」(2007)가 있다. 최근 연구에는 「21세기 북한 연극 읽기」(한국예술연구소, 2018), 「김정은 시대 예술영화에 나타난 일상정치」(문화정책논총, 2018) 등이 있으며, 단독저서에는 『화술로 읽는 우리연극: 태동에서 실험까지』(2019), 『북한 연극을 읽다: 김일성에서 김정은 시대까지』(2019), 공동저서에는 『동아시아의 연극과 영화: 계승과 도전』(2022), 『동아시아의 여성과 무대』(2021), 『북한여성, 변화를 이끌다』(2021), 『교류와 소통의 남북문화예술 그리고 춤』(2020), 『21세기 북한의 예술』(2020), 『남과 북, 평화와 공존』(2020), 『김정은 체제: 변한 것과 변하지 않은 것』(2018) 등이 있다.

권력이행기 북한의 예술정치

© 김정수, 2022

1판 1쇄 인쇄__2022년 06월 10일
1판 1쇄 발행__2022년 06월 20일

지은이__김정수
펴낸이__양정섭

펴낸곳__경진출판
　　　　등록__제2010-000004호
　　　　이메일__mykyungjin@daum.net
　　　　사업장주소__서울특별시 금천구 시흥대로 57길(시흥동) 영광빌딩 203호
　　　　전화__070-7550-7776 **팩스**__02-806-7282

값 25,000원
ISBN 978-89-5996-878-7 93680

권력이행기 북한의 예술정치

김정수 지음

경진
출판

예술과 정치를 이어주신
최대석 선생님께 바칩니다.

독어독문학 학사를 공부하고, 연극영화학 석박사를 마친 후 단국대학교 한국문화기술연구소에서 일하게 되었다. 그 당시 필자의 담당연구는 남북한 공연예술이었다. 북한의 공연예술을 처음 접했을 때는 마냥 신기하기만 했다. 북한은 이런 말을 쓰는구나, 이런 표현을 하는구나, 하면서. 그런데 시간이 지날수록 연구의 한계가 느껴졌다. 모든 사회주의 국가가 그러하듯 북한의 예술은 정치와 너무도 밀접한 관계이기 때문이다.

북한의 정치를 알아야겠다는 소박한 생각으로 이화여대 북한학 박사과정에 들어갔다. 아무 부담 없이. 이화여대 박사과정은 즐거움 그 자체였다. 무엇보다 정치, 경제, 외교, 남북관계 등은 깊이 생각해 본 적이 없기에 다른 세계에 진입한 듯했다. 그런데 즐거움이란 원래 오래가지 않는 것인가? 시간이 지날수록 북한의 정치와 예술은 다각도에서의 사유를 요구하기 시작했고, 정치와 예술을 직조하는 것은 능력이 부족한 필자에게는 벅찬 일이었다. 그 벅참이 가능으로 바꾸어진 것은 선생님, 친구, 후배들과의 만남 때문이다.

이 책은 김정일과 김정은의 권력이행기에 제작된 북한 영화를 통해서 북한의 예술정치를 탐구한 것이다. 보다 구체적으로는 북한의 문화정책을 살펴보고 김정일과 김정은 정권 초기 예술영화의 '행동(praxis)'과 '감정(affectus)'을 비교분석하면서 정치사회적 의미를 규명하였다.

1장은 권력이행기 김정일과 김정은 시대 예술계의 담론이다. 예술계의 담론은 지속되면서도 변화된다. 지속은 '사회주의 체제 수호'와 '수령형상화'라는 측면이며, 이 두 요소는 북한의 어떤 시기에도 나타나는 북한 예술 창작의 핵심 주제이자 소재이다. 그러나 변화적 요소도 분명 나타난다. 김정일 시대에는 '최고 지도자의 덕성'에 초점을 두고 '민족'을 강조했다면, 김정은 시대는 '최고 지도자의 영웅성'에 초점을 두고 '과학화와 현대화'를 강조한 점이다. 김정일 정권 초기에는 경제적 위기로 원자화되는 북한 사회를 통합하기 위해서, 김정은 정권 초기는 정통성 확립과 사회주의 문명강국을 실현하기 위해서이다.

2장에서는 영화에 나타난 예술정치를 '행동'과 '감정'으로 나누어 분석하였다.

'행동'을 이항대립으로 분석하면, 김정일과 김정은 시대에는 공통적으로 '개인 욕망'보다 '집단 욕망'을 강조한다는 것이 발견된다. 차이점은 김정일 시대에 '의리'를, 김정은 시대는 '돈에 대한 경계'를 강조한다는 것이다. 김정일 시대에는 경제난으로 인한 북한 주민의 이탈현상 때문이며, 김정은 시대는 '당'보다 '돈'을 우선시하는 북한 주민의 의식 변화 때문이다.

한편 '감정'을 서사 구조로 분석했을 때에는 김정일과 김정은 시대 모든 영화에서 공통되는 패턴이 나타난다. 김정일과 김정은 시대 영화는 모두 기승전결의 구조를 취하면서 관객의 감정이입을 유도하여 관객의 이성을 자극하지 않는다. 다만 김정일 시대에 '설화'를 활용하여 직접적 감정자극을 모색했다면 김정은 시대에는 음악을 활용해서 간접적 감정자극을 모색한다는 점이 차이점이다. 다음 예술영화를 '주제가 선율'과 '감정어휘'로 분석하면, 김정일과 김정은 시대 모두 최고 지도자에 대한 애희(愛喜)의 강박이 있는 것이 특징으로 나타난다. 다만 김정은 시대에 애(哀)가 김정일 시대에 비해 상대적으로 감소하고 구(懼)와 노(怒)가 증가하는 양상이다. 김정은 시대 애(哀)의 감소는 신파적 정서를 탈피하고자 하는 시대적 흐름에서, 노(怒)의 증가는 북한 당국의 '자본주의 문화 봉쇄'지침의 영향에서 비롯된 것이다.

3장에서는 김정일 시대와 김정은 시대를 비교하면서 그 의미가 무엇인지를 규명하였다.

김정일과 김정은 시대는 공통적으로 동화를 통해 관객의 능동성을 소멸하며, 북한 주민이 스스로 죄책감을 갖도록 유도하고, 집합기억을 재생산한다. 북한 주민의 능동성 소멸은 북한 당국이 주조하는 감정의 내면화를 가져온다. 또한 죄책감은 북한 주민의 특정한 행동을 방지하는 데 유용하며 집합기억은 공동체의 연대를 강화하고 일체감을 부여하는 데 유용하다. 김정일과 김정은은 과거를 경험하지 않은 세대와 더불어 체제를 유지하고 정당성을 설득하기 위해 죄책감과 집합기억을 중요 요소로 활용하는 것이다. 동시에 변화도 분명 존재한다. 김정일 시대에 비해 김정은 시대에 관료에 대한 비판이 나타나고 영화적 표현이 증가한다는 점이다.

이와 같이 영화를 통해서 볼 때 김정일과 김정은 시대 북한 당국이 경계하는 것의 본질은 북한 주민의 '욕망'이다. 특히 김정은 정권 초기 경계 대상은 '개인의 욕망'이다. 김정일 시대에도 개인의 욕망에 대한 경계가 있었지만 김정일 시대 개인의 욕망은 가족이나 직장과 관련된 것이었다. 사랑하는 남편과 같이 살고 싶은, 자신의 작업반이 칭찬을 받고 싶은, 가족과 같이 살고 싶은 욕망 등이 김정일 시대 영화에 나타나는 북한 주민의 욕망이었다. 그런데 김정은 시대의 욕망은 결이 다르다. 김정은 시대 영화에 나타나는 욕망은 '가족의 욕망'과 관련되기보다는 '나'와 관련된다. '나'의 화려한 생활, '내가' 주목받고 싶은 욕망, '내가' 출세하고 싶은 욕망이다. 이를 단순히 명예욕이나 권력욕이라는 말로 일반화하지 말자. 이것을 모두 포괄하는 보다 근원적인 욕망을 찾는다면 그것은 '나의 기쁨'이 아닐까? 인간의 욕망을 '욕구에 의식이 더해진 것'으로 이해한다면 인간은 살아있는 한 욕망한다. 김정일 시대 경제난이 김정은 시대에 어느 정도, 또는 완전히 해결되었다고 해서 '기쁨'에 대한 북한 주민의 욕망이 사라지는 것은 아니다. 결핍이 없어도 더 커다란 완전성으로 이행하고 싶은 욕망, '기쁨'에 대한 욕망은 불멸인 것이다. 그렇다면 현재 북한은 기쁨을 욕망하는 북한 주민, 슬픔을 주조하는 북한 당국, 기쁨에 대한 북한 주민의 욕망을 수용할 수밖에 없는 북한 예술계가 엉켜있는 '감정과잉' 국가라 하겠다.

이 결론에 도달하면서 새삼 확인한 것은 감정이란 인간 본성이기도 하고, 사회적 산물이기도 하다는 점이다. 그것은 북한뿐 아니라 어떤 사회에서도 동일하다. 사회가 감정을 어떻게 주조하는가, 감정이 사회를 어떻게 변화시키는가, 그 속에서 우리는 어떻게 존재해야 하는가를 사유하게 된 것이 이 책을 집필하며 받은 선물이다. 그리고 그 과분한 선물은 많은 분들에 의해 주어졌다고 말할 수밖에 없다.

정치에 대한 개념부터 차근차근 지도해주신 최대석 선생님, 즐거운 토론과 우정으로 함께 공부한 친구와 후배, 당신의 딸이 무엇을 하든 응원을 이미 준비하시는 부모님, 같이 걸어가는 정의와 통합아카데미 연구위원들, 긴 시간 일방적 배려를 보내신 경진출판 양정섭 대표님. 이분들은 존재 자체로 과분한 '선물'이다. 지면을 통해서 감사와 사랑을 전해드린다.

수리산 연구실에서
김정수

목차

11

제1장 예술과 정치

1. 예술정치

북한의 예술정치 연구에서 영화를 분석하는 작업은 특별한 의미를 지닌다. 예술은 '관객의 성향과 생각에 어떤 방식으로든 영향'을 주고,[1] '사회의 지배적 집단이 창조하고 유포하여 지배 체계의 질서를 반영'하므로[2] 그 자체로 중요하면서 북한을 이해하는 중요 통로이기 때문이다.

예술정치 연구를 위해서는 '행동(praxis)'과 '감정(affectus)'의 분석이 기본이다. 정치와 사상은 '보통사람이 반복적으로 살아나가는 일상'에서 행동과 연결될 때 의미 있으며[3] 변화는 '하찮은' 일상에서

---

1) Bertolt Brecht, *Brecht on theatre*, edited and Translated by John Willet(London: Methuen, 1978), pp. 150~151.

2) Victoria D. Alexasnder, *Sociology of the arts*(Oxford: Blackwell, 2003), p. 37.

일어나는 행동의 합으로 이루어진다. '정치만으로는 살 수 없다'는 선언 이후 트로츠키가 일상에 작동하는 정치에 천착했듯이 체제의 성공은 정치경제뿐 아니라 대중의 일상적 행동을 포함한다. 또한 '감정'은 정치의 우연한 파생물이 아니라 정치의 본질이다.[4] 대중을 지배하는 것은 이성뿐 아니라 격정, 쾌락, 정열, 공포와 같은 감정이기 때문이다.[5] "자신의 행위에 대한 확신감 없이, 능력 있는 타자의 행위에 대한 신뢰감 없이, 성공을 독려하는 실패에 대한 불안감 없이, 이익 추구를 자극하는 경쟁자에 대한 부러움 없이, 어떤 사람이 어떤 문제를 제대로 해결할 수 있을까?"[6] 감정은 역사, 사회, 개인을 매개하면서 인간세계의 지속적인 변화 과정을 이끄는 동력이다.[7]

그렇다면 '행동'과 '감정'을 분석하는 것은 북한의 예술정치 연구를 위해 필수적이지 않을까? 북한 당국은 영화를 통해 북한 주민이 일상에서 무엇을 어떻게 '행동'하라고 요구했을까? 이 과정에서 북한 당국은 북한 주민이 어떤 '감정'을 갖도록 유도했을까? 이 질문이 사유의 출발점이다.

북한 예술영화는 남한 '극(劇)영화'에 해당하며 극(劇)이란 "행동의 모방(an imitation of an action)"이다.[8] 행동(praxis)은 "물리적 행동이라기보다는 행동을 일으키는 원천(the motivation from which deeds spring)",

3) 알프 뤼트케 외, 이동기 외 옮김, 『일상사란 무엇인가』(청년사, 2002), 18쪽.

4) Jack Barbalet(ed.), *Emotions and Sociology*(Oxford: Blackwell, 2002), p. 7.

5) 플라톤, 최현 옮김, 『소크라테스의 변명: 피아톤, 크리톤, 향연, 프로타고라스』(집문당, 2008), 330쪽.

6) Jack Barbalet(ed.), *Emotions and Sociology*, p. 1.

7) 박형신·정수남, 『감정은 사회를 어떻게 움직이는가?』(한길사, 2015), 47쪽.

8) Butcher, S. H.(Tr.), Fransis Fergerson(Introduction), *Aristoteles's Poetics*(New York: Hill and Wang, 1961), p. 7.

외부로 향하는 심리적인 에너지(a psychic energy working outwards), 영혼의 움직임(movement-of-spirit)이다.9) 극은 "철학이나 사상을 논하는 토론장이 아니라 인간 삶의 모습을 구체적인 모습으로 보여 주는 현장"인 것이다.10) 한편 '감정(affectus)'은 '인지적 측면이 포함된'것으로11) "신체의 행위 역량을 증대하거나 감소하고 촉진하거나 억제하는 신체의 변용(affections of the body)이자 이러한 변용의 관념(the ideas of these affections)"이다.12) 감정은 심리적 상태일 뿐 아니라 사회문화적 구성물이며 행동에 영향을 미치는 욕망으로 '극'의 필수요소인 것이다.13)

홍미로운 것은 북한의 김정일 역시 영화에서 '행동'과 '감정'을 중요하게 여긴다는 점이다. 김정일은 『영화예술론』에서 '사상의식은 눈으로 볼 수도, 자로 잴 수도 없으므로' 주인공의 구체적인 '행동을 통해 보여주어야' 하며14) '인간의 사상과 감정이 구체적인 행동으로 드러나는 과정을 깊이 파고 들어가야 산 인간의 모습을 볼 수 있고 생활과정에서 맺어지는 인간관계와 그로부터 제기되는 인간문제를 잡아 쥐고 의의 있게 풀어나갈 수 있다'고 밝힌 바 있다.15) 또한 김정일은 이 과정에서 연출가는 '감정'을 적극적으로 활용해야 한다고 주장한다. '감정은 사상과 마찬가지로 인간의 내면세계를 이

---

9) *Ibid.*, p. 8.
10) 안민수, 『연극연출: 원리와 기술』(집문당, 1998), 122쪽.
11) Robert C. Solomon, *What is an Emotion?: Classic and Contemporary Readings*(New York, 2003), pp. 5~7.
12) Benedict de Spinoza, *A Spinoza Reader*, Edited and Translated by Edwin Curley(New Jersey: Princeton university press, 1994), p. 154.
13) 박형신·정수남, 『감정은 사회를 어떻게 움직이는가?』, 42~43쪽.
14) 김정일, 「영화예술론」, 『김정일선집(3)』(평양: 조선로동당출판사, 1996), 72~73쪽.
15) 위의 책, 40쪽.

루므로 감정을 떠나서는 내면세계를 제대로 밝힐 수 없고 인간성격을 진실하게 그려 낼 수 없으며 사상을 정서와 결합하는 것이 예술형상의 본질적 특성'이기 때문에 "감정의 흐름을 타고 정서적으로 밝혀지는 사상만이 사람들의 심금을 울려 주며 마음속에 깊이 심어진다"는 주장이다.16) 북한 당국이 영화를 대중과 소통하는 통로로 선택했을 때 '행동'과 '감정'은 핵심 요소인 것이다.

따라서 이 글은 김정일과 김정은의 권력이행기 영화에 나타난 북한 당국의 예술정치를 분석하고 그 의미를 규명하고자 한다.17) 이 글이 집중하는 것은 문예정책이나 이데올로기 같은 추상적 개념이 아니라 북한 당국이 예술영화에서 북한 주민이 일상에서 실천할 수 있는 어떤 '행동'을 제시하며, 이 과정에서 북한 주민에게 어떤 '감정'을 주조하는가를 밝히는 것이다. 일상이 '하찮고 시시한 것'이라면 이 글이 규명하는 영화 속 일상의 '행동'과 '감정' 역시 '하찮고 시시'할 수 있다. 그러나 '하찮은' 일상이 '대단한' 사건이나 변혁의 토대이고18) 대중이 예술에서 체험하는 감정이 현실로 이어져 예측하지 못한 개혁과 창조를 가져온다면,19) 영화 속 '행동'과 '감정'의 규명은 새로운 시도이자 북한 당국과 주민의 욕망을 포착하는 계기임에는 분명하다.

---

16) 위의 책, 173쪽.

17) 이 글이 언급하는 권력이행기는 제도적 의미와 정치적 의미를 포괄할 수 있는 시점에 초점을 두어 선대 지도자 사망 이후부터 김정일과 김정은이 북한 헌법상 최고 지도자의 자리에 오르는 시점까지이다.

18) 미셸 마페졸리·앙리 르페브르 외, 박재환 / 일상성·일상생활연구회 엮음, 『일상생활의 사회학』(한울아카데미, 2016), 12쪽.

19) Alphons Silbermann, "Soziologie der Kunst", in Rene Konig(Hrsg.), *Handbuch der empirischen Sozialforschung*(Sd. 13, Sttuttgart, 1979); 이남복 편저, 『연극사회학』(현대미학사, 1996), 35쪽.

2. 기호학, 드라마, 감정어휘 분석

북한 예술영화 분석을 위해 적용한 주요 방법론은 기호학적 영화 분석법, 드라마적 분석법, 감정 어휘 분석법이다. 예술은 '그 자체의 다양하고도 다차원적인 특성으로 인하여 총괄적으로 분석하기 위해서는 연구방법론 중 하나만을 선택하기보다는 필요에 따라 절충적으로 활용하는 것이 유익'하다.[20] 최근 어휘 분석에 'R-프로그래밍'을 사용하기도 하지만 이 프로그램은 감정어휘 분석에 적합하지 않으므로 선택하지 않는다. 예를 들어 '울다'의 경우 슬픔에 속하는지 기쁨에 속하는지 맥락 속에서 파악해야 하는데 'R-프로그래밍'은 맥락적 의미를 구분하지 못하며 아직 형태소 분석도 불안정하다. 감정어휘는 맥락에서 파악하는 세밀한 수동 작업이 필수이다. 감정 군(群)의 대분류는 동양의 분류를 따라 "희(喜)노(怒)애(哀)구(懼)애(愛)오(惡)욕(慾)"으로, 중분류는 국문학계의 연구를 종합하여 세분화했다. 최종 '감정어휘 분류표'는 다음과 같다.[21]

---

20) 이화원, 「연극비평을 위한 공연분석」, 한국평론가협회, 『동시대 연극비평의 방법론과 실제』(연극과인간, 2009), 71쪽.

21) 이 글은 김정수·최대석의 연구를 토대로 감정어휘 중분류에 해당하는 남한의 어휘를 수집하고 재구성하여 〈부록 1〉에 정리하고 이를 기준으로 북한의 감정어휘를 〈부록 2〉에 구축했다. 〈부록 2〉는 연구대상 예술영화의 시나리오(영화문학)를 면밀하게 읽으면서 남한의 감정어휘와 대조하며 남한의 분류 틀에 북한 감정어휘를 배치한 것이다. 김정수·최대석, 「김정은 시대 문예정책의 감성체계 연구: 감성어휘의 구축과 감성어휘에 따른 분석」, 『정책연구』 여름호(2014).

[표 1] 감정어휘 분류표

대분류	기쁨	노여움	슬픔	두려움	좋아함	싫어함	바람
		분노	슬픔	두려움	호감	반감; 거부감; 미움	바람; 욕심
		원망	괴로움	걱정	사랑	답답함	궁금함
		불쾌	억울함	초조함	반가움	냉담	아쉬움
			외로움	미안함	신뢰감	치사함	불만
			후회	위축감	만족감	불편함: 귀찮음	갈등
중분류			실망	놀람	안정감	난처함	
			허망		공감	불신감	
			그리움		감동	서먹함	
					통쾌함	심심함	
					자랑스러움	싫증	
					자신감	시기심	
					고마움	부끄러움	

이 외 그레마스의 기호사각형 모형, 주제가 채본, 인터뷰를 병행했다. 그레마스의 기호사각형을 통해서는 인물의 관계와 심연을 드러내고자 한다. 그레마스가 인물의 관계를 대립, 모순, 함축으로 구분하며 제시한 모형은 다음과 같다.

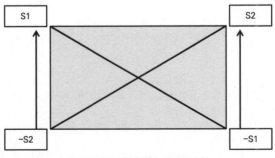

[그림 1] 그레마스의 기호사각형

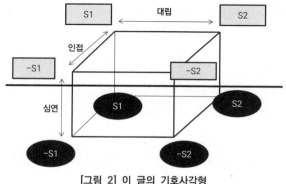

[그림 2] 이 글의 기호사각형

S1과 S2는 대립(opposition)관계이며, S1과 -S1 그리고 S2와 -S2는 모순(contradiction)관계, -S1과 S2 그리고 -S2와 S1은 영향(implication) 관계이다.[22] 백선기는 그레마스 모델을 변용한 입체적 기호사각형을 제시했는데,[23] 이 글은 두 연구자의 도형을 참고하여 그림 2로 재구성했다. 이 모델을 인물에 적용하면 인물의 행동변화, 표층, 심층의 의미를 파악하는 데 유용하다.

주제가 채본에서는 영화 주제가의 음계와 선율을 분석함으로써 주제가 자체가 어떤 '감정'을 유도하는지 살펴본다. "인간 감정의 형식은 언어의 형식보다 음악의 형식과 부합하며 음악은 언어가 접근할 수 없는 세밀함과 진실함으로 감정의 본질을 드러낸다."[24] 또한 "음조는 특정 공동체의 구성원들이 자신들의 정체성을 확인하기 위해 반복적으로 취하는 감성적·정서적 제츠처"이므로 감정분석을 위해 주제가의 분석은 필수적이다.[25] 채보는 경희대학교 포스트모

---

22) Martin & Ringham, *Key Terms in Semiotics*(New York: Continuum, 2006), pp. 15~16.

23) 백선기, 『보도의 기호학』(커뮤니케이션북스, 2010), 22쪽.

24) Mabel Berezin, "Secure states: towards a political sociology of emotion", Edited by Jack Barbalet, *Emotions and Sociology*, p. 35.

던 음악학과 교수 홍성규의 작업이다.[26]

인터뷰는 예술영화에서 분석한 '감정'의 의미를 스피노자의 『에티카』와 연결하여 살펴보기 위해 진행했다. 스피노자는 『에티카』에서 인간의 감정을 체계적으로 논하며 48개로 분류했지만 『에티카』의 감정 정의 자체는 상당히 함축적이어서 현재의 번역본이 원문의 의미를 모두 담아내지 못하므로 전문가의 도움이 필요하다. 인터뷰는 고려대학교 민족문화연구원 교수이자 철학가 진태원과 대면 인터뷰, 전화 인터뷰, 서면질의로 진행했다.[27]

분석대상 예술영화는 김정일 시대는 1995년부터 1997년 사이에 제작된 영화이며, 김정은 시대는 2012년부터 2013년 사이에 제작된 영화이다. 김일성이 1994년 7월 8일에 사망하고 김정일이 1998년 7월 국방위원장직에 올랐지만 김정일 시대에서 1994년과 1998년을 제외하는 이유는 북한은 영화의 창작 연도만을 밝히고 제작 월을 명시하지 않으므로 1994년 제작 영화를 김일성 사망 이전과 이후로, 1998년 제작 영화를 최고인민회의 선거 이전과 이후로 구분하는 것이 불가능하다. 김정은 시대 역시 2014년 제작 영화를 최고인민회의 이전과 이후로 구분하는 것이 불가능하므로 2013년 제작 영

---

25) 최유준, 『음악 문화와 감성정치』(작은이야기, 2011), 7쪽.

26) 작업과정은 필자가 영화 주제가를 전달하고 홍성규가 주제가를 들으며 채보한 악보를 곡(曲)해석과 함께 다시 전달해주는 방식이었다. 전달받은 이후 악보와 곡(曲) 해석을 논의했으며 2~3차례 수정함으로써 완성했다. 작업날짜는 2016년 9월 5일~2016년 10월 30일, 2017년 10월 1일~10일이다. 대사, 지문, 설화의 동사, 형용사, 관형사 등 모든 감정 어휘를 분석했다.

27) 서면질의의 경우 필자가 질문을 서면으로 보내고 질문에 대한 조언과 답을 서면으로 전달받는 방식이다. 작업날짜는 2016년 10월 24일~11월 5일, 2016년 12월 1일~2016년 12월 7일, 2017년 2월~2017년 7월까지 매주 금요일이다. 스피노자의 『에티카』는 Benedict de Spinoza, *A Spinoza Reader*, Edited and Translated by Edwin Curley(Princeton University Press, 1994)를 참고했다.

화까지가 분석대상이다. 분석대상 작품은 다음과 같다.

[표 2] 분석대상 예술영화

창작 연도	제목	영화문학	연출	촬영
1995	〈민족과 운명〉 30~32부	리춘구, 리덕윤, 홍순복, 박청룡	김영호, 김길인	
1996	〈고요한 전방〉	리인철	채풍기	김성만
	〈그는 대학생이였다〉	손광수	김길하, 정무인	류승철
	〈나의 아버지〉	렴성구, 허일영	렴성구	김동희
1997	〈화성의숙에서의 한해여름〉 1~2부	최영학	김영호	정익한
2012	〈들꽃소녀〉	리숙경	리효철	한영일
	〈종군작곡가 김옥성〉	전인광	김광훈	박세웅
	〈폭발물처리대원〉	류영길, 조경일	리성필	황진석
2013	〈최전연의 작은집〉	리숙경	박철학	황진석

이 작품들을 분석하면서 카메라 기법을 비롯한 영화적 문법에 대해서는 '행동'과 '감정'을 규명하는 데 필요한 범위 내에서 언급하고자 한다. 이 글의 목적은 영화의 미장센이나 미학적 측면이 아니라, 북한 예술영화에 나타난 '행동'과 '감정'을 분석하고 의미를 규명하는 것이기 때문이다.

3. 정권 초기 정치계와 예술계의 담론

3.1. 김정일 시기: 지도자의 덕성과 혈연적 관계

1994년 7월 8일 김일성은 사망했다.[28] 북한에서 김일성은 태양과 등가였던바, 태양의 사망은 사회주의권의 붕괴와 더불어 북한을 불안으로 몰아갔다. 또한 1995년과 1996년의 대홍수, 1997년의 대가뭄, 수백만의 아사자 등 북한 스스로 한 나라 한 민족의 역사에서나 인류사에서 그 유례를 찾아볼 수 없다고 한 경제난은 불안을 더욱 가중시켰다.[29] 경제난 극복이 가장 급선무인 시점에서 북한은 무엇을 강조했을까? "사회주의 사회에서는 인간개조사업, 사상개조사업이 사회주의의 물질·경제적 조건을 마련하는 사업보다 더 중요하고 선차적인 과업"이라는 김정일의 선언은 이에 대한 답이 될 수 있다.[30] 북한이 선택한 것은 사상의 정비이다. 다음은 1995년 공동사설이다.

> 이 땅 위에서 빛을 뿌리고 있는 모든 고귀한 전취물들은 그 어느 것이나 다 위대한 수령님께서 한평생을 바치시어 마련해주신 것이다. … 위대한 수령님께서 계시어 우리 조국과 민족의 운명이 구원되고[31]

김일성 사망 이후 첫 공동사설은 과거와 현재 모두는 김일성이 한평생을 바쳐 마련해준 것이며, 김일성이 일본에 의해 말살될 뻔했던 민족의 운명을 구원했다고 강조한다. 그리고 김일성에게 다하지 못한 '충과 효를 김정일을 받들어 나가는 길에서 높이 발휘하여야 한다'며 김정일의 '두리에 더욱 굳게 뭉칠 것'을 강조한다. 사상을 직접 언급한 대목은 보이지 않지만 굳이 찾아보면, '수령, 당, 대중이

---

28) 이 글의 인용문에서의 밑줄은 필자의 작업이다.
29) 차문석, 「고난의 행군과 북한 경제의 변화: 축적 체제와 조정기제의 변화를 중심으로」, 『현대북한연구』 8(1)(2005), 43~45쪽.
30) 『로동신문』, 1994년 11월 4일.
31) 「위대한 당의 령도를 높이 받들고 새해 진군을 힘 있게 다그쳐나가자」, 『로동신문』, 1995년 1월 1일.

혈연적으로 련결되여 있는 우리 혁명대오의 일심단결을 백방으로 다져야하고 '모든 일군들은 우리 당이 제시한 ≪인민을 위하여 복무함!≫이라는 구호를 높이 들고 우리 당의 인덕정치를 구현해 나가는 데서 손발이 되고 기수가 되여야 한다'에서 우상화, 일심단결, 인민을 위한 인덕정치가 1995년에 주요 주제임을 알 수 있다. 다음은 이에 대한 예술계의 반응이다.

- 오늘 우리 영화예술앞에는 당의 위대성을 깊이 있게 형상하는 문제가 가장 중요한 과업의 하나로 나서고 있다… 오늘 영화예술 부문에서 위대한 김정일동지의 위대성을 형성하는것보다 더욱 중요하고 보람찬 일은 없다.[32]
- 우리는 올해 당원들과 근로자들 속에 위대한 수령님은 영원히 우리와 함께 계신다는 확고한 신념을 안겨주기 위하여 수령님의 혁명력사를 반영한 새로운 혁명영화들을 만드는데 큰 힘을 넣어야 한다.[33]
- 당의 령도를 충성으로 받들고 우리가 힘을 넣어야 할 분야는 어버이 수령님과 위대한 김정일동지의 위대성과 불멸의 업적을 형상한 작품을 계속 왕성히 창작해내는 것이다.[34]

김일성 사망이후 『조선영화』와 『조선예술』은 모두 1호에서 김일성·김정일 부자의 위대성을 구현하는 것이 사명이라고 발표했다. 예술계는 무엇보다 '우상화'에 초점을 맞춘 것이다. 북한에서 우상화

---

32) 「력사적인 새해 영화창작에서 새로운 앙양을 일으키자」, 『조선영화』 1호(1995), 18쪽.
33) 「(사설) 력사적인 새해 영화창작에서 새로운 앙양을 일으키자」, 『조선영화』 1호(1995), 17쪽.
34) 「새해 무대예술작품창작에서 새로운 앙양을 일으키자」, 『조선예술』 1호(1995), 4쪽.

는 모든 예술에서 기본이지만 『조선영화』가 김정일의 문학예술지도
사업을 '자애로운 품'으로 4호부터 연재한 것은 이 시기의 적극성을
잘 말해준다. 또한 『조선예술』이 1995년 1호부터 12호까지 문학예술
에 대한 김일성의 지도를 "위대한 수령 김일성동지께서 문학예술부
문사업을 령도하신 주요일지"로, 김정일의 지도를 "위대한 령도자
김정일동지께서 문학예술부문사업을 령도하신 주요일지"로 연재한
것 역시 북한예술계가 '우상화'에 적극적이었음을 입증한다. 예술계
는 더 나아가 김일성 사망으로 인한 단절을 김정일로 접합시키면서
'위대성의 연속'까지 강조했다. 우상화 이외의 주제는 1995년 2월부
터 조금씩 나타난다.

> ─당이 요구하는 혁명영화, 혁명전통주제의 작품들과 군사물주제의 작
> 품들, 자력갱생의 혁명정신으로 만난을 헤쳐온 우리 인민의 영웅적인
> 투쟁로정을 그린 작품들 창작에서 새로운 전환을 일으켜야 할 것이
> 다.35)
> ─따라서 사회주의, 공산주의 미래를 대표하는 로동계급의 고상한 사
> 상정신적면모와 그 령도적역할을 깊이있게 형상하는것은 자주시대
> 와 자주적인간의 생활을 반영하는 우리의 혁명적영화창작에서 중요
> 한 과업의 하나로 된다.36)

북한 예술계는 군사물 창작과 자력갱생 정신을 주제화해야 한다

---

35) 「시대의 요구에 맞게 창작가, 예술인들의 정치실무적자질을 결정적으로 높이자」, 『조선
영화』 2호(1995), 54~55쪽.
36) 신기명, 「로동계급주제영화작품을 창작하는것은 현시기 매우 중요한 문제」, 『조선영화』
5호(1995), 33~34쪽.

며, 특히 보통 사람들인 인민의 영웅적 투쟁 모습을 구현해야 한다고 주장한다. 북한 당국은 1995년 1월 김정일의 다박솔 초소를 선군정치의 시작으로 주장하는데, 군사물 주제 작품 창작 주장은 이에 대한 반응이다. 또한 인민의 영웅적 투쟁 강조는 북한 주민의 노동력으로 경제난 극복을 모색했던 것으로 볼 수 있다. 이 모색의 현실성을 논하는 것은 접어두고 이같이 1995년 중반까지 우상화에 자력갱생과 인민의 투쟁 정신이 추가된 것을 기억해두기로 하자. 그런데 3개월 후인 1995년 8월 노동신문 정론 "붉은 기를 높이 들자"는 다소 새로운 양상이므로 주목을 요한다.

굴종을 모르는 인간의 높은 존엄과 불타는 정열이 진한 피로 물들여 져있는 붉은기는 공산주의자들의 가장 아름다운 리상과 희망의 표대이며 그 실현을 위하여 청춘도 생명도 서슴없이 바쳐싸우는 굳은 신념의 상징이다. … 조선의 공산주의자들은 혁명의 길이 아무리 험난하고 가는 앞길에 설사 지뢰밭이 가로놓인다 해도 당이 가라면 용감하게 그 길을 가며 끝까지 주체의 한길, 혁명의 한길로 나아간다. 이것이 혁명의 철학, 우리 당의 붉은기의 철학이다.[37]

북한 당국은 '붉은기'와 '붉은기 철학'을 언급하는데 실제 이 글로는 '붉은기'의 의미를 파악하기 어렵다. "붉은기는… 이상이며 표대이다"라는 설명은 '㉮는 ㉯이다'라는 은유일 뿐 정의로 볼 수 없기 때문이다. '붉은기'와 '붉은기 철학'이 "아직 사상이나 철학으로 명명되지 않았"다고 볼 수 있다.[38] 그럼에도 불구하고 '정의'로 이해하기

---

37) 리종태·동태관, 「(정론) 붉은기를 높이 들자」, 『로동신문』, 1995년 8월 28일.

위해 군이 단서를 찾아보면 '굴종을 모르는 인간의 높은 존엄과 불타는 정열이 진한 피로 물들여져있는 붉은기', '그 실현을 위하여 청춘도 생명도 서슴없이 바쳐싸우는 굳은 신념의 상징'이라는 설명에서 '굴복하지 않는 것', '생명을 바쳐 싸우는 것'으로 추론할 수는 있다. 그런데 북한 당국은 '붉은기'를 확실히 정의하지 않으면서도 '붉은기의 철학'이 김정일의 신념이자 철학이라고 하며 '붉은기'에 절대적 권위를 부여한다. 정의가 불분명하더라도 북한에서 김정일의 신념이라면 중요하다. 9월부터 예술계의 활기찬 반응을 쉽게 찾아볼 수 있는데 예술계는 '붉은기'를 어떻게 설명했을까?

- 영화창작가들은… 또한 인민들은 그리도 따르고 받들던 수령님을 결코 보낼수없기에 위대한 수령님께서 영생의 모습으로 계신다는것을 힘있게 구가하여야 한다.39)
- 조선민족제일주의정신을 체현한 인물형상을 옳게 그리는것은 우리 시대의 전형적인 인물을 화면의 중심에 세워야 할 영화문학에서 중요한 문제로 된다. … 40)
- 우리 작가, 예술인들은… 위대한 수령, 위대한 령도자의 불멸의 업적을 형상한 문예작품창작에서 새로운 성과를 이룩함으로서 시대앞에 지닌 사명을 다하여야 한다.41)
- 위대한 령도자 김정일동지께서는 불후의 고전적 로작 〈사회주의는

---

38) 김근식, 「1990년 북한의 체제정당화 담론: '우리식 사회주의'와 '붉은기 철학'을 중심으로」, 『통일정책연구』 8(2)(2000), 52쪽.
39) 리대철, 「우리 당의 사상사업과 영화예술」, 『조선영화』 9호(1995), 21~24쪽.
40) 김숙, 「김일성민족의 성격적특질」, 『조선영화』 9호(1995), 46~51쪽.
41) 「위대한 령장 높이 모신 조국이여 번영하라」, 『조선예술』 9호(1995), 5~6쪽.

과학이다〉에서 사회주의사회에서 령도자가 인민을 위하고 인민을 사랑하는 미덕이 없으면 사회주의를 옳은 길로 이끌어나갈수 없다고 가르치시였다. … 위대한 령도자 김정일동지의 인민을 사랑하시고 인민을 위한 사랑의 <u>광폭정치, 인덕정치</u>를 베푸시는 그런 령도자는 세상에 없다.42)

1995년 8월 이후 '붉은기', '붉은기의 철학'이라는 용어가 나타나고, 이에 따라 북한 예술계는 문예정책 관련 글에서 '붉은기'라는 용어를 사용했지만, 실상 내용에서는 지도자의 위대성을 여전히 강조한다. 다만 미세한 변화는 지도자의 '사랑'이 추가되었다는 점이다. 이 사랑 때문일까? 예술계는 경제난으로 인한 위기에도 불구하고 북한 주민들이 지도자의 '광폭정치, 인덕정치의 혜택 속에서 존엄 높은 김일성민족으로 온 겨레가 일심단결을 노래하며 밝은 웃음속에 삶의 희열을 누리고있다'며, '제국주의자들의 그 어떤 압력에도 끄떡하지 않고 사회주의를 고수하며 붉은기를 높이 들고 힘차게 전진'하는데 그 이유는 '옳바르고 믿음직한 당과 국가의 결정, 인민을 위한 결정들이 있기 때문'43)이라고 말한다. '사랑'을 광폭정치·인덕정치와 동일시하는 것이다. 1995년에는 '붉은기'가 등장했지만, 예술계는 이를 정밀화하지 못하여 지도자의 '사랑'을 부각시키는 것 이외 새로운 무엇을 찾지는 못한 것이다. 따라서 북한 예술계는 김정일 정권 첫해 '붉은기'를 의식하며 문예정책 주제를 지도자의 위대성과 사랑(광폭정치·인덕정치), 불굴의 정신, 낙관적 미래, 조선민족제일

---

42) 함영근, 「당과 국가의 시책에 대한 생각」, 『조선예술』 10호(1995), 49~50쪽.
43) 위의 글, 같은 쪽.

주의, 충성을 위해 목숨 바치기로 가공했다고 하겠다.

그 다음해인 1996년에 북한은 낙관적 미래의 선전으로 버틸 수 있는 수준을 넘어섰다. 일례로 '북한 기초에너지의 70%를 차지하고 있는 석탄생산량이 1990년 3,315만 톤에서 1996년 2,100만 톤으로, 원유도입은 1990년 252만 톤에서 1996년에는 94만 톤으로, 발전량은 1990년 277억kw에서 1996년 213억 kw로 하락했고, 공장가동률은 1990년 평균 40%에 달했지만 1996년 평균 25%로 하락'했다.44) 그렇다면 북한 정치계는 이 시점에서 기존 '청춘도 생명도 서슴없이 바쳐 싸우자', '굴복하지 말자'는 수사를 수정했을까? 1996년 공동사설이 "붉은기를 높이 들고 새해의 진군을 힘차게 다그쳐 나가자"라며 '붉은기'를 더욱 강조한 것을 보면 북한 당국의 선택은 수정이 아니었음이 드러난다.

시대와 력사앞에 지닌 숭고한 사명을 다하기 위하여서는 전당, 전군, 전민이 붉은기를 높이 추켜 들고 김정일동지를 수반으로 하는 우리 당중앙위원회의 두리에 굳게 뭉쳐 억세게 싸워 나가야 한다. ≪붉은기를 높이 들고 사회주의조선의 기상을 힘 있게 떨치자!≫, 이것이 우리가 들고 나가야 할 투쟁과 전진의 구호이다.45)

북한 당국은 당, 군, 민이 모두 붉은기를 높이 들고 김정일 중심으로 뭉쳐야 하며 '붉은기'를 '우리 식대로 제힘을 믿고 혁명을 끝까지 해나가는 자주의 기상'이며 '한 마음 한뜻으로 굳게 뭉쳐 억세게 전

---

44) 박형중, 『북한의 개혁개방과 체제변환』(해남, 2004), 120쪽.
45) 「붉은기를 높이 들고 새해의 진군을 힘차게 다그쳐 나가자」, 『로동신문』, 1996년 1월 1일.

진하는 일심단결의 기상이며 그 어떤 난관도 맞받아 뚫고 전진, 전진, 투쟁 또 전진하는 불굴의 기상'이라고 설명한다.46) 이 화려한 수사를 뒤로 하고, 붉은기의 핵심을 찾아보면 북한식대로 하기, 끝까지 혁명하기, 굳게 뭉치기, 억세게 전진하기이다. 결국 '굴복하지 말자'를 다시 반복하는 것이다. 일주일 후『로동신문』에 등장하는 '붉은기' 관련 표현을 보기로 하자.

－우리 당의 붉은기철학에는 전당, 전군, 전민이 령도자의 두리에 철통같이 뭉쳐 억세게 싸워나가는 일심단결의 정신, 아무리 어려운 난관에 부닫쳐도 추호의 동요 없이 자체의 힘으로 뚫고 나가는 자력갱생의 정신, 꺽이면 꺽일지언정 굽히지 않는 강의한 의지를 가지고 전진, 전진, 투쟁 또 전진하는 백절불굴의 정신이 구현되어 있다.47)

－(붉은기 철학은) 주체사상에 기초하여 혁명의 근본원리를 밝힌 심오한 혁명철학…. 그것은 자기 운명을 자기 힘으로 개척해야 한다는 주체의 혁명철학이고 일심단결의 철학이며 신념의 철학….주체사사의 요구대로 오직 자기 힘을 믿고 자기 식대로 살아나가며 자기 운명을 개척해나가는 자주와 창조의 철학 … 자주성을 끝까지 실현하려는 인민대중의 리념이 담겨진 주체의 혁명철학48)

일심단결, 자력갱생, 백절불굴, 운명의 개척 등이 붉은기의 핵심이

---

46) 북한은 특히 1996년을 김일성이 ≪ㅌㄷ≫를 결성한 70돐임을 강조하며 의미를 부여하고 있다.

47) 「(사설) 붉은기를 높이 들고 사회주의조선의 기상을 힘있게 떨치자」,『로동신문』, 1996년 1월 8일.

48) 「(론설)붉은기는 조선혁명의 백전백승의 기치이다」,『로동신문』, 1996년 1월 9일.

라는 것이다. 이 '붉은기' 정신은 "김일성의 사망으로 인한 충격을 극복하기 위해서는 인민대중에게 자신감이 아닌 '버팀과 인내의 집단적 의지'를 강조하는 상황 속에서 1990년대 초반에 북한식 사회주의체제의 정당화에 동원되었던 '우리식 사회주의'와는 다른 새로운 주체사상의 변용이 요구되었고, 이러한 필요에서" 등장했을 수도 있다.49) 또는 "수령사망으로 심화된 내외의 어려움을 극복하기 위해 대중적 정당화 및 체제방어 기제로 활용되는 한편으로 사회주의의 신념과 일심단결의 원칙을 강조하면서 당내 일부의 반대세력에 대한 공개적 경고의 용도"50)일 수도 있다. 그런데 의도가 무엇이든 그 내용을 면밀히 살펴보면 일심단결, 자력갱생, 백절불굴 등 기존의 입장과 크게 달라진 부분은 포착할 수 없다. 다만 이 철학과 함께 '고난의 행군'정신이 등장한다는 점이 흥미롭다.

당과 혁명앞에 무거운 과업이 나서고 있는 오늘 우리당은 전체 당원들과 인민군 장병들, 인민들이 백두밀림에서 창조된 ≪고난의 행군≫ 정신으로 살며 싸워 나갈 것을 요구하고 있다.…고난의 행군정신은 제 힘으로 혁명을 끝까지 해 나가는 자력갱생 간고분투의 혁명 정신이며 아무리 어려운 역경속에서도 패배주의와 동요를 모르고 난관을 맞잡아 뚫고 나가는 낙관주의 정신이며 그 어떤 안락도 바람이 없이 간고분투해 나가는 불굴의 혁명정신이다.51)

49) 정성장, 「김정일 체제의 지도이념과 성격 연구: '붉은기사상'과 북한 체제의 변용을 중심으로」, 『국제정치논총』 39(3)(2000), 43쪽.
50) 김근식, 「북한의 권력승계과정과 당내갈등」, 『통일문제연구』 통권 제32호(1999), 73쪽.
51) 「붉은기를 높이 들고 새해의 진군을 힘차게 다그쳐 나가자」, 『로동신문』, 1996년 1월 1일.

공동사설은 이같이 '붉은기'와 '고난의 행군정신'을 동시에 강조한다. 1996년의 경제위기를 1938년 김일성이 행군했다는 '고난의 행군'과 동일시하며 김일성이 그랬듯이 패배를 모르고 뚫고 나가야 한다는 것이다.[52] 곧 이어 북한은 1996년을 고난의 행군으로 설정하고 "당과 혁명앞에 무거운 과업이 나서고 있는 오늘 우리 당은 전체 창작가, 예술인들이 백두밀림에서 창조된 〈고난의 행군〉정신으로 살며 싸워나갈 것을 요구하고" 있다며, "〈고난의 행군〉정신은 제힘으로 혁명을 끝까지 해나가는 자력갱생, 간고분투의 혁명정신이며 아무리 어려운 역경속에서도 패배주의와 동요를 모르고 난관을 맞받아 뚫고나가는 락관주의정신이며 그 어떤 안락도 바람이 없이 간고분투 해나가는 불굴의 혁명정신"[53]이라고 설명했다. 이 주장의 구체화는 3개월 후부터 나타난다.

　　붉은기를 높이 들고 힘차게 전진하는 격동적인 시대적요구에 맞게 영화예술을 더욱 훌륭히 창조하는데서 나서는 중요한 문제의 하나는 숭고한 공산주의도덕의리를 깊이있게 구현하는 것이다. … 영화예술에 숭고한 도덕의리를 깊이있게 구현하기 위하여서는 이밖에도 가정생활과 사회공동생활 그리고 일상생활에서 표현되는 공산주의혁명가의 고상

---

52) 고난의 행군에 대해 김일성은 "우리가 고난의 행군을 한 1938년말~1939년초는 항일무장투쟁력사에서 가장 어려운 시련의 시기였습니다.… 몽강현 남패자로부터 장백현 북대정자에 이르는 행군은 행군기간으로 보나 그 간고성으로 보나 종래의 행군들과는 대비도 할 수 없는 간고한 행군이였습니다. 행군기간이 100여일이나 되기 때문에 이 행군을 ≪100일 행군≫이라고도 불리우고 있습니다. 기간을 보면 사실 110여일이나 되는 행군이였습니다. 고생이 너무도 막심했기 때문에 그 행군을 가리켜 〈고난의 행군〉이라고 명명했습니다."라고 회고한다. 『세기와 더불어 7(계승본)』(평양: 조선로동당출판소, 1996), 147~151쪽.
53) 「(사설) 주체영화 예술의 붉은기를 들고 더 높이 비약하자」, 『조선영화』 1호(1996), 19쪽.

한 도덕품성을 훌륭히 형상하여야 한다. 특히 례의범절, 미풍량속 등 일상생활에서 지켜야 할 도덕적풍모를 생동하게 묘사하는것은 영화예술작품에 공산주의도덕의리를 구현하는데서 나서는 중요한 요구의 하나로 된다.54)

북한 예술계는 영화예술을 창작할 때, '공산주의 도덕의리'를 그려야 한다고 주장한다. 이것은 일상생활에서 고상한 도덕의리를 표현하는 것이며, 예의범절과 미풍양속을 지키는 것이라고 한다. 반면 다른 글은 '〈고난의 행군〉정신으로 힘차게 나아가자'라고 할 뿐 도덕의리나 미풍양속에 대해서는 언급하지 않는다.55) 문예정책에서 아직 뚜렷한 방향을 설정하지 못한 것으로 보이는데, 이것이 김정일을 답답하게 했을까? 다음은 김정일의 글이다.

작가, 예술가들은 정세의 요구, 당의 요구를 똑똑히 알고 붉은기정신과 ≪고난의 행군≫정신이 맥박치는 시와 소설, 영화와 미술을 비롯한 문학예술작품들을 더 많이 창작함으로써 당의 영원한 동행자, 충실한 방조자, 훌륭한 조언자로서의 영예로운 사명을 다하여야 합니다. 지금이야말로 작가, 예술인들이 피끓는 심장으로 인민들에게 불굴의 투쟁정신과 필승의 신념, 혁명적락관을 안겨 주는 문학예술작품을 많이 내놓아야 할 때입니다.56)

---

54) 리현순, 「숭고한 공산주의도덕의리를 구현하는 것은 영화예술의 중요한 과업」, 『조선영화』 3호(1996), 17~19쪽.

55) 장경원, 「우리의 행군길」, 『조선영화』 4호(1996), 17~19쪽.

56) 김정일, 「문학예술부문에서 명작을 더 많이 창작하자: 조선로동당 중앙위원회 선전선동부책임일군들과 한 담화(1996.4.26)」, 『김정일선집(14)』(평양: 조선로동당출판사, 2000).

김정일은 이같이 '붉은기 정신'과 '고난의 행군정신'을 직접 언급 하면서 문학예술인이 '당의 요구를 똑똑히' 알라고 질타한다. 예의범 절이나 미풍양속을 구현하는 것으로는 김정일을 만족시킬 수 없었 던 것이다. 김정일은 분명 '불굴의 투쟁정신'과 '필승의 신념', '혁명 적 락관'을 언급하는데, 이를 풀어보면 '굴복하지 않는다', '반드시 이긴다', '미래는 행복하다'이며 결국 그가 원했던 주제는 '굴복하지 않고 투쟁하면 반드시 승리한다'이다. 김정일의 질책에 긴장했을까? 다음 달부터 새로운 글이 상당수 나타난다.

- 사회주의현실물영화창작에서 오늘의 현실을 밝고 랑만적으로 그리는 것은 중요한 창작적요구로 나선다. 왜냐하면 그것은 오늘 우리 인민 이 누리고 있는 주체의 사회주의조국의 현실이 참으로 생활의 기쁨 과 노래로 충만된 아름다운것이기 때문이다.[57]
- 우리 인민의 숭고한 애국심과 함께 인민군용사들의 영웅적인 성격을 진 실하게 형상하는것은 조국해방전쟁주제의 작품이 싸우는 인민들의 강력한 정신적무기로 되게 하기 위한 필수적요구로 나선다.[58]
- 오늘 우리 나라에는 진정한 애국자들인 숨은 영웅, 숨은 공로자, 청 년전위 등이 붉은기정신, 〈고난의 행군〉 정신, 래일을 위한 오늘에 살자는 주체의 인생관을 지니고 공산주의적미풍을 높이 발휘하면서 혁명과 건설을 힘있게 전진시켜 조국력사의 새로운 장들을 찬연히 빛내고있다.[59]

---

57) 전일신, 「시대긍정과 웃음」, 『조선영화』 5호(1996), 43~46쪽.
58) 한윤남, 「전쟁물작품창작에서의 강력적지침: 위대한 수령 김일성동지의 고전적로작 〈우 리 문학예술의 몇가지 문제에 대하여〉 발표 45돐에 즈음하여」, 『조선영화』 6호(1996), 27~29쪽.
59) 「륭성번영할 조국에 대한 작품을 더 많이 창작하자」, 『조선예술』 6호(1996), 7~9쪽.

김정일의 지침이 내려온 다음 달부터 예술계는 '밝은 현실의 형상화, 인민의 애국심과 영웅심, 내일을 위한 오늘에 사는 삶'을 주장한다. 북한 당국이 예술가들에게 "오늘의 정세와 난관에 대처하여 우리 인민들에게 우리 당의 담력과 랑만을 그대로 심어주고 투쟁과 승리에로 힘있게 불러일으키는 혁명적이고 전투적인 작품, 당이 요구하는 명작을 더 낳이 창작함으로써 당앞에 지닌 숭고한 사명을 영예롭게 수행하여야한다"[60]고 독려했듯이 당시에는 위기에 맞서 투쟁하도록 유도하는 작품창작이 중요했던 것이다. 북한 예술계는 1996년 9월부터 고난의 행군을 더욱 강조하면서 또 다른 구호를 결합한다.

－경애하는 장군님께서… 오늘 〈고난의 행군〉 정신으로 래일을 위한 오늘을 빛나게 살기 위하여 힘차게 투쟁하는…[61]

－지난 조국해방시기 당과 수령, 조국과 인민을 위하여 영웅적으로 싸운 인민군군인들의 투쟁을 형상한 사상예술성이 높은 전쟁물주제 영화들을 훌륭히 창작해냄으로써 우리 인민들과 인민군군인들을 경애하는 최고사령관 김정일장군님을 결사옹호보위하는 총폭탄정신으로 무장시키는데 적극 이바지하고 있다. … 조국해방전쟁시기 인민군군인들의 형상창조에서 나서는 중요한 문제의 다른 하나는 경애하는 최고사령관동지의 명령이라며 한몸이 그대로 육탄이 되여 싸워나가는 무비의 용감성과 희생성, 대중적영웅주의정신을 깊이있게 보여주

---

60) 리성덕, 「정책적안목을 가지고 형사의 대를 바로세우는것은 명작창작의 기본」, 『조선영화』 10호(1996), 23~25쪽.

61) 남룡화, 「(수기) 항일유격대식학습기풍을 더욱 높이 발휘하겠다」, 『조선예술』 11호(1996), 7~8쪽.

는데 있다.62)

- 창작가, 예술인들이 오늘을 위한 오늘에 살지 말고 래일을 위한 오늘을 살데 대한 당의 요구를 영화예술작품에 훌륭히 구현하는것은 현시기 가장 중요한 의의를 가진다.63)

- 오늘 우리 당이 요구하는 명작은 위대한 수령님의 생전의 뜻이 담겨져있는 붉은기정신과 〈고난의 행군〉정신, 래일을 위한 오늘에 살자는 당의 혁명적인생관을 철저히 구현한 작품이다..64)

〈고난의 행군〉을 '내일을 위한 오늘에 살자'로, 내일을 위해서 오늘의 어려움을 견디자로 가공한 것은 충분히 이해할 수 있다. 그래서 그 정신이 조국해방시기 조국과 인민을 위하여 싸운 인민 군인들과 연결된다는 주장도 어느정도 이해 가능하다. 그런데 그것이 김정일을 결사옹호하는 총폭탄정신이라는 주장은 다소 이해하기 어렵다. "붉은기 철학의 등장을 김일성 사후 당내 갈등과 이에 대한 비판의 무기"65)로 사용하고자 함일까? 또는 북한 사회의 해체현상에 대한 염려 때문일까? 당시 북한사회는 '당 생활총화에 1996~1998년경에는 50% 정도가 참가하지 않았으며, 식량을 구하러 간 당원이 생활총화에 참석하지 않으면 이를 사상정치적 시각에서 보는 것이 아니라 오늘 오냐, 내일 오냐 라는 식의 온정주의적 시각에서 바라보았고, 노동자의 출근율은 1996년을 지나면서 현저히 떨어지기 시작했고

62) 박대순, 「조국해방전쟁시기 인민군군인들의 형상창조에서 나서는 몇가지 문제」, 『조선영화』 12호(1996), 32~34쪽.
63) 리주천, 「붉은기를 높이 들고 시대와 혁명이 요구하는 명작을 더 많이 창작해내자」, 『조선영화』 12호(1996), 37~39쪽.
64) 윤종영, 「명작창작과 예술적 재능」, 『조선영화』 2호(1996), 46~48쪽.
65) 김근식, 「북한의 권력승계과정과 당내갈등」, 『통일문제연구』 통권 32호(1999), 72~75쪽.

살기위한 밀수도 성행했다'.[66) 사회적 해체현상이 손을 쓸 수 없을 정도로 심각했던 것이다. 그렇다면 김정일 결사옹호보위·총폭탄정신의 등장은 '내일을 위한 오늘에 살자'보다는 정치적 반대파에 대한 우려와 사회적 해체현상을 막기 위해서가 아닐까? 사회적 해체는 결국 최고 지도자에 대한 북한 주민의 해체와 연결되기 때문이다. 그 의도가 무엇이든 김정일 정권 2년차 문예정책은 다소 혼란을 거쳐 '현실을 밝게 그리기', '인민의 애국심과 영웅성을 강조하기', '죽음으로 수령을 보호하기'로 정리되었다.

다음해인 1997년에 북한에서는 더욱 심각한 무질서가 발생했다. 급기야 북한은 '1996년 말부터 공장·기업소·협동농장·운수·체신·철도 등 주민들의 일상생활과 연관된 각 부문에 군을 투입해 경영을 장악하고 관리 통제하는 정책'을 취했다.[67) 김정일이 1997년 4월 초 '군대가 책임지고 농사를 지을 데 대한 명령을 내렸다는 것은'[68) 사회의 무질서와 식량난을 해결하기 위해 군을 동원해야 할 정도로 사안이 심각했음을 잘 말해준다. 그렇다면 북한은 붉은기·고난의 행군 정신 외에 현실에 맞는 무엇을 주장해야 하지 않을까? 1996년에 김정일이 강조한 '불굴의 투쟁', '필승의 신념', '혁명적 락관'은 현실적 설득력이 없기 때문이다. 다음은 1997년 공동사설이다.

올해에 총진군을 다그치는데서 중요한 것은 온사회를 우리당의 <u>붉은기</u> <u>사상으로</u> 일색화하는 것이다. … 우리의 힘은 사상에 있고 오늘의

---

66) 김갑식·오유석, 「고난의 행군」과 북한사회에서 나타난 의식의 단층」, 『북한연구학회보』 8(2)(2004), 99~100쪽.

67) 박형중, 『북한의 개혁개방과 체제변환』, 163쪽.

68) 위의 책, 163쪽.

강행군에서 승리자가 되느냐 낙오자가 되느냐 하는 것을 <u>붉은기 사상</u>으로 어떻게 무장하는가에 달려 있다.

<u>붉은기사상으로 온사회를 일색화</u>하는 사업은 전체인민들을 사회주의에 대한 필승의 신념과 <u>수령결사옹위정신</u>으로 튼튼히 무장시키기위한 일대 사상전이며 … 해방직후 그처럼 어렵고 복잡한 정세속에서 건국사상총동원운동으로 새조국 건설에 초행길을 걸어 나갔던 것처럼 우리는 <u>붉은기 사상</u>을 총동원하여 온나라를 혁명적 분위기로 들끓게 하고 사회주의 정치사상진지를 더욱 굳건히 다져 나가야 한다.[69]

1997년에도 북한 당국은 '붉은기'를 주장한다. 군인들을 농사에 모두 투입하는 현실에서 '사상이 굳건하면 승리한다'는 주장 이외에 어떤 것도 할 수 없었던 것이다. 그래서 북한 당국은 이 어려운 상황이 북한 역사상 처음이 아니라는 점도 동시에 강조했다. 해방 직후 어려운 상황에서도 새 조국을 건설했으므로 지금도 헤쳐나갈 수 있다는 희망을 주기 위해서이다. 이에 따라 예술계는 문예정책에서 이전 해에 나타난 수령결사옹위정신 강조를 선택했다.

명작을 창작하는데서 기본은 새해 공동사설에 제시된 혁명의 수령, 혁명의 령도자에 대한 절대적인 숭배심과 <u>위대한 령도자와 생사운명을 끝까지 같이하려는 수령결사옹위정신</u>이 철저히 구현된 명작을 왕성히 창작하는 것이다. … 우리의 붉은기사상은 본질에 있어서 혁명의 령도자에 대한 절대적인 숭배심이며 령도자와 생사운명을 끝까지 같이하려

---

69) 「위대한 당의 영도따라 내나라 내조국을 더욱 부강하게 건설해 나가자」, 『로동신문』, 1997년 1월 1일.

는 수령결사옹위정신이다.

창작가, 예술인들은 수령의 사상에 기초한 령도자의 두리에 일심단결하여 필승의 신념, 억천만번 죽더라도 우리 식 사회주의와 운명을 끝까지 같이하겠다는 결사의 각오, 백번 쓰러지면 다시 일어나싸우는 불굴의 투지를 지닌 시대의 전형들을 원형으로 한 작품들을 창조하여야 한다.[70]

흥미로운 것은 이 글에서 말하는 '수령결사옹위정신'이란 '수령을 보호하는 정신'이 아니라 '수령과 같이 운명을 하는 정신'이라는 점이다. 그것이 붉은기사상의 본질이라는 것이다. 더 나가 억천만번을 죽더라도 사회주의와 운명을 같이하라는 것인데, '의리'를 지키고 '배신'을 경계하는 의도이다. 이후 북한 예술계는 "붉은기는 수령의 풍모를 닮고 당의 정치를 따라 사상도 신념도 령도자와 꼭같은 인민의 모습을 담은 혼연일체의 상징"이라고 하면서 붉은기와 김정일을 동일시했다.[71] 붉은기의 위상이 한층 높아진 듯 보이는데, 그 다음 3~4월에 예술계가 발표한 글은 문예정책의 단서를 보여준다.

－집단은 서로 돕고 이끄는 화목한 혁명적 집단으로, 작품은 붉은기사상만이 꽉 들어찬 혁명적이고 전투적인 작품으로…[72]
－붉은기정신과 〈고난의 행군〉정신에는 영생불멸의 주체사상이 구현되여있으며 일심단결의 신념과 자력갱생, 백절불굴의 의지가 담겨있다.[73]

---

70) 「새해 공동사설을 높이 받들고 더 많은 명작을 창작하자」, 『조선예술』 1호(1997), 6~8쪽.
71) 김성남, 「붉은기는 장군님」, 『조선영화』 2호(1997), 21~23쪽.
72) 최성호, 「최후돌격전에 이바지할 영화문학」, 『조선영화』 3호(1997), 23~24쪽.

－우리식 사회주의의 위용을 더 자랑스럽게, 더 떳떳하게, 더 높이 온
세상에 떨칠 신념과 … 붉은기를 틀어쥐면 살고 놓치면 죽음이라는
삶과 투쟁의 진리를 붉은기를 내리운 결과 사회주의가 좌절된 나라
들의 력사적 교훈이 우리에게 가르쳐주었으며 만난을 뚫고 승승장
구하는 오늘의 준엄하고도…74)

이같이 3월부터 예술계는 자력갱생, 백절불굴을 반복하면서 북한
식 사회주의의 우수성을 강조한다. 북한식 사회주의 우수성이 창작
의 주제라는 것인데, 또 다른 글을 보기로 한다.

경애하는 수령님의 위대성을 그리자면 걸출한 사상리론가로서의,
정치가, 전략가, 령도의 예술가로서의, 고매한 인격의 소유자로서의 위
대성을 깊이있게 형상해야 한다.… 모든 문제를 정치적으로 보고 정치
적방법으로 풀어나가는 수령의 위대성을 두드러지게 형상할수 있으며
수령과 전사, 수령과 인민사이의 혈연적관계를 풍만히 생활로 펼쳐보
일수 있다. … 한편 어버이수령님에 대한 충성과 효성의 최고귀감이시
며 사회주의 조선의 오늘과 미래의 상징이신 경애하는 장군님의 위인
상을 폭넓고 깊이있게 형상한 작품도 최상의 높이에서 훌륭히 창작하
여야 한다.75)

이같이 북한은 1997년 사회적 해체 위기에서 다시 김일성 우상화

---

73) 김철휘, 「(론설) 모든 무대예술작품들을 명작으로 되게하자」, 『조선예술』 3호(1997), 7~9쪽.

74) 김성남, 「높이 들자 붉은기」, 『조선영화』 4호(1997), 17~19쪽.

75) 송학성, 「(론설) 경애하는 수령 김일성동지의 위대성을 형상한 무대예술작품을 더 많이
창작하자」, 『조선예술』 4호(1997), 10~12쪽.

로 회귀하는 듯하다. 물론 김정일 우상화도 포함하지만 글의 전체적 논조를 보면 김일성 우상화에 초점을 둔 것이 드러나기 때문이다. 그런데 '우상화'에서 주목할 것은 3년차에 '혈연적 관계'를 더욱 강조한다는 점이다. 북한에서 최고지도자와 북한 주민이 '어버이-자식'이라는 것은 일반화된 사실이다. 다만 김정일 시기 1년차와 2년차에 혈연적 관계를 전면적으로 주장하지는 않았는데, 3년차에 전면화한 것이다. 경제난에 지친 북한 주민을 지도자 중심으로 통합하기 위해서 부드러운 접근이 필요했기 때문이다. 따라서 김정일 시기 3년차 북한 문예정책은 사회주의의 우월성, 불건전한 사상방지, 김일성의 위대성, 김일성과 인민의 혈연적 관계로 압축할 수 있겠다.

이제 1995년부터 1997년까지 북한 문예정책을 정리해보기로 하자.

[표 3] 김정일 시기 문예정책

1년차	2년차	3년차
• 지도자의 위대성·업적·사랑 (광폭정치·인덕정치) • 인민의 영웅적 투쟁 • 불굴의 정신 • 낙관적 미래 • 조선민족제일주의 • 목숨 바치기	• 지도자의 위대성 • 현실을 밝고 낭만적으로 그리기 • 인민의 애국심과 영웅성 • 죽음으로 수령 보호하기 • 내일을 위해 오늘에 살기	• 지도자와 운명 같이하기 • 사회주의의 우월성 • 김일성의 영웅성과 인간미 • 김일성과 인민의 혈연적 관계 • 외부세계의 불건전한 사상방지

김정일 시기 북한 예술계는 미세한 차이지만 1년차에서 지도자의 위대성과 불굴의 정신을 강조한 반면, 2년차에서는 지도자를 결사옹위하는 정신을, 3년차에서는 이와 더불어 외부 세계 방어와 최고지도자와의 혈연적 관계에 초점을 둔다. 3년의 기간에서 초기에 지도자의 영웅성을 강조했다면 후기에는 영웅성과 더불어 인간적 따뜻함을 강조한 것이다.

3.2. 김정은 시기: 지도자의 덕성과 영웅성, 자본주의 문화 봉쇄

2011년 12월 17일 김정일은 사망했다. 김정일 사망은 북한주민에게 김일성 부고와 동일한 충격을 주지는 못했다. 김정일은 최고지도자였지만 김일성만큼 존재감은 없었기 때문이다. 그렇다면 김정일보다 더 존재감이 없었던 김정은에게 정당성 확립과 권력기관의 장악은 시급하다. 김정은이 당 기능을 회복시키며 권력구조를 재편한 것은 김정은의 입장을 잘 말해준다. 그러나 이것은 정당성 확립을 위한 필요조건일수는 있지만 충분조건일수는 없다. "어떤 형태의 체제에서도 그 체제의 안정과 존속을 위해서는 많은 사람들의 지지와 납득이 수반되어야" 한다.76) 북한에서 최고지도자의 선택이 "극소수의 엘리트에 의해 이루어지고 당과 군의 조직적인 추대를 통해 대중적으로 확산되어 선택된 지도자를 향한 일방적인 선전과 교양이 대중적으로 전개"된다고 해도 최근 북한에서 "시장의 확대와 외부 정보의 확산, 자본주의 요소의 확대 등으로 비판적인 사고가 확대"된다면,77) 무엇보다 김정은은 대중과의 관계 속에서 정당성을 확립해야 한다.

경애하는 김정은동지는 곧 위대한 김정일동지이시다. 전당, 전군, 전민이 성새, 방패가 되어 김정은동지를 결사옹위하며 위대한 당을 따라 영원히 한길을 가려는 투철한 신념을 지녀야 한다. 어려울 때일수록 자기 령도자와 발걸음을 맞추어나가는 진실한 인간, 령도자의 의도를

---

76) 이극찬, 『정치학』(법문사, 1999), 336쪽.
77) 정영철, 「김정은 체제의 출범과 과제」, 『북한연구학회보』 16(1)(2012), 4쪽.

빛나게 실현하기 위하여 뛰고 또 뛰는 참된 동지가 되여야 한다.[78]

북한 당국은 김정은 1년차 신년공동사설부터 "위대한 김정은 동지는 우리 장군님 그대로"라고 주장했다.[79] 김정은 정당성 확립을 김정일과 동일시로 시작한 것이다. 그런데 더 나아가 "가장 준엄한 혁명의 폭풍우를 위대한 장군님과 함께 헤치시며 성장하신 김정은 동지는 모습도 기상도 수령님 그대로이시고 장군님 그대로이시다"[80]라면서 김정은을 김일성과 동일시한다. 김정일과 동일시만으로는 업적의 공백을 메우기 어려웠던 것이다. 이후 북한 당국은 지속적으로 '위대한 장군님께서와 김정은 동지께서는 선군장정의 길에 언제나 함께 계시며 우리 혁명을 이끌어 오시였다'고 선전하며 김정은이 지도자가 되기 전부터 김정일과 동고동락하였음을 강조했다. 김정일 사망 직후 우상화에 초점을 둔 것이다. 다음은 이에 관한 글이다.

　-장군님의 혁명사상, 주체적 문예사상을 선군문학 건설과 창조의 확
　 고한 지침으로 틀어쥐고 나가야 하며… 김정은 동지의 숭고한 형상을
　 창조…[81]
　-우리는 21세기의 혁신적안목과 1970년대의 창조기풍을 높이 발휘하
　 여 백두산3대장군들의 불멸의 업적을 화폭마다에 최상의 수준에서 형

78) 「위대한 김정일동지의 유훈을 받들어 2012년을 강성부흥의 전성기가 펼쳐지는 자랑찬 승리의 해로 빛내이자」, 『로동신문』, 2012년 1월 1일.
79) 「(정론) 장군님의 영원한 동지가 되자」, 『로동신문』, 2011년 12월 25일.
80) 「(정론) 김정일동지의 전사, 제자들이여」, 『로동신문』, 2012년 1월 4일.
81) 박춘택, 「위대한 김정일 동지께서 선군시대 문학발전에 쌓아올리신 불멸의 업적을 길이 빛내여 나가자」, 『조선문학』 2호(2012).

상하여 우리의 영화가 명실공히 혁명적수령관이 확고히 선 작품으로 되게 하겠다. … 하여 태양절을 맞으며 제작되는 작품들이 위대한 수령님의 고매한 풍모, 덕성이 사상예술적으로 빛나게 구현된 작품으로 되도록 하겠다.[82]

북한 예술계는 김일성, 김정숙, 김정일의 형상을 창조해야 하며, 특히 김일성의 풍모와 덕을 구현하는 것이 의무라고 주장한다. 김일성 우상화 의도를 확인할 수 있는데, 북한 당국은 2012년 4월부터 이 우상화에 새로운 사상을 더한다. '김일성-김정일주의'와 '김정일애국주의'이다. '김정은은 2012년 3월 처음으로 김정일애국주의를 언급했고, 2012년 4월 6일 당 중앙위원회 책임일군들과의 담화에서 김일성-김정일주의를,[83] 4차 당대표자회에서 당의 목표를 온 사회의 김일성-김정일주의화로, 당의 성격을 김일성-김정일주의를 유일한 지도사상으로 하는 김일성-김정일주의당'으로 밝혔다.[84] 시간 순으로 보면 김정은은 '김정일애국주의'를 '김일성-김정일주의'보다 먼저 언급했는데, 북한의 발표는 간혹 신뢰하기 어려우므로 순서

82) 조선예술영화촬영소 예술부총장 백현구, 「올해를 영화명작창작의 해로 빛내이겠다」, 『조선예술』 2호(2012), 29쪽.

83) 김정은, 『위대한 김정일동지를 우리 당의 영원한 총비서로 높이 모시고 주체혁명위업을 빛나게 완성해나가자: 조선로동당 중앙위원회 책임일군들과 한 담화(2012년 4월 6일)』 (평양: 조선로동당출판사, 2013), 6쪽. 김정은은 이 담화에서 '이전부터 당원들과 인민들은 수령님의 혁명사상과 장군님의 혁명사상을 결부시켜 김일성-김정일주의로 불러왔으며 김일성-김정일주의를 우리 당의 지도사상으로 인정해 왔지만 김정일이 김정일주의는 아무리 파고들어야 김일성주의밖에 없다고 하시면서 우리 당의 지도사상을 자신의 존함과 결부시키는 것을 극력 만류했다'고 했다.

84) 김근식, 「김정은 시대의 '김일성-김정일주의'」, 『한국과 국제정치』 30(1)(2014); 김진환, 「김정은 시대 지배이데올로기의 특징과 전망: '김일성주의'에서 '김일성-김정일주의'로」, 『북한연구학회보』 17(2)(2013); 전미영, 「김정은시대의 정치언어」, 우승지 편저, 『김정은 시대의 정치와 외교: 선군인가, 선경인가』(한울, 2014).

보다 내용에 집중하기로 한다. 다음은 김정은의 4.6담화이다.

오늘 우리 당과 혁명은 김일성-김정일주의를 영원한 지도사상으로 확고히 틀어쥐고나갈 것을 요구하고 있습니다.

김일성-김정일주의는 주체의 사상, 리론, 방법의 체계이며 주체시대를 대표하는 위대한 혁명사상입니다. 우리는 김일성-김정일주의를 지도적지침으로 하여 당건설과 당활동을 진행함으로써 우리 당의 혁명적성격을 고수하고 혁명과 건설을 수령님과 장군님의 사상과 의도대로 전신시켜나가야 합니다. …

온 사회의 김일성-김정일주의화는 온 사회의 김일성주의화의 혁명적계승이며 새로운 높은 단계에로의 심화발전입니다.[85]

김정은은 이 담화에서 '김일성-김정일주의'를 언급하지만, 자세히 보면 '김일성-김정일주의'를 지침으로 삼아야 한다는 당위적 언급이 주를 이룬다. '김일성-김정일주의'는 '김일성주의를 계승하면서 더 발전시킨 것'이라는 설명이어서 '김일성-김정일주의'가 무엇인지 적어도 2012년 초반까지는 확고히 정립되지 않은 상태라 하겠다. 다만 "당원과 인민들이 수령님의 혁명사상과 장군님의 혁명사상을 결부시켜 김일성-김정일주의로 불러왔다"는 대목에서[86] "논리적으로 김일성-김정일주의는 주체사상과 선군사상을 하나의 이데올로기로 통합한 것으로"[87] 이해할 수는 있다. 그런데 이 담화는

85) 김정은, 『위대한 김정일동지를 우리 당의 영원한 총비서로 높이 모시고 주체혁명위업을 빛나게 완성해나가자: 조선로동당 중앙위원회 책임일군들과 한 담화(2012년 4월 6일)』, 7쪽.
86) 위의 책, 6쪽.

북한 예술계가 전개할 문예정책을 보여준다.

　　한평생 오로지 조국의 부강번영과 인민의 행복을 위하여 자신의 모든
것을 깡그리 다 바치시면서도 자신을 위해서는 그 무엇도 남기지 않으시고
순간의 휴식도 없이 초강도강행군길을 이어가시다가 달리는 렬차에서
순직하신 … 위대한 장군님은 수령에 대한 절대적인 충실성과 조국과 인
민에 대한 열렬한 사랑을 지니시고 오로지 조국의 부강번영과 인민의
행복을 위하여 모든 것을 다 바치신 위대한 령도자이시고 절세의 애국자
이시며 인민의 자애로운 어버이이십니다. … 이민위천을 좌우명으로 삼
으신 수령님과 장군님의 숭고한 뜻을 받들어 인민을 하늘같이 여기고
무한히 존대하고 내세워주며 인민의 요구와 리익을 첫 자리에 놓고
모든 사업을 진행하여야 합니다.

김정은은 담화에서 김정일이 수령에 충실했고, 조국과 인민을 사
랑했다고 강조한다. 동시에 김정일이 '자신을 바치고 자신을 위해서
는 무엇도 남겨놓지 않았'다면서 당 간부에게 '헌신'을 요구한다.
더 나가 북한은 한 달 후 '김정일애국주의는 우리 인민모두가 따라배
우고 구현해나가야 할 애국주의의 최고귀감'이라서 북한 주민들이
'김정일애국주의의 철저한 체현자, 구현자로 삶을 빛내여' 가야 한다
며 '전체 인민이 김정일애국주의를 귀감으로 삼고 위대한 장군님의
열렬한 애국의 정신, 불타는 애국적헌신성으로 강성국가건설에 힘
과 열정을 다 바쳐나가도록 교양사업을 강화'해야 한다고 주장했
다.[88] 이같이 5월 이후는 '김일성-김정일주의'보다 '김정일애국주

---

87) 김근식, 「김정은 시대의 '김일성-김정일주의'」, 79쪽.

의'가 빈번히 등장한다.[89] 그렇다면 창작의 주제는 김정일이 김일성한테 충성한 것, 김정일이 인민을 사랑한 것일까? 다음은 북한 예술계가 2012년 하반기에 발표한 글이다.

우리 작가들은 위대한 수령님과 장군님의 성스러운 혁명생애와 불멸의 업적을 철학적으로 깊이 있게 형상한 수령형상작품들을 더 많이, 더 훌륭하게 창작하여야 한다. … 김정은동지의 위대성을 형상한 작품, 경애하는 김정은동지께서 우리 혁명의 진두에 서계시기에 수령님의 위업, 장군님의 위업은 반드시 승리한다는 억척같은 신념과 의지를 천만군민의 심장마다에 새겨주는 작품창작에 총력을 집중하여야… 우리 군대와 인민의 영웅적 투쟁을 형상한 작품을 더 많이 창작해야 한다.[90]

북한은 김일성과 김정일의 수령형상작품을 더 많이 창작해야 하다고 하는데, 생애와 업적 형상화는 실상 북한에서 누누이 강조하는 주제이므로 새로운 것으로 보기는 어렵다. 그렇다면 예술계가 '김정일애국주의'를 열심히 언급하지만[91] 이때까지 문예정책을 구체적으로 정하지는 못한 듯하다. 사실 이것은 문학예술인의 책임은 아니다. 김정은이 '김정일애국주의'가 무엇인지 뚜렷이 제시하지 않았기 때문인데, 김정은은 자신이 '여러 기회 김정일애국주의를 강조했는

---

88) 「(사설) 김정일애국주의 교양을 강화하자」, 『로동신문』, 2012년 5월 21일.

89) 전미영의 조사를 빌리면, 김정은 권력이행기 첫해 『로동신문』에서 김정일애국주의는 35회의 사설에, 김일성-김정일주의는 14회의 사설에 실렸다. 전미영, 「김정은시대의 정치언어: 상징과 담론을 통해 본 김정은의 정치」, 북한연구학회 기획, 『김정은시대의 정치와 외교』(한울아카데미, 2014), 70쪽.

90) 「경애하는 김정은 동지의 사상과 령도를 받들어 주체문학 건설에서 새로운 전환을 일으켜 나가자」, 『조선문학』 7호(2012), 27~28쪽.

91) 허영철, 「김정일애국주의로 튼튼히 무장하자!」, 『조선예술』 8호(2012), 22쪽.

데 일군들이 이해하지 못한다'며 7월에 담화를 발표했다.

> 김정일애국주의는 숭고한 조국관에 기초하고있습니다. … 조국은
> 곧 수령이며 … 그렇기 때문에 조국을 위해 헌신하는것이자 수령에게
> 충실하는것이고 수령에 대한 충실성은 곧 애국심의 발현으로, 애국주
> 의의 최고표현으로 됩니다.
> 김정일애국주의는 인민을 하늘처럼 여기는 숭고한 인민관에 그 바
> 탕을 두고있습니다. … 김정일애국주의는 … 숭고한 후대관으로 하여
> 더욱 뜨겁고 절절하게 안겨옵니다. … 무슨일을 하여도 자기 대에는
> 비록 덕을 보지 못하더라도 먼 훗날에 가서 후대들이 그 덕을 볼수
> 있게 가장 훌륭하게, 완전무결하게 하여야 한다는 것이 장군님의 숭고
> 한 뜻이였으며…92)

이 단계부터 '김정일애국주의'가 무엇인지 조금씩 드러난다. 조국
은 수령이니 수령한테 충성하고, 인민을 위하고, 후손들을 위해서
지금 고생해도 열심히 일하는 것이 '김정일애국주의'라는 것이다.
이후 예술계가 '김정일애국주의'를 구현한 작품과 '김정일애국주의'
를 실천한 인민을 작품에서 다루라고 강조93)한 것을 보면 이제 문학
예술인도 김정은의 의도를 이해하는 듯 보인다. 그런데 김정은의
동일한 글에서 창작의 또 다른 단서가 나타난다.

---

92) 김정은, 『김정일애국주의를 구현하여 부강조국건설을 다그치자: 조선로동당 중앙위원회
책임일군들과 한 담화(2012년 7월 26일)』(평양: 조선로동당출판사, 2015), 8~10쪽.
93) 「김정일 애국주의를 구현한 문학작품들을 더 많이 창작하자」, 『문학신문』, 2012년 9월
22일; 「문학작품 창작에서 김정일 애국주의 열풍을 세차게 일으키자」, 『문학신문』, 2012
년 11월 24일.

애국주의는 추상적인 개념이 아닙니다. 애국은 자기 집 뜰안에서부터 시작됩니다. 애국심은 자기 부모처자에 대한 사랑, 자기 고향마을과 일터에 대한 사랑으로부터 싹트게 되며 그것이 나아가서 조국과 인민에 대한 사랑으로 자라나게 됩니다. 자기의 부모처자를 사랑하지 않는 사람, 자기의 고향마을과 일터를 사랑하지 않는 사람이 조국과 인민을 사랑할수 없으며 참다운 애국자로 될수 없습니다.[94]

김정은은 애국주의가 자기 부모, 고향마을, 일터를 사랑하는 것이라고 설명하며 그것이 자라나서 조국과 인민에 대한 사랑이 된다고 강조한다. 애국이란 거창한 무엇이 아니라 생활에서부터 시작한다는 것이다. 그렇다면 창작의 주제를 거시적인 것이 아닌 생활적인 것에 두어야 할 텐데, 이에 대한 글은 나타나지 않는다. 10월에 부르조아 사상 비판이 등장했을 때에도 유사한 양상이다. 2012년 하반기 북한 당국은 자본주의의 사상과 문화를 '사람들을 정신적불구자로 만드는 위험한 독소'로 간주하며[95] '자라나는 새 세대들이 썩어빠진 브르조아 자유화 바람에 물젖으면 정신 도덕적으로 타락하고 변질되므로 제국주의자들의 사상 문화적 침투책동이 악랄해질수록 부르조아 사상문화와 날라리풍이 절대로 침습해 들어오지 못하도록 하여야 한다'고 주장했다.[96] 이 강도 높은 주장에 문학예술인도 어떤 식으로든 반응할 만한데 '김정일애국주의를 구현하자'[97]라는 말만

---

94) 김정은, 『김정일애국주의를 구현하여 부강조국건설을 다그치자』, 13쪽.

95) 「사회와 인간을 좀먹는 위험한 독소」, 『로동신문』, 2012년 10월 18일.

96) 「자본주의 사상문화와 청년문제」, 『로동신문』, 2012년 10월 18일.

97) 「문학작품 창작에서 김정일 애국주의 열풍을 세차게 일으키자: 주체 101(2012)년 문학작품 창작총화를 위한 주체적 문예사상 연구모임 진행」, 『문학신문』, 2012년 11월 24일.

되풀이할 뿐 특별한 반응을 보이지는 않는다. 따라서 김정은 1년차에 예술계는 '김정일애국주의'를 가장 중요한 창작 원리로 제시했다고 하겠다.

그 다음해인 2013년 공동사설은 2012년에 언급했던 '사회주의 문명국'을 다시 강조할 뿐 다른 주장은 보이지 않는다. 문예정책에서 2012년과 차이점이라면 보다 구체적이라는 것이다.

> 수령영생위업실현을 위한 예술창조에서 중요한 것은 위대한 장군님의 혁명생애와 불멸의 업적을 높이 칭송하는 문학예술작품을 많이 창작하는 것이다. … 다음으로 장군님의 사상과 령도를 그대로 계승해나가시는 경애하는 원수님의 숭고한 충정의 세계를 깊이있는 예술적형상으로 높이 칭송하는 것이다. … 다음으로 세월이 흐를수록 더욱 사무치는 장군님에 대한 우리 군대와 인민의 절절한 그리움의 세계를 숭고한 화폭으로 뜨겁게 형상하는 것이다. … 다음으로 위대한 장군님의 리상과 념원을 현실로 꽃피워나가는 우리 군대와 인민의 투쟁을 생동하고 진실한 형상으로 펼쳐가는 것이다.[98]

이같이 북한 예술계는 2013년 1월에 김정일을 칭송하는, 김정일을 계승하는 김정은의 충정을, 김정일을 그리워하는 군대와 인민을, 김정일의 이상을 실천하는 군대와 인민의 투쟁을 주제로 삼을 것을 요구한다. 2012년에 비해 구체적이라 볼 수 있는데, 이 글은 '김일성-김정일주의'는 언급하지 않고 '김정일애국주의'만을 4회 언급하고,

---

98) 심영택, 「우리의 소원」, 『조선예술』 1호(2013); 김태성, 「수령영생위업 실현에 이바지하는 명작을 더 많이 창작하자」, 『조선예술』 1호(2013).

논조에 변화를 보이므로 주목할 만하다. '창작가 예술인들은 김정일 애국주의로 들끓는 현실속에 깊이 들어가 생명도 행복도 가정도 다 바쳐가는 인간전형들의 성격, 생활세부들을 깊이 탐구하여 작품에 담아야 한다'는 주장은 2012년과 확실히 다르기 때문이다. 2012년 김정은은 분명 자신의 부모처자와 자기 마을을 사랑하라고 강조했는데, 2013년에 가정도 행복도 다 바쳐야 한다는 주장이 등장했다면, 이것은 경직으로의 전환, 김정은으로의 집중이라고 할 수 있다.

김정일애국주의를 예술작품창작에 구현하는데 나서는 가장 중요한 문제는 무엇보다도 위대한 장군님께서 조국과 인민, 혁명앞에 쌓으신 불멸의 업적을 형상한 작품들을 더 많이, 더 훌륭하게 창작하는 것을 장군님의 전사, 제자들인 창작가, 예술인들의 첫째가는 도덕의리로, 제일생명선으로 간직하는 것이다. … 다음으로 김정일애국주의를 삶의 좌우명으로 간직한 혁명가, 애국자들의 사상정신세계와 그들의 생활을 진실하게 그려내는 것이다.99)

북한 예술계는 김정일애국주의를 예술작품에서 구현하는 방법을 크게 2가지로 제시한다. 첫째는 김정일 업적 형상화, 둘째는 김정일의 삶을 실천하는 애국자 형상화이다. 예술계는 보다 구체적으로 예를 들어주며 안변청년발전소를 결사관철의 정신으로 완공한 인민군군인, 희천발전소건설에서 '단숨에' 정신으로 투쟁하는 군인 건설자, 고난의 행군시기 김정일만 바라보며 온갖 역경을 이긴 인물을 제시한다. 핵심은 부모처자보다 김정일 지시를 더욱 중요하게

---

99) 김광혁, 「예술작품 창작에서 김정일 애국주의를 철저히 구현하자」, 『조선예술』 3호(2013).

여기는 것이다. 2012년에 비해 당과 김정은에 대한 충성을 강조하는데, 또 다른 주제는 2013년 중반부터 나타나며 핵심은 자본주의 비판이다.

- 적들의 출판물들과 문학예술작품들은 부르죠아사상문화의 전파자이며 매개물이다. 미제와 남조선괴뢰들은 지금 방송과 출판물, 문예물들은 물론 상품 등을 통해서도 부르죠아사상문화를 주입하기 위해 피눈이 되여 날뛰고 있다. 전자매체들과 인터네트를 통하여 부르죠아생활양식을 퍼뜨리고 〈자본주의우월성〉을 주입하기 위해 미친듯이 날뛰고 있다.[100]
- 자본주의사회에는 부르죠아생활양식이 지배하고 있다. 부르죠아생활양식은 약육강식의 법칙과 남이야 어떻게 되든 자기만 잘 먹고 잘살면 된다는 극단한 개인리기주의에 기초한것으로서 사람들을 타락시키고 부화방탕한 생활만을 추구하게 하며 민족성을 여지없이 말살하는 반동적인 생활양식이다.[101]

북한 당국은 2013년 5월부터 자본주의에 대한 비판을 거세게 가했다. 그러나 예술계에서 문예정책과 관련된 구체적 정론은 나타나지 않는다. 대부분 문학예술에 관한 글은 김정일의 지도와 김정일의 지도로 완성된 작품 칭송이 주를 이룬다. 이유가 무엇일까? 북한이 2013년 12월 '전국에 4대 지침이라는 것을 내려 장군님 명예훼손에 대해서는 가차없이 능지처참하고 기독교 미신 행위조장, 마약 행위,

---

100) 「사회주의를 해치는 독소」, 『로동신문』, 2013년 5월 9일.
101) 본사기자 리남호, 「사회주의 생활양식을 활짝 꽃피워」, 『로동신문』, 2013년 8월 9일.

불순 녹화물 시청·유포에 대해서는 엄벌에 처한다는 지시를'[102] 내렸다는 지시는 이 질문에 대한 단서를 줄 수 있다. 2013년 중반부터 긴장감이 강해졌다면 이 같은 상황에서 북한 예술계가 문예정책과 관련하여 새로운 글을 내놓기 조심스러웠을 것이다. 지도자에 대한 칭송이 긴장감 도는 시기에는 가장 안전할 수 있다. 따라서 2013년 초반 예술계는 '김일성-김정일주의', '김정일애국주의'를 강조하면서 '김정일애국주의'에 더욱 초점을 두었다고 하겠다. 또한 2013년 후반 북한 당국이 공포정치를 실시할 때는 새로운 문예정책을 내놓기보다 김정일 우상화를 반복하여 생산했다고 하겠다.

다음해인 2014년 북한 당국은 사상을 강화하며 새해를 열었다. 2013년 12월 장성택 숙청이 영향을 주었다고 할 수 있다. 2014년 공동사설 내용이다.

> 문학예술 부문에서는 우리 혁명의 전진 속도와 들끓는 현실에 발맞추어 사상예술성이 높고 사람들의 심금을 울리는 시대적 명작들을 많이 창작하여야 합니다.[103]

사상예술성이 높은 명작을 창작하라는 요구인데 실상 사상무장에 대한 요구는 북한 당국의 일반적인 요구이다. 그러나 장성택 숙청 이후 사상무장 요구는 무게감이 다르다. 특히 북한 당국은 제국주의 사상문화적 침투에 투쟁하자는, 사상이 승패를 결정한다는 글을 연이어 발표했다. 방어적·공격적 입장이 드러나는데 이같이 제국주의

---

102) 한국문화예술위원회, 『2014 문예연감』(한국문화예술위원회, 2015), 661쪽.
103) 『로동신문』, 2014년 1월 1일.

사상문화적 침투에 대한 투쟁과 사상의 중요성을 강조하는 것은 2014년 중반까지 나타난다.

- 제국주의자들은 더욱 활발해지는 세계적인 사회경제관계발전의 흐름을 타고 ≪협력≫과 ≪교류≫ 등 각종 허울좋은 간판을 들고 보다 적극적이며 공개된 방법으로 부르죠아사상문화를 류포시키고있다. … 제국주의사상문화는 인민대중의 계급의식, 혁명의식을 좀먹고 해치는 무서운 독소이다. … 제국주의자들은 사람들의 자주의식과 혁명의식을 마비시키고 정신적으로 병들게 하며 다른 나라들을 내부로부터 와해시키려 하고 있다. 제국주의사상문화는 극단한 개인리기주의에 근본바탕을 두고 있다. 사람들을 개인의 리익을 위해서라면 수단과 방법을 가리지 않는 동물적인 인간으로 만드는 바로 여기에 제국주의자들의 사상문화적침투책동의 위험성이 있다.104)
- 제국주의자들이 떠들어대는 ≪사상의 자유≫에 대하여 각성을 가지고 대해야 한다. 원래 자본주의사회는 그 반동성과 반인민성으로 하여 진보적인 사상을 허용하지 않는다. 자본주의사회에서 허용되는 여러가지 사조들은 다 부르죠아사상의 각이한 형태와 표현들에 지나지 않는다. 반동적부르죠아통치계급은 자본주의사회를 ≪자유의 표본≫, ≪민주주의사회≫로 미화분식하기 위해 진보적인 사상을 일정하게 허용하는척 하다가도 그것이 저들의 통치에 조금이라도 위협으로 된다고 인정될 때에는 가차없이 탄압한다.105)

---

104) 「적들의 사상문화적 침투책동을 단호히 짓부셔 버려야 한다」, 『로동신문』, 2014년 1월 9일.
105) 리현도, 「제국주의자들과의 사상적 대결은 포성 없는 전쟁」, 『로동신문』, 2014년 2월 8일.

북한 언어문화는 최고 지도자에 대해서는 숭배심을, 그들의 표현을 빌려 '계급적 원쑤'에게는 분노와 적대감을 담는다. 언어가 표현을 통해 사유를 요구한다면 북한 당국은 거듭 자본주의 문화를 모두 '짓부셔야' 한다고 표현함으로써 자본주의 문화에 대한 적개심을 주조한다. 그렇다면 숭배해야 할 것은 무엇일까?

  - 사상사업 강화에 사회주의의 생명력이 있다. … 모든 것은 사상이 결정 … 나라의 강대성과 사상의 위대성과 그 위력이 있다.106)
  - 사상이 없이는 당이 태여날 수도 존재할 수도 없으며 사상사업을 내놓은 당사업과 혁명투쟁이란 있을 수 없다. 사상의 의하여 혁명의 명맥이 지켜지고 사상의 힘으로 혁명이 전진 … 조선혁명의 전 로정은 사실상 … 사상전의 력사107)

이제 북한 당국은 '김일성-김정일주의', '김정일애국주의'보다는 그 모든 것을 '사상'이라고 강조하는 듯하다. 북한주민의 정신력을 강조하는 것인데 이 사상이 무엇인지 뚜렷이 밝히지는 않고 있지만, 맥락으로 볼 때 지금까지 강조해온 '김일성-김정일주의', '김정일애국주의', '자본주의 문화 봉쇄'로 볼 수 있다. 이 사상 강조가 문예정책으로 나타난 것은 3월이다.

작가, 예술인들은 당의 유일적령도체계를 확립하는데 적극 이바지하는 작품, 사회주의 수호전을 힘있게 추동하기 위한 작품, 김정일애국

---

106) 「사회주의위업승리의 결정적 요인」, 『로동신문』, 2014년 2월 12일.
107) 김정은, 「혁명적인 사상공세로 최후승리를 앞당겨나가자(조선로동당 제8차 사상일군대회에서 한 연설)」, 『로동신문』, 2014년 2월 26일.

주의를 천만군민의 심장속에 … 백두산절세위인들의 불멸의 업적들을 길이 빛내이는데 이바지하는 문학작품들을 최상의 수준에서 더 많이 … 대원수님들의 불멸의 업적과 … 김정은 동지의 위인적 풍모와 위대성을 … 당의 유일적령도체계를 세우는 투쟁에서 기둥이 되고 선구자가 되어야 한다.108)

이 글은 김정은 3년차 문예정책의 종합이라고 할 수 있다. 당의 '유일적령도체계'를 추가했지만 결국 '김일성·김정숙·김정일의 업적', '김일성-김정일주의', '김정일애국주의', '김정은 우상화'가 핵심이다. 김정일 사망 이후 나타난 사상관련 주제들을 모두 모은 것이다. 한편 북한은 '2014년 내내 근로청년 학생들, 각급 사회단체 맹원들, 기자와 언론인들, 인민군 지휘관들, 당 책임일군에 이르기까지 백두산지구 혁명전적지답사 행군을' 시키며109) 북한 주민의 긴장감을 고조시켜나갔다.110) 여기에 2014년에 예술인을 한층 더 긴장시키는 사건이 있었다. 북한은 5월 16일부터 17일까지 4.25문화회관에서 '제9차 전국예술인대회'를 진행했는데,111) 이 대회에 김정은은 "시

---

108) 「혁명적인 사상공세에 이바지하는 혁명작품을 더 많이 창작하자」, 『문학신문』, 2014년 3월 8일.

109) 한국문화예술위원회, 『2015 문예연감』(한국문화예술위원회, 2016), 470쪽.

110) 2014년에 개최된 당 외곽조직 대회에는 〈로농적위군 지휘성원 열성자회의〉(2014.2.11), 〈당 제8차 사상일군대회〉(2013.2.24~25), 〈제13차 전국 교육일군대회〉(2014.9.5), 〈제4차 청년동맹 초급일군회의〉(2014.9.18~19), 〈인민군 제3차 대대장, 대대정치지도원대회〉(2014.11.3~4), 〈인민군 제2차 후방일군대회〉(2014.12.25) 등이 있다.

111) 제9차 전국예술인대회 관련 기사에는 「제9차 전국예술인대회가 진행된다」, 『로동신문』, 2014년 5월 8일; 「우리 당을 충직하게 받들어온 창작가, 예술인들」, 『로동신문』, 2014년 5월 12일; 「잊을 수 없는 첫 예술인대회」, 『로동신문』, 2014년 5월 16일; 「당의 령도따라 새로운 주체 100년대 문학예술혁명의 포성을 힘차게 울려나가자」, 『로동신문』, 2014년 5월 16일; 「경애하는 김정은 동지께서 제9차 전국예술인대회 참가자들에게 력사적인 서한 〈시대와 혁명발전의 요구에 맞게 주체적 문학예술의 새로운 전성기를 열어나가자〉

대와 혁명발전의 요구에 맞게 주체적 문학예술의 새로운 전성기를 열어나가자"라는 서한을 보냈다. 이 문건에서 김정은은 예술인이 '당과 수령의 문예전사로서의 사상적 각오와 입장이 투철하지 못하고, 패배주의에 빠져 조건 타발이나 하면서 시대의 부름을 외면하고 명작 창작을 위하여 사색과 열정을 다 바치지 않고 귀중한 시간을 헛되이 보내고' 그들의 실력이 낮은 것은 '주체적 미학관으로 튼튼히 무장하지 못했을 뿐 아니라 정치사상적 수준과 실력이 낮아 설익은 작품들을 그대로 통과시키고 있'기 때문이라고 질책했다. 특히 김정은은 영화부분에 대해 다음과 같은 요구를 했다.

사람들을 교양하고 사회에 들끓는 분위기를 세우며 혁명과 건설을 추동하는데서 영화가 차지하는 몫이 대단히 큽니다. 영화예술부문의 일군들과 창작가, 예술인들은 오늘의 침체상태에서 심각한 교훈을 찾고 새로운 영화혁명의 불길을 세차게 일으켜 세계영화계를 뒤흔드는 뢰성을 울려야 합니다. 위대한 수령님과 장군님의 불멸의 업적과 위인적 풍모를 형상한 혁명영화들을 창작하는 것은 시대와 혁명의 요구이며 인민들의 소망입니다. 영화부문 일군들과 창작가, 예술인들은 수령님과 장군님의 불멸의 혁명력사와 혁명업적, 위대한 인간적 풍모를 형상한 혁명영화들을 후세에 길이 남을 대걸작으로 폭넓고 깊이 있게

___

를 보내시였다」(김정은 문건 건문 게재), 『로동신문』, 2014년 5월 17일; 「제9차 전국예술인대회 개만: 경애하는 김정은 동지께서 대회참가자들에게 보내신 력사적인 서한을 전달」, 『로동신문』, 2014년 5월 17일; 「제9차 전국예술인대회 개막: 경애하는 김정은 동지께서 대회참가자들에게 보내신 력사적인 서한을 전달」, 『로동신문』, 2014년 5월 17일; 「문학예술인들은 명작폭포로 당의 선군령도를 충직하게 받들어나가자」, 『로동신문』, 2014년 5월 19일; 「제9차 전국예술인대회 폐막」, 『로동신문』, 2014년 5월 18일; 「우리 당의 선군령도를 충정으로 받들어갈 신념: 불타는 결의 안고 창작창조활동을 힘 있게 벌려가는 작가, 예술인들」, 『문학신문』, 2014년 7월 8일 등이 있다.

창작하여야 합니다.112)

김정은은 김일성·김정일의 업적과 위인적 풍모, 인간적 풍모를 형상화하라고 구체적으로 지시한다. 이 전에도 김일성·김정일의 업적은 창작의 주요 소재였지만 김정은은 그에 만족하지 못한 것으로 보인다. 장성택 숙청으로 인한 긴장감이 가시기도 전인 5월에 이같은 김정은의 질타는 예술인을 공포로 몰아넣기에 충분했을 것이다. 또한 북한은 2014년에 들어서 자본주의 문화인 '자본주의 황색바람'을 경계하라고 평균 한 달에 1번꼴로 강조했다.113) 이를 이어받아야 하는 예술인은 이후 자본주의 영화를 "주어진 조건에 잘 순응하며 매 순간순간을 자기의 향락을 추구하는 것이 제일 안전하고 행복하게 사는것이라고 주장"하는 "썩어빠진 영화예술"로 열심히 폄하했다.114) 그렇다면 문예정책은 '김일성·김정일의 불멸의 업적, 위인적 풍모, 인간적 풍모의 형상화'라는 김정은의 지시를 지키면서 '제

---

112) 「경애하는 김정은 동지께서 제9차 전국예술인대회 참가자들에게 력사적인 서한 〈시대와 혁명발전의 요구에 맞게 주체적 문학예술의 새로운 전성기를 열어나가자〉를 보내시였다. 〈제9차 전국예술인대회 개막: 경애하는 김정은 동지께서 대회참가자들에게 보내신 력사적인 서한을 전달〉」, 『로동신문』, 2014년 5월 17일.

113) 오양열의 조사를 옮기면 정치계에서 자본주의에 대한 경계에 대해 발표한 글은 다음과 같다. 「출판보도 부문이 앞장에 서서 사상혁명의 불길을 더욱 세차게 지펴 올리자」, 『로동신문』, 2014년 2월 12일; 「사상사업을 더욱 강화하는 것은 우리 혁명발전의 필수적 요구」, 『로동신문』, 2014년 3월 9일; 「침략의 주역을 놀고 있는 제국주의 사상문화」, 『로동신문』, 2014년 3월 22일; 「견결한 반제계급의식을 지닌 인민은 반드시 승리한다」, 『로동신문』, 2014년 4월 4일; 「부르죠아 사상문화를 혁명적인 사상공세러 짓뭉개야 한다」, 『로동신문』, 2014년 4월 7일; 「제국주의 사상문화적 침투책동을 철저히 막는 것은 자주위업 승리의 담보」, 『로동신문』, 2014년 5월 8일; 「제국주의자들과의 사상적 대결에서는 한걸음의 양보도 있을 수 없다」, 『로동신문』, 2014년 7월 16일; 「청년들을 목표로 한 반동적 사상문화 침투 책동」, 『로동신문』, 2014년 10월 19일; 「도덕교양을 강화하는 것은 사회주의 문명건설의 중요 요구」, 『로동신문』, 2014년 10월 13일; 『2015 문예연감』, 510쪽.

114) 김성호, 「부르죠아영화예술은 자본주의사상의 대변자, 전파자」, 『조선예술』 6호(2014), 67~68쪽.

국주의의 사상문화 침투에 대한 투쟁'도 제시해야 했을 것이다. 다음 글은 북한이 이를 모두 종합하였음을 말해준다.

영화부문의 창작가, 예술인들은 위대한 수령님과 장군님의 불멸의 혁명력사와 혁명업적, 위대한 인간적 풍모를 형상한 혁명영화들을 후세에 남길 대걸작으로 폭넓고 깊이있게 창작하여야 한다. … 위대한 수령님과 장군님을 형상한 혁명영화들에서는 절세위인들의 사상과 령도, 풍모의 위대성을 전면적으로 품위있게 체취가 생생히 느껴질수 있도록 진실하고 절절하게 형상함으로써 우리 군인들과 인민들의 가슴속에 수령님과 장군님에 대한 흠모와 그리움의 정을 채워주고…115)

북한 예술계는 먼저 김일성·김정일 우상화에 초점을 둔다. 새로운 것을 내어놓기에는 위험부담이 컸을 것이다. 다음 달인 9월 '영화예술부문의 창작가, 예술인들이 위대한 대원수님들의 불멸의 혁명력사와 혁명업적, 위대한 인간적 풍모를 형상한 혁명영화들을 최상의 수준에서 많이 창작하여야 한다'는 동어반복적 글은 김일성·김정일 우상화가 창작의 우선으로 안착되었음을 말해준다.116) 따라서 김정은 3년차에 북한 예술계는 문예정책을 김일성·김정일의 업적과 인간적 위대성의 형상, 자본주의 문화 비판으로 설정했다고 하겠다. 이제 김정은 시기 3년 모두를 정리해보기로 한다.

---

115) 리현순, 「(론설) 창작가, 예술인들은 명작폭포로 당의 선군령도를 충직하게 받들어 나가자」, 『조선예술』 8호(2014), 49~51쪽.

116) 민룡길, 「명작영화 폭포로 주체문학예술을 빛내여나가자」, 『조선예술』 9호(2014), 57~58쪽.

[표 4] 김정은 정권 문예정책

1년차	2년차		3년차
	초반	후반 (공포정치)	
• 김정일애국주의, 김정 일의 조국관, 이민위천 • 김일성·김정일의 불멸 의 업적과 고매한 풍모, 덕성 • 김정은의 위대성	• 김정일애국주의 (업적강조) • 모두 버리고 충성 한 애국자	(새로운 담론 없이) • 김정일 우상화	• 김일성·김정일·김정은의 위인 적 풍모, 위대성, 인간적 풍모. • 김일성·김정일에 대한 군인과 인민들의 그리움. • 자본주의문화 침투 봉쇄.

이와 같이 김정은 시기 문예정책은 '김정일애국주의'로 관통하지만 미세한 차이가 있다. 1년차에는 최고지도자의 업적·풍모·덕성을 강조하고 작은 것을 사랑하는 것이 애국임을 강조한 반면, 2년차에는 김정일 업적구현에 집중하고, 김일성·김정일·김정은을 위해 가정도 부모처자도 다 버릴 것을 강조한다. 3년차에는 김일성·김정일·김정은에 대한 우상화(위인적 풍모, 업적, 인간적 풍모)를 그대로 이어가면서 특히 자본주의 문화 봉쇄를 강조한다. 1년차에서 3년차로 갈수록 지도자에 절대적 복종과 외부세계에 대한 방어감이 강하게 나타나는 것이다. 김정일 시기 3년과 비교한다면, 김정일 시기는 전반적으로 부드럽게 '정(情)'에 호소하는 반면, 김정은 시기는 갈수록 경직되는 양상이며 변화의 기점은 2013년 중반이다.

제2장 영화로 읽는 예술정치

김정일 시대 〈민족과 운명〉 30, 31, 32부는 1960년대 강선의 노동계급 강태관 가족 이야기이며 〈로동계급편〉 6, 7, 8부에 해당한다. 김정일은 〈로동계급편〉 6, 7부를 자신의 '혁명관, 인생관, 철학관이 집대성'되었다고 하며 그 이유로 '영화문학, 명대사, 배우들의 진실한 연기'를 들었다. 〈로동계급편〉이 "〈민족과 운명〉의 기둥작품으로 지금까지 만든 영화들 중에서 제일 잘된 작품"이자[1] '교과서적 작품'이라는 것이다.[2] 북한 평론에 의하면 영화의 주제는 '민족의 운명이 개인의 운명'이며 '녹이 많은 쓴 파철이든 적게 쓴 쇠붙이든 그것이 전기로에만 들어가면 붉은 쇠물 외 다른 것이 될 수 없다'이다.[3]

---

1) 리성덕, 「(평론) 로동계급의 생활철학을 구현한 세계적인 대작(2): 다부작예술영화 〈민족과 운명〉 제28, 29, 30, 21(로동계급 제4, 5, 6, 7부)에 대하여」, 『조선영화』 9호(1995), 45쪽.

2) 신기명, 「(론설) 로동계급주제영화작품을 창작하는 것은 현시기 매우 중요한 문제」, 『조선영화』 5호(1995), 34쪽.

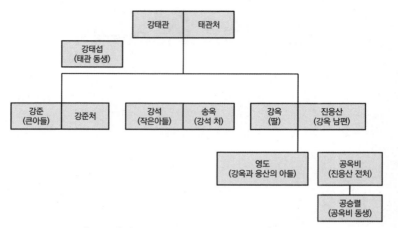

[그림 3] 〈민족과 운명〉 30, 31, 32부 등장인물도

〈고요한 전방〉은 김정일이 예술성과 배우의 연기를 높이 평가한 영화이다.[4] 북한은 영화의 주제를 "정전이라는 대치상태에서 40여 년간의 불미스러운 평화가 지속되여오고있는 우리 나라의 준엄한 현실에서 인민군군인들뿐만아니라 전체 당원들과 근로자들을 우리 당의 주체적전쟁관점으로 더욱 튼튼히 무장"시키는 것이라고 설명한다.[5]

〈그는 대학생이였다〉(이하 〈그는 대학생〉)는 김일성종합대학 창립 50주년을 기념해서 제작한 영화이다. 영화는 "김일성종합대학 학생과 교직원이 대학초창기부터 새 조국 건설을 위한 사회정치활동에 적극 참가"한 것을 보여준다.[6] 김정일은 영화를 높이 치하했고[7] 김

---

3) 강진, 「위대한 〈쇠물철학〉의 진리성을 보여준 시대적 명작」, 『조선영화』 2호(1996), 40~43쪽.

4) 조선인민군 4.25예술영화촬영소 인민배우 리익승, 「(수기) 영광의 날에나 시련의 날에나」, 『조선영화』 2호(1997), 35~36쪽.

5) 리인철, 「(창작수기) 당의 요구와 작가의 신념」, 『조선영화』 4호(1997), 40~42쪽.

6) 리성덕, 「(평론) 구성의 묘미로 승화된 참신한 영화적형상: 예술영화 〈그는 대학생이였

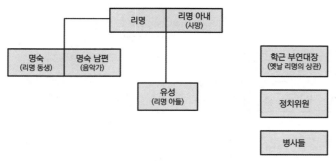

[그림 4] 〈고요한 전방〉 등장인물도

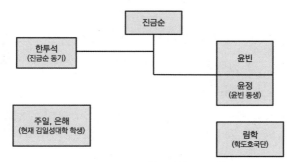

[그림 5] 〈그는 대학생이였다〉 등장인물도

일성종합대학 학생 모두가 이 영화를 관람하도록 지시했다.[8] 젊은 층을 겨냥한 기획 영화이다.

〈나의 아버지〉는 부모를 잃은 오누이가 북한당국의 따뜻한 배려로 자기의 꿈을 펼치는 내용이다. 북한 당국은 이 영화가 "오누이가 부모없는 자기들에게 끊임없는 친아버지의 사랑을 부어주신 분은

다〉」, 『조선예술』 3호(1997), 29~31쪽.

7) 조선예술영화촬영소 연출가 김길하, 「(수기) 연출가의 인생보람」, 『조선영화』 3호(1997), 36~37쪽.

8) 김일성종합대학 조선어문학부 학생 최형렬, 「(영화와 과중) 나의 상급생」, 『조선영화』 2호(1997), 56~57쪽.

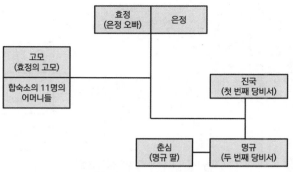

[그림 6] 〈나의 아버지〉 등장인물도

다름아닌 우리의 장군님이시라는 것을 가슴뜨겁게 되새기게" 했으므로 더욱 의미가 있다고 평가한다.[9] 주인공 은정이 김정일의 은혜에 감사하며 성장하는 성장 스토리로 '고아성과 결손가정, 그리고 새로운 아버지를 중심으로 이종 집단이 재가족화되는 상황'을 보여준다.[10]

〈화성의숙에서의 한해 여름〉(이하 〈화성의숙〉)은 1, 2부이며 배경은 김일성이 15세에 화성의숙에서 공부하기 시작한 1926년이다. 북한 평론은 이 영화를 '역사의 방향타를 새롭게 틀어잡고 자주의 닻을 올려 주체의 붉은기를 휘날리기 시작한 불멸의 업적을 사실주의적인 빛나는 예술적 화폭으로 구현한 우리시대의 기념비적인 작품'으로 고평한다.[11]

김정은 시대에 제작한 〈들꽃소녀〉는 김정일이 '고난의 행군 시기

---

9) 조선중앙통신사, 『조선중앙년감』(평양: 조선중앙통신사, 1997).

10) 이명자, 『북한 영화와 근대성: 김정일시기 가족멜로 드라마』(영락, 2005), 98쪽.

11) 리성덕, 「력사의 방향타를 잡고 자주의 닻을 올린 천출위인의 출현을 부각한 빛나는 예술적 화폭: 예술영화 〈화성의숙에서의 한 해여름〉 제1, 2부에 대하여」, 『조선영화』 10호(1997), 30~40쪽, 48쪽.

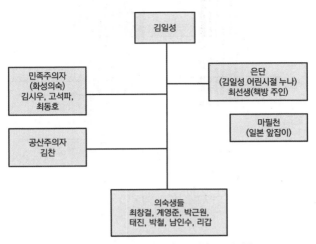

[그림 7] 〈화성의숙에서의 한해여름〉 등장인물도

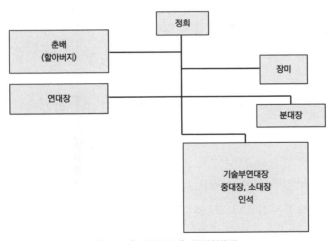

[그림 8] 〈들꽃소녀〉 등장인물도

인 1996년 6월 현지지도 표식비에 들꽃묶음을 놓은 소녀를 기특히 여겨 〈들꽃소녀〉로 세워준 소녀'를 주인공으로 한 작품이다.12) '김정일이 자신의 시대에 김일성 시대의 이름 없는 태성할머니를 영웅화하

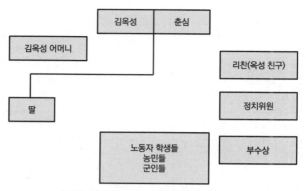

[그림 9] 〈종군작곡가 김옥성〉 등장인물도

여 예술영화 〈이세상 끝까지〉를 제작'한 것과 유사한 맥락이다.13) 〈종군작곡가 김옥성〉은 실존인물의 영웅적 활동을 극화한 영화이다. 북한 평론은 김옥성을 "길지 않은 생애에 당과 수령에 대한 불타는 충성심을 안고 수많은 기념비적 명곡물을 창작하여 북한의 음악사에 뚜렷한 자욱을 남긴 작곡가들 중의 한 사람"이라고 소개한다.14) 김옥성 음악은 '사람을 기본으로 하여 자주적인간의 미감과 요구, 그들의 창조적 활동에 미치는 역할로부터 출발하여 규정하는 김정일의 주체적인 음악사상이 관통되어 있다"는 것이다.15) 영화는 김옥성 친구인 찬명이 1960년대의 김옥성을 회상하고, 회상 속에서 김옥성이 해방이전부터 자신의 삶을 또 회상하는 2중의 회상 방식이다. 1930년대부터 1990년대까지(추정)가 배경이며 2부 구성으로 김

---

12) 『조선예술』 7호(2012), 40~41쪽.

13) 한승호, 「김정은 시대의 북한 '조선예술영화' 분석」, 『통일인문학』 제59집(2014), 346쪽.

14) 강정순, 「노래는 심장에서 우러나와야 명곡으로 될수 있다: 작곡가 김옥성의 전시가요를 놓고」, 『조선예술』 2호(2000), 30~31쪽.

15) 류용식, 「위인의 품속에서 영생하는 세계적작곡가(2): 인민예술가 김옥성동무에게 베풀어진 고귀한 은정」, 『조선예술』 10호(2014), 20쪽.

일성, 김정숙, 김정일을 모두 언급하는 특징이 있다.

〈폭발물처리대원〉은 북한에 의하면 1996년부터 2006년까지를 배경으로 '평양 멀리 북변땅에서 있은 실재 사실'에 기초한 영화라고 한다. 북한은 이 영화가 "군사복무를 마치고 폭발물처리대원이 되어 수십년세월 위험을 무릎쓰고 폭발물처리를 해온 전세대를 통하여 자기가 하는 일이 혁명의 수뇌부의 안녕과 관련되고 인민의 생명을 지키는 중요한 혁명임무라는 것을 절감하고 한목숨을 바쳐 불발탄을 해제하는 주인공 진욱의 형상을 통하여 혁명의 수뇌부결사옹위에 선군시대 인간들의 가장 값높은 삶과 행복이 있다는 진리를 깊이 새겨"주었다고 평가한다.16) 대학진학을 꿈꾸었던 청년 진욱이 대장 태복에게 감동하여 진정한 폭발물처리대원으로 남는다는 성장 스토리이다. 주인공이 죽는 죽음의 서사이며 보안원에 대한 비판이 나타나는 특징이 있다.

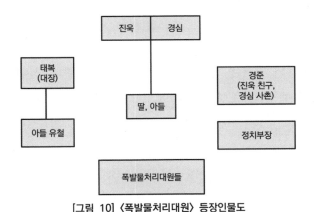

[그림 10] 〈폭발물처리대원〉 등장인물도

---

16) 조선중앙통신사, 『조선중앙년감』(평양: 조선중앙통신사, 2013), 408쪽.

〈최전연의 작은집〉은 김정일 시대가 시간적 배경이며 최전방 어은산초소가 공간적 배경이다. 영화의 소재는 김정일의 뜻을 마음에 새긴 최전연의 어느 인민군 군의의 삶이다. 북한 평론은 이 영화가 전방치료대에서 오랫 동안 사업하던 전방치료대 대장이 환자후송 중 사고로 희생된 실제 이야기를 영화화한 것이라고 설명한다.17)

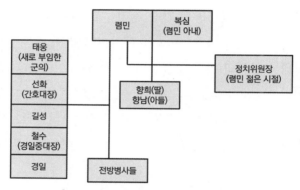

[그림 11] 〈최전연의 작은집〉 등장인물도

표면적으로 볼 때 김정일 시대의 영화는 김일성 시대를 배경으로, 김정은 시대의 영화는 김정일 시대를 배경으로 한다. 선대 지도자에 대한 북한 주민의 충성을 현재에도 이어가라는 의도로 해석된다. 구체적 분석은 다음 '행동'과 '감정'으로 나누어 진행하기로 한다.

---

17) 리숙경, 「(창작수기) 위대한 병사사랑의 세계에 현혹되여」, 『조선예술』 3호(2014), 54쪽.

1. 영화에 나타난 행동

1.1. 이항대립

1.1.1. 김정일 시대

(1) 희생하기와 당의 가족 되기

가족과 민족의 이항대립은 〈민족과 운명〉 30~31부, 〈그는 대학생〉, 〈나의 아버지〉에서 나타난다. 〈민족과 운명〉 30부에 나타난 '가족과 민족'의 대립을 보기로 한다.

[표 5] 〈민족과 운명〉 30부 이항대립

가족 vs 민족			
	진응산 전처를 찾아야 하며 당원은 나라를 먼저 생각해야 한다는 강석.		자신도 보통 여자라면서 강석의 말에 괴로워하는 강옥.

30부에서 강태관과 강준, 강석과 강옥은 갈등을 겪는데 이 장면을 통해 영화가 강조하는 것은 분명하다. 남편의 전처가 살아있다면 강옥이 물러나야 하는데 그 이유는 강옥은 자신보다 민족을 먼저 생각해야 하는 당원이기 때문이다.

강석: 강옥아, 넌 자기가 누구라는걸 잊어선 안돼.
강옥: 쇠물집 외동딸이죠. 그리고 진응산의…
강석: 아니 그보다 앞서 넌 당원이다.

강옥: 난 여자예요. 보통 여자란 말이예요. 나더라 어찌라는거예요.
　　　(바라보는 송옥)
강석: 전선에서 많은 처녀들이 조국을 위해서 목숨을 바쳤다. 그들에
　　　게는 사랑하는 부모도 애인도 있었지. 그들도 평시엔 보통 녀학
　　　생들이였다. 그러나 죽음앞에선 혁명가들이였다.
강옥: 오빠.

영화는 강옥이 자신도 여자라며 두 주먹으로 강석을 때리는 장면
을 통해 관객의 감정이입을 유도한다. 나약한 강옥을 통해 나라를
위하는 것은 특별한 사람만 하는 일이 아니라는 점을 보여주는 연출
이다. 이로써 영화는 디제시스 외부에 있는 북한 주민이 가족보다
민족을 우선시할 것을 교훈한다. '김정일의 인덕정치와 광폭정치'를
반영하는 지점이다.18) 이 대립은 31부에서도 나타나는데 다소 다른
측면에서 포착하고자 한다. 31부 대립 항은 '가족과 민족'의 맥락이
면서 특히 여성에게 '희생'을 강조한다.

[표 6] 〈민족과 운명〉 31부 이항대립

권리 vs 희생		
	진웅산의 전처를 만나자 마음이 복잡한 강옥.	천리마 시대의 자기 희생은 곧 행복이라며 강옥을 위로하는 당위원장.

31부에서 나타나는 대립은 '권리와 희생'이다. 진웅산의 현재 부인

---
18) 이우영, 「김정일 문예정책의 지속과 변화」, 『통일연구원 연구총서』(통일연구원, 1998), 55쪽.

인 강옥은 진웅산의 전처를 만난 이후 복잡한 마음을 가누지 못한다. 심란한 강옥은 집에 돌아와 당위원장하고 대화를 나누는데 이때 영화는 당위원장을 통해 거침없이 '희생'을 언급한다.

> 당위원장: 난 요즘 혼자서 이런 생각을 해보군 하오. 〈희생〉이 진정으로 행복이냐 불행이냐. 물론 낡은 사회에서 강요된 희생이 불행이지. 그러나 천리마시대가 낳은 인간들의 자기 〈희생〉은 가장 행복하고 아름다운것이라고 나는 믿소. 안 그렇소?
>
> 강옥: 당위원장동지, 고맙습니다. 저에게 힘을 주시려는 그 마음 평생 잊지 않겠습니다. 저는…제가 들어 선 인생길을 후회하지 않습니다. 이미 선택한 그 길이 한 여자의 작은 보금자리가 아니라 사회와 집단을 위한 큰 길이라고 생각하니…저는 생활에 대한 두려움이 없어졌습니다…. (밑줄은 필자)

이 장면에서는 인위성이 풍겨난다. 아직 마음의 고통이 큰 강옥이 '희생'을 언급하는 당위원장의 말에 갑자기 동의하기 때문이다. 영화가 인위성을 무릅쓰고 '집단이 서로 도와야 한다'는 지침을 충실히 수행하는 지점이다.[19)]

영화는 강옥의 동의로 서둘러 이 장면을 봉합하면서 클로즈업을 사용한다. 평온을 되찾은 강옥에게 관객을 동일시시키며 희생과 평온을 같은 선상에 놓는 것이다. 이때 카메라는

[그림 12] 강옥의 클로즈업

---

19) 최성호, 「최후돌격전에 이바지할 영화문학」, 『조선영화』 3호(1997), 7~9쪽.

배우의 자세를 1/4(the quarter-turn)이 아니라 거의 풀 프론트(Full-front)로 잡으며 기의를 생산한다. 관객과 극한 친밀성을 유도하며[20] "자기 인생에 주어진 길로 자기 신념대로 끝까지 가겠다고 하는데 자주적인간으로서의 전형적 성격이 있으며 그것으로 하여 그의 운명선이 비극적이고 기구한 것이 아니라 랑만적이고 보람" 차다는 기의이다.[21] '오늘의 현실을 낭만적으로 그리라'는 서브텍스트의 성실한 수행이다.[22] 이뿐 아니라 평론은 떠날 결심을 한 강옥이 마지막까지 고아들을 위해 헌신하는 장면을 갸륵하다고 말한다.

　　말 못할 쓰라린 사연을 가슴속에 안고 남몰래 자기희생을 각오하고 있는 강옥이가 밤새껏 잠을 이루지 못한채 떠나는 장면은 뜨거운 눈물 없이는 바라볼수가 없다. 이렇게 착잡한 감정을 안고도 부모없는 아이들을 다섯명이나 친혈육처럼 데려다 키우면서 새 생활을 창조해나가는 강옥이의 형상은 비길데 없이 갸륵하기만 하다. (밑줄은 필자)[23]

이같이 영화와 평론이 반복해서 희생을 미화하듯이 '자기희생'은 김정일 시대 서브텍스트의 텍스트적 변용이다. 그런데 영화가 강조하는 희생을 30~31부까지 면밀히 살펴보면 남성이 여성을 위해 희생하는 장면은 발견할 수 없다. 강석의 희생은 '설계도 완성'을 위한 것으로 일과 관련 있다. 강태관은 자기 자신이 아니라 딸을 희생시킨

---

20) 로이스 자네티, 박만준·진기행 옮김, 『영화의 이해』(케이북스, 2017), 75~78쪽.

21) 심영택, 「강옥의 운명선과 그 형상의 특징」, 『조선영화』 2호(1997), 44~45쪽, 53쪽.

22) 전일신, 「시대궁정과 웃음」, 『조선영화』 5호(1996), 43~46쪽.

23) 강진, 「위대한 〈쇠물철학〉의 진리성을 보여준 시대적 명작」, 『조선영화』 2호(1996), 40~43쪽.

다. 강태관은 생면부지인 진응산이 강선에 마음 붙이도록 강옥을 억지로 진응산과 결혼시키고, 진응산 전처가 나타나자 이미 아이까지 낳은 강옥에게 물러나라고 요구한다. 영화가 여성에게만 부과하는 희생은 32부에서도 포착할 수 있다. 32부에서 강석과 대자산계급 출신으로 동경유학을 한 지식인 여성 한송옥은 사랑하는 관계이다. 그러나 한송옥은 한때 부르죠아였다는 과거 때문에 강석의 사랑을 거절한다.[24] 송옥이 강석을 떳떳이 사랑할 수 있는 것은 강석이 불치의 병에 걸린 다음이다. 영화는 송옥이 강석과 열렬한 결합을 원하여 꿈을 꾸는 장면까지 보여준다.

장면에서 그려진 송옥의 환각은 강석에 대한 걱정으로 하여 생긴 정신적불안정의 격화와 그와의 진실한 결합에 대한 열렬한 갈망으로 하여 초래된것으로써 아름답고도 숭고한 인물의 내면세계를 눈물겹게 보여주고 있다.

한 인간에 대한 가장 뜨겁고도 순결한 사랑과 그를 위해 자신의 모든 것을 주저없이 깡그리 바칠 쉽지 않은 결심을 동반한 송옥의 사상감정을 환각수법이 아닌 다른 형상수단이나 수법으로 표현하려했다면 이 장면에서와 같이 섬세하고 확실하게 그려낼수 없었을 것이다.[25]

평론은 영화의 환각수법을 극찬하면서 송옥이 이 환각을 갖는 것은 '강석에 대한 걱정'과 '그와의 결합을 열렬히 갈망' 하기 때문이며 '아름답고도 숭고하며 순결한 장면' 이라고 설명한다. 더 나아가 이

24) 김응진, 「(평론) 운명적으로 얽어진 대담한 인간관계」, 『조선예술』 11호(1999), 17~18쪽.
25) 최철진, 「환각수법이 안겨준 예술적감흥」, 『조선예술』 5호(2010), 54~55쪽.

것을 고귀한 '희생'이라고 차별화한다.

　작품에서는 또한 기사 강석과 한송옥과의 애정관계를 통하여 <u>로동계급이 지닌 자기희생정신이야말로 가장 고귀하고 아름다운것이라는 인생관</u>적인 문제들에 훌륭한 해답을 주었다. 이들의 사랑은 지식인들사이의 련정이지만 우리의 선진적이며 진취적이고 헌신적인 로동계급이 서로 돕고 이끌면서 새 기적을 창조해나가는 천리마시대는 부르죠아인테리 출신의 한송옥이로 하여금 남을 위해 자기를 바치는 고상한 <u>희생정신</u>의 발현자로 진정한 인간 사랑의 진미를 안은 녀성으로 그려지었다. (…중략…) 천리마시대가 낳은 거창한 인간화원의 서사시가 아닐수 없다.26) (밑줄은 필자)

　평론은 시한부 인생인 강석과 결혼하려는 송옥의 결심을 진취적이고 헌신적인 노동계급의 사랑이며, 고상한 것이며, 인간 사랑의 진미를 아는 사랑이라고 말한다. 이와 같이 영화가 유독 여성의 희생을 강조하는 이유는 무엇일까? 고난의 행군기가 해답의 단서가 될 수 있다. "'한 사회가 모성의 역할을 강조하는 것은 그만큼 그 사회가 사회의 개혁과 혁신보다 안정화, 지속화에 관심을 기울인다는 것을 의미'한다. '모성(motherhood)은 인간이 할 수 있는 가장 온화한 방법으로 사회를 통제하는 수단으로서 입법부, 행정부, 사법부에 이어 국가 권력의 제4부문이다. 모성을 활용함으로써 여성의 정치적 역할을 가정 안으로 제한하면서 동시에 국가가 사회를 통어할 수 있는

---

26) 류영애, 「로동계급의 혁명관과 인생관에 대한 진실한 형상」, 『조선영화』 5호(1996), 31~33쪽.

가정(모성)이라는 수단을' 갖기 위함"이다.27) 북한 예술계는 북한 당국의 지침에 따라 '노동계급의 고상한 사상 정신적 면모를 깊이 있게 형상화'할 것을 강조한 바 있다.28) 예술계는 글로써 고상한 사상 정신적 면모가 무엇인지를 구체적으로 밝히지는 않았다. 그러나 예술계는 지속적으로 '가정생활과 사회공동생활에서 고상한 도덕품성을 형상화'할 것을 요구했는데29) 그 추상적 서브텍스트가 일상의 구체적 실천인 텍스트에서 '모든 사람을 포용하기'와 여성의 경우 '자기희생'인 것이다.

'가족과 민족'의 이항대립은 〈그는 대학생〉에서도 나타나는데 영화는 '가족과 민족'을 '핏줄의 자녀와 김일성의 자녀'로 변용한다. 영화는 주인공 진순금이 정치공작대로 나가자며 윤빈과 윤정 남매를 설득할 때, 두 남매에게 가장 큰 장해물로 혈육을 설정한다. 동생 윤정이 림학을 멀리할때 "아버지가 우리들의 학비를 대느라고 림군의 신세를 적게 졌냐? 그러니 너도 장차 림군의…"라는 윤빈의 대사, '아버지의 눈에서 피눈물이 나지 않도록'이라는 윤정의 대사는 이를 잘 말해준다. 그런데 영화는 이에 대립 항 '김일성 자녀'를 지속적으로 제시한다. 메시지는 단순하다. 혈육의 정이 아닌 김일성의 친자식으로 살아야 한다는 것이다. '가족 은유는 감정적 반항을 불러일으키고, 공유된 민족 정체성을 구축하는데 도움을 주기' 때문이다.30) 이

27) 이상우, 「북한 희곡에 나타난 이상적 여성·국민 창출의 양상」, 『한국극예술』 21(한국극예술학회, 2005), 302쪽.
28) 신기명, 「로동계급주제영화작품을 창작하는 것은 현시기 매우 중요한 문제」, 『조선영화』 5호(1995), 33~34쪽.
29) 리현순, 「숭고한 공산주의도덕의리를 구현하는 것은 영화예술의 중요한 사업」, 『조선영화』 3호(1996), 17~19쪽.
30) Mavel Berezin, "Secure states: towards a political sociology of emotion", Edited by Jack Barbalet, *Emotions and Sociology*, p. 42.

지점에서 영화는 엉성한 장면까지 동원한다. 영화는 림학이 고용한 불량배가 윤정을 폭행하는 장면을 배치함으로써 혈육의 정에 이끌리면 그 결과가 어떻게 되는지를 암시하는데 영화적으로 볼 때 완성도가 떨어져 사실 극의 흐름을 방해한다. 그럼에도 영화가 강조하는 '참다운 행복은 결국 김일성의 자녀가 되는 길'이라는 메시지는 쉽게 읽을 수 있다. 김일성을 아버지로 설정하고 그리워하라는 '그리움의 정치'이다. "그리움의 풍경은 가족국가의 모든 구성원들의 헌신을 요구하고 그 헌신은 정신적인 것이자 물질적인 것이다. 정신적인 면에서 그리움의 정치는 경제위기나 기근에 영향 받아서는 안 되는 것이다."31) 〈나의 아버지〉에서도 이 대립은 나타난다.

[표 7] 〈나의 아버지〉 이항대립

혈연가족 vs 당의 가족	
 핏줄인 자신이 조카를 데려가야 한다며 은정을 섬으로 데려가는 고모.	평양합숙소에 온 은정에게 자신들을 소개하는 11명의 합숙 어머니들.

　　〈나의 아버지〉에서 은정 고모는 당비서 진국과 의논하지 않고 은정이를 자신이 사는 섬으로 데려간다. 큰 조카 효정은 나이가 들어서 남의 손에 맡겨도 괜찮지만 은정이는 너무 어려서 남의 손에 맡길 수 없어서이다.

　　고모: 이 고모가 시퍼렇게 살아있으면서 저애들을 남의 손에 맡긴걸

---

31) 권헌익·정병호, 『극장국가 북한』(창비, 2013), 52~53쪽.

알면 아마 저애들의 아버지가 땅속에서… 이 고몰 얼마나 원망
하겠습니까.

영화는 고모가 은정이를 데려가는 이유를 '피붙이'로 설명한다.
동시에 영화는 '섬'이 대변하는 피붙이의 한계를 지적한다. 영화에서
은정 고모의 집이 섬으로 설정된 것은 우연이 아니다. 섬은 고모가
은정이를 사랑하지만 은정이의 꿈을 이루어주기에는 역부족이라는
것을 강조하기 위한 하나의 장치이다.

나서자란 수도 평양을 떠나 강원도 원산의 어촌 마을에서 고모와
함께 살게 된 은정의 눈앞에 펼쳐진 것은 푸른 바다, 하얀 모래, 빨갛게
피여난 해당화뿐이다. 고모도 좋고 사람들도 좋지만 소년궁전도 없고
전차도 없는 낯선 섬마을에서 살게 된 은정은 평양에서처럼 예술체조
를 할수 없는 안타까움에 몸부림친다.[32]

평론은 '고모도 좋고 사람도 좋지만' 피붙이 사랑의 근본적 한계를
지적하고 당비서 진국이 대변하는 오직 당뿐만이 은정이 꿈을 이루
도록 해준다고 암시한다. 평양학생궁전으로 옮긴 은정이 오빠 효정
을 만나고 11명이나 되는 어머니를 만나는 다음 장면은 영화의 의도
를 잘 말해준다.

애들아, 난 너희들의 밥을 지어주는 마어머니다. 배고플 땐 아무 때

---

32) 박무환, 「(평론) 생의 젖줄기-사랑의 샘: 예술영화 〈나의 아버지〉를 보고」, 『조선영화』
8호(1996), 26쪽.

나 찾아오너라.

애들아, 난 세탁부어머니다. 너희들의 옷은 내가 책임을 졌단다.

난 조어머니라구 해. 너희들의 집안살림을 돌보는 2층담당관리원이다.

(…중략…)

애들아, 난 리발사다. 너희들의 머리단장은 내가 책임졌단다.

이 장면을 두고 평론은 '고아로 된 두 남매의 생활의 구석구석을 보살피게 될 11명의 여인들을 소개하는 장면은 꾸밈도 보탬도 없는 우리의 현실 그대로'라며 '이것이 바로 북한의 생활이고 현실'이고 '김정일을 아버지로 모시고 사는 북한 인민의 행복'이라고 말한다.[33] 당과 김정일의 가족이 되는 것이 곧 '행복'이라는 기의를 생산하는 지점이다. 실상 비현실적이지만 "오늘 우리 인민이 누리고 있는 주체의 사회주의조국의 현실이 참으로 생활의 기쁨과 노래로 충만된 아름다운 것"이라는 서브텍스트는 충실히 반영한다.[34] 이 양상은 또 다시 나타나는데 다른 각도에서 해석하고자 하므로 주목을 요한다. 영화에서 은정은 두 명의 당비서를 만나는데 첫 번째 당비서 진국과 두 번째 당비서 명규는 다른 성격의 소유자이다. 진국은 따뜻하고 부드러운 반면 명규는 엄격하고 무서운 이미지로 나타난다. 은정은 두 번째 당비서 명규에게 적응하지 못한다. 흥미로운 것은 은정이 북한 주민과도 같이 2명의 아버지를 만난다는 것이다. 은정은 새 당비서 명규에게 좀처럼 마음을 열지 못하고 고모에게 돌아가기 위해 혼자 기차를 타는데, 바로 이 지점에서 영화는 명규의 따뜻

33) 본사기자 황봉송, 「(방문기) 꽃망울들은 붉게만 피리: 예술영화 〈나의 아버지〉에서 은정의 역을 수행하였던 학생들을 찾아서」, 『조선영화』 9호(1996), 28~31쪽.
34) 전일신, 「시대긍정과 웃음」, 『조선영화』 5호(1996), 43~46쪽.

한 마음을 최대한 부각시킨다. 영화는 먼저 명규가 친딸 춘심이 수술을 해야 하는 위기에서도 친 딸을 위해 병원에 가지 못하도록 설정한다. 이후 영화는 은정이 고모에게 가는 기차를 탔다는 소식을 듣고 명규가 한달음에 달려가도록 설정한다. 영화는 명규의 사랑을 매개로 은정이 점차 "새 비서아저씨에게 자석처럼 끌려들게" 하여 '집단의 규율로 맺어진 부녀관계가 핏줄의 정을 능가'하고 있음을 강조하는 것이다.35) 그런데 단지 그렇게만 보기에는 김일성 사망 이후라는 북한의 상황이 무겁게 다가온다. 영화의 이차적 의도를 이해하기 위해 다음 글을 주목하기로 한다.36)

명규가 보여주는 깐깐함, 규율, 계획과 실천의 요구는 김정일이 인민들에게 요구하는 것이다. 김정일은 명규처럼 처리할 일이 너무나 많아서 이전의 수령과 같이 인민의 모든 것을 직접 듣거나 처리해 줄 수 없다. (…중략…) 명규가 엄격하긴 해도 그것은 은정에 대한 사랑이 첫 당비서보다 부족해서가 아니라는 점이 거듭 강조되는데 이는 마치 김정일이 김일성과 다름없는 자비로운 수령임을 암시하는 듯하다.37)

김정일 시대는 경제난으로 가족해체가 불가피한데 김정일은 이를 극복하고 다시 체제 통합에 나서야 했다. 이를 위해서는 김일성에게 익숙해져 있는 북한 주민의 마음을 김정일에게로 돌려놓을 필요가

---

35) 박무환, 「(평론) 생의 젖줄기−사랑의 샘: 예술영화 〈나의 아버지〉를 보고」, 『조선영화』 8호(1996), 26쪽.

36) 이명자의 해석은 2명의 당비서에 대한 일부의 해석에 해당한다. 당비서는 북한의 문헌을 살펴볼 때, 이외에도 다른 의미를 내포한다. 이에 대해서는 "3. 인물의 자서전과 심층"에서 살펴볼 것이다. 그러나 일부이기는 하지만 이명자의 해석 또한 분명 타당하다.

37) 이명자, 『북한 영화와 근대성』, 110~111쪽.

있다. 따라서 영화는 따뜻하고 부드러운 진국(김일성)처럼 엄격한 명규(김정일)도 북한 주민을 사랑한다고 강조하는 것이다. 새 아버지가 외형상 엄격해보이지만 마음은 깊이 인민을 사랑하므로 새 아버지인 김정일을 받아들이라는 의미이다. 서브텍스트 '사회주의 조선의 오늘과 미래의 상징이신 경애하는 장군님의 위인상 형상',38) '김정일의 인덕정치 형상', '고매한 인격의 소유자 형상' 등의 텍스트 변용이다.39)

(2) 집단 욕망을 우선 행하기

김정일 시대 영화에 나타나는 이항대립 중 하나는 '개인 욕망과 집단 욕망'이다. 다음은 〈민족과 운명〉 31부와 32부에서 강옥이 자신의 소유를 처분하여 이웃과 같이 나누는 장면이다.

[표 8] 〈민족과 운명〉 31부 이항대립

소유 vs 나눔			
	자신의 비단옷을 팔아 돈을 마련하는 강옥.		비단옷을 판 돈으로 먹을 것을 마련하여 작업반으로 나르는 강옥.

31부에서 강옥은 자신의 비단옷을 팔아 돈을 마련하여 남편에게 맛있는 식사를 대접한다. 더 나아가 음식을 마련해 작업반 사람들에게도 나누어준다. "먹는다는 것이 가장 이기적이고 개인적인 것"이

---

38) 송학성, 「(론설) 경애하는 수령 김일성동지의 위대성을 형상한 무대예술작품을 더 많이 창작하자」, 『조선예술』 4호(1997), 10~12쪽.

39) 함영근, 「당과 국가의 시책에 대한 생각」, 『조선예술』 10호(1995), 49~50쪽.

라면 이 장면 역시 개인에 대한 일방적 희생요구에 불구하다.40) 이 맥락은 32부에서도 나타난다. 진응산은 도망친 영락 패거리를 찾아가 강옥의 권유대로 입사증을 내어주며 보금자리를 마련해준다. 평론은 희생하는 강옥을 "단순히 쇠물집 막내딸이 아니라 첫 천리마작업반장 안해로서의 현숙함, 자식을 키우는 어머니로서의 뜨거운 모성애, 선동원으로서의 불같은 정열, 녀성으로서의 순결성, 당원으로서의 헌신성 등을 섬세하게 감수하는 인물"로 미화한다.41) 그러나 실상은 빅토리아 시대에 집안의 천사(angel in the house)로 불렸던 '착한여자'일 뿐이다.42)

이 대립은 〈고요한 전방〉에서도 포착된다. 영화는 인간적 감정과 혁명적 원칙의 대립을 리명과 학근을 통해, 리명과 아들 유성을 통해 보여준다. 리명은 후방부대에 부임한 이후 여러 면에서 부대가 해이해져 있는 것을 발견한다. 그런데 리명은 부연대장 학근을 만났을 때 학근의 잘못을 알면서도 잘못을 지적하지 못한다. 영화가 관객에게 '인간적 정'을 화두로 내놓는 지점이다. 영화는 결국 리명이 "이 문제를 단순히 그 누구의 수고를 놓고 인간적인 도의적 감정에 사로잡혀 군사 전술적 요구를 어겨도 되는 일로 생각하는 그 자체에 문제가 있다고 보고 중대장의 사상관점을 바로 잡아"주도록 한다.43)

인간적인 감정에 사로잡혀서 원칙을 양보하면 어떻게 되겠습니까.

---

40) 박형신·정수남, 『감정은 사회를 어떻게 움직이는가?』(한길사, 2015), 367쪽.

41) 리정용, 「(연단) 배우의 세계관과 인물형상」, 『조선예술』 1호(2000), 54~56쪽.

42) Lois Tyson, *Critical theory today*(New York: Routledge, 2006), pp. 85~91.

43) 손태광, 「(평론) 사회문제의 예리성과 풍부한 예술성: 예술영화 〈고요한 전방〉을 보고」, 『조선영화』 6호(1997), 41쪽.

혁명적 원칙에서 하나를 양보하면 둘을 양보하게 되고 그 다음은 셋을,
나중엔 혁명전체를 망쳐먹을수 있다고하신 최고사령관동지의 말씀을
련대장동지두 잘 알구 있지 않습니까.

영화는 정치위원의 대사로 관객에게 결정적 교훈을 전한다. 김정
일의 교시를 빌려 혁명적 원칙은 어떤 것보다도 우위에 있으며, 절
대로 양보해서는 안 된다는 것이다. 여기에 평론은 "자신에게 병사
의 량심을 심어주고 키워준 옛 상관이라 해도 적들과의 싸움에서
승리가 아니라 패할수 있는 조건이 있다는 것을 구체적으로 타산해
보지 않고 있다는 것은 부대 내 그 어떤 인간관계나 조건 등으로
융통성을 가지고 리해할 문제가 아닌" 것이라며 영화의 주제를 다
시 설명한다.44) 서브텍스트 "김정일을 결사옹호 보위하는 총 폭탄
정신"의 구체적 실천방식이 '인간적 정에 얽매이지 않는 것'으로 나
타난 것이다.45)

또한 영화는 '총 폭탄 정신'의 구체적 실천방식을 〈고요한 전방〉
에서 '해이와 긴장'의 대립으로도 보여준다. 리명과 동생 부부는 같
이 저녁식사를 하는데 '불빛막이 훈련'이 시작된다. 후방에서 평온
하게 사는 리명 동생 부부는 허둥지둥 어쩔 줄 모른다. 한바탕 소동
이후 훈련이 끝나자 리명은 "전쟁이 결코 멀리에 있을 것이라고 생
각하지 말라"고 훈계하고 매부에게는 '음악가라고 지금 순수 예술
하나만 논할 때가 아니니 적위대 훈련장으로 떠나라'고 권한다. 영
화가 관객의 긴장감을 조성함을 알 수 있는데 평론 역시 긴장을 거

44) 리정용, 「(연단) 시대를 자각케 하는 인물형상」, 『조선영화』 8호(1997), 44~46쪽.
45) 박대순, 「조국해방전쟁시기 인민군군인들의 형상창조에서 나서는 몇가지 문제」, 『조선영
     화』 12호(1996), 37~39쪽.

듭 강조한다.

구체적으로 이 땅에 철천지 원쑤 미제와 총창을 마주한 긴장한 시각이 흘러가고있어도 전쟁의 포성이 멎은지 근 반세기를 가까이하고있다는 엄연한 사실, 그사이에 10년이면 강산도 변한다는 그것이 어느덧 다섯 번째 년륜을 새겨가니 부분적이기는 하지만 설마 전쟁이 일어나겠는가 하는 사람들의 사상정신적긴장성에도 일정한 틈이 생기고있다는 것, 또한 현대전은 땅과 바다, 하늘에서 동시에 벌어지는 립체전이라는 것을 말로는 외우면서도 전쟁에는 전초선과 후방이 따로 있기마련이라는 낡은 관점, 그리하여 전쟁의 포성이 터지는 시각에는 우리 조국 그 어디나 전초선이라는 것을 현실적으로 믿고 준비하고있지 못할수 있다는 것이다.[46]

영화 〈고요한 전방〉은 군사물이지만 비교적 다양한 직업군이 등장하는데, 이 인물설정은 "현대전은 전선과 후방이 따로 없는 립체전이며 인민대중의 자주적요구를 실현하기 위한 혁명전쟁은 그 목적과 성격에 있어서 언제나 전인민적인 전쟁"임을 강조하여 "인민군 군인들과 전체 인민들은 위대한 수령 김일성동지께서 일찍이 총대로 우리 혁명을 개척하시고 한평생 맞받아나가는 전략전술로 제국주의강적과 싸워이기신것처럼 총대로 우리 혁명을 완성하시려는 위대한 령도자 김정일동지의 사상과 령도를 받들어 언제 어디서나 전쟁에 준비"시키기 위해서였다고 한다.[47] 영화는 '오늘의 현대전에서

46) 리정룡, 「〈연단〉 시대를 자각케 하는 인물형상」, 『조선영화』 8호(1997), 44쪽.
47) 황대영, 「〈평론〉 현시점에서 제기한 문제와 영화구성: 예술영화 〈고요한 전방〉을 보고」, 『조선영화』 12월(1997), 39~42쪽.

는 전선이나 후방이 따로 없으며 그러므로 정전상태에서 모든 군인들과 당원들과 근로자들이 우리 당의 주체적인 전쟁관점으로 튼튼히 무장하고 언제나 긴장되고 동원된 상태에서 살며 투쟁'할 것을 위해 거듭 '긴장'을 강조한 것이다.48)

'총폭탄 정신'은 다소 결이 다르지만 〈그는 대학생〉에서 '순수학문과 정치사업'으로도 나타난다. 〈그는 대학생〉에서 한투석과 진순금은 김일성종합대학의 평범한 대학생이었다. 영화는 평범한 한투석과 진순금이 전사가 된 것을 "조국이 있구야 대학생도 있기" 때문이라고 설명한다. 진순금이 정치공작원으로 서울대학교에 와서 윤정을 설득하는 것은 이런 맥락이다. 정치선동을 하는 진순금이 낯설어 윤정은 "대학생이라기보다 정치가의 기질"이 있다면서 웃는데 다음은 진순금의 대사를 통한 영화의 교훈이다.

윤정동문 정치와 대학생을 갈라보는게 아니야요. 정치를 떠난 탐구, 조국을 떠난 학생이란 있을수 없는거예요. 난 대학생에게 사상적신념이 없다면 뜻이 없는 학도라고 생각해요.

영화는 처음 윤정의 집을 라파일 유화로 장식하며 윤정이 피아노를 치는 장면을 자주 보여줌으로써 윤정을 정치와 무관한 '순수학문'의 대변자로 재현한다. 이에 비해 진순금은 전쟁 시에는 "평범한 사람도 영웅이 돼야 하고 말이 없던 사람도 뜨거운 열변을 토해야 한다"는 믿음을 가진 인물로 재현된다. 이후 영화는 순수학문을 고집하던 윤정을 변하게 함으로써 정치 사업이 우선이라는 것을 관객

---

48) 리인철, 「(창작수기) 당의 요구와 작가의 신념」, 『조선영화』 4호(1997), 40~42쪽.

에게 가르친다. 평론은 이 영화가 '조국과 인민을 위하여 영웅적으로 싸운 인민군군인들의 투쟁을 형상한 사상예술성이 높은 전쟁물주제 영화들을 훌륭히 창작하라'는 서브텍스트를 따라[49] '1950년대 미국이 침략하자 김일성종합대학생들이 김일성의 명령을 받들고 남녘땅에 정치공작대로 파견'되었던 장면을 통해 '김정일의 뜻을 받들어 김일성종합대학을 비롯한 각 대학 학생들이 정치선전사업을 위해 파견되어 〈고난의 행군〉을 힘 있게 벌리는 인민들속으로 들어' 가도록 하였다고 한다.[50] 영화는 한국전쟁 시기라는 배경을 빌려 김정일 시대 '고난의 행군'기 관객이, 특히 공부가 우선이라고 생각하는 학생 관객이 있다면 공부를 잠시 쉬고 경제적 투쟁에 나서도록 독려하는 것이다.

〈나의 아버지〉에서도 이와 유사한 양상을 발견할 수 있다. 〈나의 아버지〉에서는 대학진학과 사회주의 건설장 진출의 대립이 나타난다.

[표 9] 〈나의 아버지〉 이항대립

개인의 욕망(대학진학) vs 집단의 욕망(사회주의 건설장 진출)		
	대학진학을 하지 않고 석탄전선에 진출하기로 한 춘심.	춘심에게 영향을 받고 수송전선에 나갈 결심을 하고 마지막 춤을 추는 은정.

은정은 어린 시절부터 항상 체조선수를 꿈꿔왔다. 평양에 온 이후

---

49) 박대순, 「조국해방전쟁시기 인민군군인들의 형상창조에서 나서는 몇가지 문제」, 32~34쪽.
50) 김려숙, 「(평론) 수령결사옹위의 시대정신을 구현한 문제작」, 『조선영화』 3호(1997), 25쪽.

에도 은정의 꿈은 체조선수였다. 그런데 영화는 춘심이 대학진학을 포기하고 석탄전선에 지원하는 사건을 만든다. 이후 영화는 춘심의 결심이 은정을 바꾸어 놓도록 하여 은정이 자신을 찾아온 오빠에게 다음과 같이 말하도록 한다. 물론 이 대사는 영화가 관객을 향해 하는 말이다.

> 은정: 오빠, 난 오늘 춘심이를 보았어요. 그 앤 나보다두 더 축구선구가 될 것을 꿈꾸던 애야요. 그런데 그앤 아버지의 축복을 받으며 석탄전선으로 나가요. … 그런데 난 뭔가요? … 그래서 난 결심 했어요. 나도 춘심이처럼 사회주의건설장에 나가자, 아버지가 일하던 수송전선으로 나가겠다구 말이예요…

영화는 체조선수가 되겠다는 자연스러운 소녀의 꿈을 자기만 생각하는 응석으로 급변시킨다. 영화가 개인 욕망을 단호히 떨쳐야 할 미련으로 제시하며 집단 욕망을 먼저 생각해야 한다고 관객을 교육하는 것이다. 〈화성의숙〉에서도 이 대립이 발견된다. 김성주를 포함한 화숙의숙생이 농가에 가서 군자금을 모으고 있는데 노파가 남아있는 것은 종자 닭뿐이라며 닭을 내어준다. 김창걸이 부족하다고 하자 영화는 노파가 며느리에게 머리태를 잘라서 내어놓으라는 장면을 설정한다. 머리태를 받은 김성주는 마음 아파하지만 며느리는 "왜놈들을 몰아내구 고향으로 돌아갈수만 있다면 달비 한 채, 비녀 하나가 무슨 대수 겠냐"며 받아달라고 하고 김성주는 이들을 '뜨겁게' 안는다. 굳이 설명하지 않아도 영화가 김성주를 향한 사람들의 '헌신'을 부각시킨다는 것을 알 수 있다.

영화에서는 류랑민들의 비참한 생활을 보여주면서 왜놈들을 몰아내고 제고향에 가서 농사를 지을수 있게 된다면 무엇이 아까울게 있는가 하면서 가난한 살림에도 종자닭과 심지어 머리태와 비녀까지 바치는 성남촌 로파와 며느리의 형상을 통해서 우리 인민들의 진정한 마음을 느끼시는 수령님의 체험과정을 보다 심화시켜 그리였다.51)

평론은 시어머니와 며느리가 독립운동을 위해서는 무엇도 아깝지 않다며 가난한 살림에도 머리태와 비녀까지 내놓는 행위를 칭송한다. 결국 영화는 관객에게 가난한 가운데에서도 김일성의 사업을 위해 머리채도 내어놓으라고 교훈하는 것이다. 영화가 '고난의 행군 정신으로 내일을 위한 오늘에 살자'를 머리채라도 내어놓는 정성으로 가공한 것으로 보인다.52) 디제시스 외부 시점에서는 김일성이 사망했으므로 정성을 바치는 대상은 김정일이 된다. 영화는 관객에게 일제 강점기 유랑민이 머리채까지 내놓았듯이 '고난의 행군'에 동참하면서도 김정일을 위해 모든 재산을 내어놓으라고 말하는 것이다.

(3) 포용하고 용서하기

영화에서 포착할 수 있는 이항대립 중 하나는 '비인간주의와 인간주의'의 대립이다. 〈민족과 운명〉에서는 '생산주의와 인간주의'로 나타난다. 〈민족과 운명〉 30부에서 영화는 강태관이 꽃제비를 맏아들 강준의 반에 배치하는 사건을 설정한다. 강준은 아직 훈련이 덜된

---

51) 김웅진, 「(평론) 조선혁명의 시원에 대한 빛나는 형상: 예술영화 〈화성의숙에서의 한 해여름〉(1, 2부)에 대하여」, 『조선영화』 12호(1997), 30쪽.

52) 「룡성번영할 조국에 대한 작품을 더 많이 창작하자」, 『조선예술』 6호(1996), 7~9쪽.

꽃제비 무리를 자신의 작업장에 배치할 경우 생산성이 저하될 것을 걱정하지만 강태관의 태도는 단호하다.

> 강준: 그럼 제 작업반이 골탕을 먹어도 좋습니까? 아무리 자식의 말이
>   라도 들어 주실건 들어주셔야지 않습니까? 제가 천리마판정에
>   서 락선되면 우리 쇠물집 체면이 뭐가 됩니까?
> 태곤: 쇠물집이 뭐 타고난 터자린줄 아냐! 천리마운동이란 뉘 집 낯내
>   기를 위해서 하는게 아니다.

영화는 자신의 작업반에 실력 있는 노동자를 배치하여 생산량을 높여 천리마 작업반의 명예를 얻고자 하는 강준을 강태관의 대사를 빌어 '자신의 낯내기'라는 개인주의로 규정한다. 더 나가 영화는 사람을 가려 받으려 하는 강준을 "사람타발 하는 배안의 병신"으로 몰아세운다. 강옥의 서사가 이끌던 영화가 결이 다른 강준과 강태관의 갈등을 유난히 부각시키는 이유를 다음 글에서 찾기로 한다.

> 붉은기를 높이 들고 힘차게 전진하는 격동적인 시대적요구에 맞게
> 영화예술을 더욱 훌륭히 창조하는데서 나서는 중요한 문제의 하나는
> 숭고한 공산주의도덕의리를 깊이있게 구현하는 것이다.[53] (밑줄은 필자)

김일성 사망 직후 대두된 '붉은기 정신'의 실천 중 하나는 '공산주의 도덕의리'이다. 질서가 무너지는 고난의 행군기에는 "가정생활과

---

53) 리현순, 「숭고한 공산주의도덕의리를 구현하는 것은 영화예술의 중요한 과업」, 『조선영화』 3호(1996), 17~20쪽.

사회동동생활 그리고 일상생활에서 표현되는 공산주의혁명가의 고상한 도덕품성을 훌륭히 형상"하는 것이 중요했고, 특히 "일상생활에서 지켜야 할 도덕적 풍모를 생동하게 묘사하는 것은 영화예술작품에 공산주의도덕의리를 구현하는데 나서는 중요한 요구"였다.54) 따라서 '인간주의'와 '도덕의리'의 생활적 실천이 '능력 없는 사람들을 배제하지 않는 것'으로 나타나는 지점인 것이다.

'비인간주의와 인간주의'의 대립은 〈화성의숙〉에서 '처벌과 관용'의 대립으로도 나타난다. 다만 김일성 우상화에 집중하는 점이 〈민족과 운명〉과의 차이점이다. 영화는 리갑이 김성주의 비밀독서회를 발설해 동료의 분노를 사 모두에게 자결하라는 판결을 받는 장면을 설정한다. 이 극적인 장면에서 영화는 김성주가 달려와 리갑을 구하도록 한다. 김성주에 의하면 동료는 가족이므로 서로 감싸주어야 한다는 것이다. 김성주의 인간애를 부각하면서 김정일 시기 원자화되는 북한 주민이 가져야 할 태도를 교육하는 셈이다. 이후 김성주는 뒷걸음치다 떨어진 리갑을 횃불을 들고 찾아다닌다. 영화는 김성주를 잃어버린 한 마리의 어린양을 찾는 메시아로 연출하는 것이다.

김성주동지께서는 그가 일부러 동지들을 희생시키려고 한 것은 아닐것이라고 하시며 버리기는 쉬워도 얻기는 힘든 것이 동지라고 믿음을 안겨주신다. 그리고 김리갑이 고민에 몸부림치다가 다리를 상하자 몸소 그를 업고 밤길도 걸으시고 날이 새도록 약을 지어 그의 병간호를 해주신다. 이 장면을 통해서도 동지애로 혁명투쟁과 민족대단결의 새 력사를 펼치신 위대한 수령님의 빛나는 한생이 높은 예술적형상속

---

54) 리현순, 「숭고한 공산주의도덕의리를 구현하는 것은 영화예술의 중요한 과업」, 17~20쪽.

에 구현되고 있음을 알수 있다.55)

북한 평론은 이 영화가 김일성의 모습을 '딱딱하게 그리지 않고 의숙생들과 긴밀한 관계 속에서 인간적 풍모'를 보여준 점을 상찬하면서 김일성 병간호 장면을 특히 칭송한다.56) 이 처벌과 관용의 대립은 다른 장면에서도 찾을 수 있다. 김리갑은 김성주의 반대에도 불구하고 군자금을 마련하기 위해 떠나는데 일본경찰의 매복에 걸려 남인수를 잃는다.

(슬픔을 감추지 못하시는 김성주동지의 마음의 소리 울린다.)
김성주: 남인수동무! 어쩌면 이렇게 갈수 있단 말입니까. 새로운 전위
　　　조직결성을 눈앞에 두고 동무가 돌아오길 애타게 기다렸는데…

영화는 김성주가 자신의 주장을 어기고 딴 길로 간 동료라고 해도 탓하지 않도록 한다. 따라서 김성주는 태생이 다른 인물로 보인다.

다음으로 영화의 성과는 벌써 10대에 만민을 한품에 안아 이끌어주실 하늘같은 도량과 포옹력을 지니시고 인민과 혁명동지들에 대한 불같은 사랑으로 조선혁명의 새길을 열어나가시는 인간사랑, 동지사랑의 최고화신이신 위대한 수령님의 인간적 풍모를 실감있게 그리였다.57)

55) 심영택, 「(평론) 한방울의 물에 우주가 비낀듯한 영화: 예술영화 〈화성의숙에서의 한 해여름〉(1, 2부)을 보고」, 『조선예술』 7호(1998), 29쪽.

56) 위의 글, 29쪽.

57) 김웅진, 「(평론)조선혁명의 시원에 대한 빛나는 형상: 예술영화 〈화성의숙에서의 한 해여름〉(1, 2부)에 대하여」, 『조선영화』 12호(1997), 30쪽.

영화는 김성주의 인간에 대한 사랑과 동지에 대한 사랑을 교차 편집하면서 북한의 표현을 빌려 10대 김성주가 지녔던 '하늘같은 도량과 포용력'을 반복하고 재생산한다. 이 태생 차별주의 관점은 '사람의 자질이 핏줄 속에 있다는 것, 곧 타고난다는 관점으로 남들보다 더욱 지성적이고 책임감도 높으며 믿음직스러울 뿐 아니라 더 윤리적이기까지 하다는' 것이다.58) "김일성의 걸출한 사상리론가로서의, 정치가, 전략가, 령도의 예술가로서의, 고매한 인격의 소유자로서의 위대성을 깊이 있게 형상화"하라는 서브텍스트의 반영이다.59) 이로써 수혜자는 영화에 등장하지는 않는 김정일이다. 김일성이 타고난 핏줄이 다른 지도자라면 아들 김정일 역시 김일성의 '핏줄'이기에 남다른 지도자일 수밖에 없다. 영화는 이항대립으로 김성주의 인간미를 선전하면서 김정일의 태생적 우수성도 동시에 강조하는 것이다.

(4) 의리 지키기

김정일 시대 이항대립의 마지막은 '배신과 의리'이다. 이항대립 항목에서 가장 약하다고 할 수 있는데 〈그는 대학생〉에서는 '변절과 의리'로 나타난다. 영화 초반에 부두에 ≪남해 873≫호가 체류하고 만신창이 된 선장의 품에서 ≪진순금. 김일성종합대학 경제법학부 3학년 학생≫ 학생증이 나온다. 김일성 종합대학교 학생인 주일, 은애, 학급장은 대선배가 되는 진순금에 대해 알고 싶어 조사에 착수한다. 다음은 진순금에 대한 은애와 주일의 대화이다.

---

58) Lois Tyson, *Critical theory today*, p. 114.
59) 송학성, 「(론설) 경애하는 수령 김일성동지의 위대성을 형상한 무대예술작품을 더 많이 창작하자」, 『조선예술』 4호(1997), 10~12쪽.

은애: 그는 당시 20대 녀성이예요. 그 어떤 피치 못할 사정으로 인해서 전선을 넘지 못했을 경우 여지껏 온자 살수야 없지 않아요.
(주일이가 반박한다.)

주일: 아니 그걸 말이라고 하오? 장군님의 명령을 받고 나간 정치공작 대원이 돌아오지 않고 거기서 가정을 꾸리고 눌러앉았다는 것은 구체적으로 뭘 의미하오.
(…중략…)

주일: 그럼 혹시…전향했다는거요?!
(책상을 내리치며 벌컥 일어서는 주일.)

주일: 동무, 도대체 제정신 있는 소리요? 그는 다름아닌 우리 공화국의 대학생이란말이요! … 전향이라는 그 어떤 가설조차도 세울수 없는 것이 바로 우리 종합대학 학생들이란말이요. 종합대학 학생!

영화가 설정하는 김일성종합대학 학생인 주일과 은애의 갈등은 분명 작위적이지만 이로써 영화가 무엇을 강조하려는지 쉽게 알 수 있다. '변절'에 대한 경계이다. 다음은 이 영화의 연출가 글이다.

연출의도 첫마디를 고르고 고르다가 저는 〈왜 이 작품을 만드는가? 변절하지 말라! 김일성종합대학 학생, 공화국의 대학생에겐 전향이나 변절이란 있을수 없다. 이것이 이 작품의 총적목표이고 형상의 총적감 각이다〉라고 규정하였습니다. 여하튼 품을 들여 연출의도발표까지 하니 배우들부터 흥분하기 시작하였습니다.[60] (밑줄은 필자)

---

60) 김길하, 「당의 의도를 민감하게 포착할 때」, 『조선영화』 3호(1997), 38쪽.

연출가는 연출의도가 "변절하지 말라!"인 것을 숨기지 않는다. 북한 대학생에게 변절이란 있을 수 없다는 것이다. 이것이 이 작품의 연출 의도이므로 '변절'의 대립항인 '의리'는 이 영화의 핵심 요소이다. 따라서 변절과 의리의 대립이 이후에 다시 나타나는 것은 우연이 아니다. 다음은 림학을 따라 섬으로 들어가려는 청년과 진순금이 벌이는 설전이다.

진순금: 동무들은 지금 어디로 가는거예요. 한쪽에서는 바리케트를 쌓고 결사전을 준비하는데 동무들은 이 길이 조국과 민족을 배반하는 길임을 모르지 않겠지요.
청년: …저 우린 반공을 하는게 아니요. 이쪽도 저쪽도 아닌 중립이란 말이요.
진순금: 중립, 이 와중에 중립이 있을수 있어요?…조국의 운명이 경각에 오른 이때 중립이란 웬말입니까. 그건 도피이고 변절이예요. 력사는 배신자들을 용서치않을것입니다. 자 우리 모두 한 사람같이 방어전투에 떨쳐나섭니다. (밑줄은 필자)

영화가 사용하는 '조국의 운명이 경각에 달린 이때'라는 진순금의 대사는 김일성 사망 이후 고난의 행군기를 연상할 수밖에 없다. 고난의 행군기에 중립이란 변절일 뿐이라는 것이다. 영화는 새 세대에게 조국에 시련이 닥쳐왔을 때 '의리' 이외에는 중립을 포함해서 모두 변절이라고 교훈하는 셈이다.

'변절과 의리'는 〈화성의숙〉에서 '배신과 의리'로 변용된다. 영화는 돈 때문에 동료를 배신하는 마필천과 김성주를 위해 목숨을 바치는 은단을 통해 주제를 쉽게 설명한다.

[표 10] 〈화성의숙에서의 한해여름〉 이항대립

배신 vs 의리			

정체가 드러나자 당황하는 마필천	도망가다가 총을 맞는 마필천	모든 것을 알게 되어 자책하는 고석파	김성주 대신 총을 맞고 죽는 은단

영화에서 김성주는 마필천의 정체를 드러낸다. 마필천은 민족주의를 내세우는 독립운동가 행세를 하면서 공산주의자에게 가혹한 처형을 내리지만 실제로는 일본의 앞잡이다. 김성주는 거듭 마필천을 배신자로 호칭한다.

(그러시고 마필천을 향해 돌아서신다) 짐승보다 더한 반역자!

필천: 뭐라구?

김성주동지: 인간추물 마필천! 네놈 때문에 얼마나 많은 우리 동지들이 희생되고 옥고를 치르었는지 아는가.

(…중략…)

오사령: 마필천! 네 이놈, 한이블속에 간신이 있다구 네 일찍이 우리 민족을 반역한 죄 얼마나 큰지 아느냐, 이놈!

영화는 김성주가 평소 동료의 잘못에 관대하도록 재현하지만 마필천에 대해서는 일말의 관용도 베풀지 않도록 한다. 영화는 김성주가 처음부터 '짐승'이라고 호칭하도록 하며 '인간추물'이라는 표현도 서슴지 않도록 한다. 또한 마필천을 동료를 돈으로 판 '배신자'로 설정하며 죽음을 맞게 함으로써 '배신자'의 최후는 죽음뿐이라고 분명히 말한다. 그런데 이와 반대되는 인물이 바로 은단이다. 영화는 은단이 김성주를 향해 쏜 마필천의 총을 대신 맞고 죽도록 한다. 수령형상화에서 기본인 '주변인물의 죽음'이라는 법칙 때문일까? 영화는 "큰 주인공 김일성을 향한 절대적인 추종과 충성심을 고양하기 위해 작은 주인공들의 죽음"을 활용하는 것이다.61) 한 씬에서 대비되는 두 인물을 보여주면서 배신과 의리, 배신자의 최후와 의리를 지키는 자의 최후를 같이 보여주면서 김일성을 중심으로 굳게 뭉치자고 설득하는 것이다. '붉은기를 높이 들고 김정일을 수반으로 하는 당중앙위원회의 두리에 굳게 뭉쳐 억세게 싸워 나가야 한다'는 서브텍스트가 북한 주민의 '죽음'으로 변용되는 지점이다.62)

따라서 김정일 시대 이항대립으로 본 북한 예술영화에 나타난 서브텍스트의 변용인 '행동'은 모든 사람을 포용하기, 재산 내놓기, (여성의 경우) 가족에 얽매이지 말기, (여성의 경우) 시한부 남성과도 결혼하기, 고아를 데려다 기르기, 능력 없는 사람과도 같이 일하기, 배신하지 말고 의리 지키기, 최고 지도자를 위해 목숨 바치기, 인간적 정에 얽매이지 말기, 대학을 포기하고 경제현장에 나가서 일하기, 언제나 긴장하며 동원된 상태에서 살기 등이라 하겠다.

---

61) 이효인, 「북한의 수령 형상 창조 영화 연구: 연작 〈조선의 별〉과 연작 〈민족의 태양〉의 신화 형식을 중심으로」, 중앙대학교 박사논문, 2001(이효인의 논문은 페이지가 표시되어 있지 않음).

62) 「붉은기를 높이 들고 새해의 진군을 힘차게 다그쳐 나가자」, 『로동신문』, 1996년 1월 1일.

1.1.2. 김정은 시대

(1) 일상에 성실하기

화려함과 소박함의 이항대립은 4편 영화 중 〈들꽃소녀〉에서 나타
난다.63) 정권 초기에 김정은은 "애국이란 거창한 것이 아니라 생활
에서 시작한다"고 밝힌 바 있는데 이의 반영이다.64)

[표 11] 〈들꽃소녀〉 이항대립

화려함 vs 소박함			

공부한 것을 수첩에 기록하는 정희.	비행기에 위험한 콩을 줍는 정희.	콩을 줍다가 꽃에 한눈을 파는 장미.	염소에게 화풀이를 하는 장미.

영화가 대립을 드러내는 방식은 인물의 성격을 통해서이다. 영화는
장미와 정희에게 좋은 신입병사가 되고자 하는 목표를 동일하게 부여
하면서 방식에서 차이가 나도록 설정한다. 장미의 방식은 주변 인물을
싹싹하게 대하는 것이다. 영화는 실제 주인공은 정희지만 오히려

---

63) 김정은 시대 '시퀀스 목표(sequence-purpose)와 이항대립'에 관련된 내용은 2016년 정부
지원(통일교육원)으로 연구한 것을 수정·보완한 것이다. 또한 일부는 김정수, 「김정은
시대 예술영화에 나타난 일상정치」, 『문예정책논총』 32(1)(2018)에 발표한 것이다.

64) "애국주의는 추상적인 개념이 아닙니다. 애국은 자기 집 뜰안에서부터 시작됩니다. 애국
심은 자기 부모처자에 대한 사랑, 자기 고향마을과 일터에 대한 사랑으로부터 싹트게
되며 그것이 나아가서 조국과 인민에 대한 사랑으로 자라나게 됩니다. 자기의 부모처자
를 사랑하지 않는 사람, 자기의 고향마을과 일터를 사랑하지 않는 사람이 조국과 인민을
사랑할수 없으며 참다운 애국자로 될수 없습니다." 김정은, 『김정일애국주의를 구현하여
부강조국건설을 다그치자: 조선로동당 중앙위원회 책임일군들과 한 담화(2012년 7월
26일』(평양: 조선로동당출판사, 2015), 13쪽.

장미가 '주인공과의 관계에서 언제나 이끌어주는 위치에 서며, 말이 적고 내성적이며 어찌 보면 〈앞뒤가 막혀보이는〉 정희를 이끌어나가 도록' 연출한다.65) 평론을 보면 인물구축(building a character)에 공을 들인 것을 확인할 수 있다.

> 배우는 먼저 손수건을 둘러싸고 이야기가 벌어질 때 역인물의 활발 하고 붙임성 좋은 기질적 특성이 충분히 안겨오도록 분대장과 주인공 에게 밝은 표정과 긍지가 한껏 어린 어조로 얼른 거기엔 사연이 있다 고 대답하는 것으로….66)

장미가 병사들 앞에서 손풍금을 연주하여 '부대의 자랑'이라는 칭 송을 받는, 부업에 나간 동무들의 빨래를 대신 해주어 분대장 눈에 드는 영화의 설정에서도 '화려함'을 기표로 전환하려는 의도를 읽을 수 있다. 이에 비해 정희는 소극적 인물로 구축된다. 영화는 정희가 장미를 바라보거나 박수를 보내도록 연출하며 정희가 분대장이나 동료들에게 특별한 친절을 보이지 않도록 한다. 영화는 '정희가 도서 실에 갔다'는 대사로 정희가 공부에 집중한다는 것을 은밀히 알려줄 뿐이다. 이 대립은 점차 명백해진다. 장미와 정희는 비행기 수리소에 가는데 도착한 이후 장미는 거대한 비행기 동체를 보고 멋있다는 찬사를 보낼 뿐 실상 비행기에는 관심을 갖지 않는다. 그러나 정희는 나이든 정비원이 하는 일에 관심을 가지며 가르침을 받는다. 사실 카메라의 움직임이 밋밋하여 기의를 포착하기 어렵지만 정희와 장

---

65) 장현일, 「〈장미〉는 〈들꽃〉의 아름다움을 어떻게 돋구었는가」, 『조선예술』 6호(2013), 31쪽.
66) 위의 글, 31쪽.

미의 대립을 통해 영화가 전하고자 하는 메시지는 분명 '일상의 성실함'이라는 것을 알 수 있다. 영화는 다음 장면에서도 일상의 성실함을 강조한다. 장미와 정희가 수리소 심부름을 마치고 복귀하는 도중 정희는 비행기 활주로 주변에서 콩을 발견한다. 정희는 장미에게 "비행기 주변 십리 안팎에 새가 날아들면 안된다질 않아. 비행기엔 새도 폭탄 한가지라지?!"라고 말하며 콩을 줍자고 한다. 장미도 그 말을 듣고 같이 줍지만 장미는 이내 한눈을 팔고 콩줍기를 잊는다. 소극적이었던 정희가 성실하게 병사의 책임을 다하고, 적극적이어서 주목을 받았던 장미가 가장 중요한 복무를 등한시 하는 것이다. 물론 주제에 접근하기 위한 설정이다.

자기를 내세우지 못해 애쓰는 장미와는 달리 수리소에 가서도 나이든 특무상사한테서 비행기의 내부구조와 동작원리에 대해 구체적으로 배우고 비행장주변에 널려진 콩알들을 줏느라 상학시간에 늦어 처벌근무를 서게 되었을 때도 영예사진을 못찍게 된 서운함보다 비행기의 안전에 기여했다는 긍지를 더 소중히 여기는 정희, 순결한 충정의 세계인 것입니다.[67]

관객이 의미 없이 볼 수는 있지만 '수리소-콩줍기' 장면은 영화의 입장에서는 작은 것에 성실한 정희를 극적으로 부각시키기 위한 의도이다. 배우들은 이 장면의 목표를 잘 알고 있었기에 '비행장주변에 떨어진 콩을 줍는 장면에서 자기와 주인공, 두 인물의 행동이 한 장소에서 펼쳐지는 장면의 구체적 조건에 맞게 하나의 동작, 하나의 대사

---

67) 심영택, 「(평론) 작은것과 큰것」, 『조선예술』 8호(2012), 69쪽.

에도 역인물의 정신세계가 명백히 비끼도록 하는데' 집중했다고 한다.[68] 극적 강조를 위해 카메라도 애써 둘을 대조적으로 포착한다.

[표 12] 〈들꽃소녀〉의 콩줍기 장면

콩줍기			

콩을 줍는 정희의 손에 역점.	처음에 같이 줍는 정희와 장미.	발로 스적스적 살피는 장미.	콩 줍기를 완전히 잊는 장미.

먼저 한알한알 콩을 주어가는 주인공의 손을 력점을 찍어 보여주어 그의 높은 책임성과 자각성을 그루를 박아 강조하고 허리를 굽히고 부지런히 콩을 줏는 정희와 일어서서 머리를 숙인채 발로 풀들을 스적스적 헤쳐보는 장미의 대조적인 모습을 한화면에서 전경부감으로 볼 수 있도록 구도를 정하였다.[69]

평론은 "풀밭에 앉아 꼼꼼히 콩알을 줏는 주인공을 등지고 앉아 한두 번 손짓을 해보고는 곧 일어나서 발로 스적스적 풀숲을 헤쳐가는 것으로" 장미를 재현하고, "여기에 콩을 줏는데만 정신을 쏟아붓는 정희를 핀잔기어린 시선으로 바라보는 연기형상을 이어나감으로써 정희에 비한 장미의 정신적미숙성을 명백히 시각화"하였다고 한다. 평론의 주장과 같이 화면상으로 배우의 연기가 뚜렷이 대비되지

---

68) 장현일, 「〈장미〉는 〈들꽃〉의 아름다움을 어떻게 돋구었는가」, 32쪽.
69) 장현일, 「〈들꽃〉의 아름다움을 돋구어 낸 탐구적인 화면형상」, 『조선예술』 3호(2013), 54쪽.

는 않지만 카메라가 번갈은 롱숏과 클로즈업으로 기의를 생산하므로 이 장면이 정희와 장미를 대립시키기 위한 의도임을 어느 정도는 알 수 있다.[70] 영화는 "누가 알아주건 말건 깨끗한 진심을 바쳐가며 복무의 나날을 이어가기 위해 노력하는 정희의 높은 정신세계"를 재현하기 위해 들꽃의 소박함과 장미의 화려함을 대립시킨 것이다.[71] '애국주의는 추상적인 개념이 아니며 작은 것에서부터 시작한다'는 서브텍스트를 반영한 대목이다.[72]

(2) 양심 지키기와 병사 사랑하기

김정은 시대 영화에 나타난 이항대립 중 하나는 '규율과 양심(사랑)'이다. 다소 결이 다르지만 〈들꽃소녀〉와 〈최전연의 작은집〉에서 발견할 수 있는데 다음은 〈들꽃소녀〉에 나타난 '규율과 양심'이다.

[표 13] 〈들꽃소녀〉 이항대립

규율 vs 양심(사랑)			

비행기 결함 주장을 위해 보고체계를 어기는 정희.	분대장에게 신입병사를 잘 다스리라고 하는 인석.	울면서 비행기의 결함을 주장하는 정희.	정희에게 불만을 갖는 인석.

영화는 정희가 장미를 넘어서서 선배병사 인석과도 갈등을 빚도

---

70) 장현일, 「〈장미〉는 〈들꽃〉의 아름다움을 어떻게 돋구었는가」, 32쪽.
71) 김향정, 「인물의 내면세계를 참신하게 보여준 진실한 연기형상」, 『조선예술』 5호(2013), 28쪽.
72) 김정은, 『김정일애국주의를 구현하여 부강조국건설을 다그치자』, 13쪽.

록 한다. '보고체계'라는 규율을 어기고 분대장, 소대장, 중대장, 기술
부연대장을 뛰어넘어 연대장에게 보고해버린 정희는 장미와 인석의
공격을 받는다.

> 인석: … 이번에 새로 들어온 신호수 교양이나 잘해주십시오. 그게 뭡
> 니까? 지휘부에까지 뛰어들어서. 내참 기가막혀서…
>
> 분대장: 예? 아니. 무슨 일이.
>
> 인석: 아니. 분대장 동지. 제 밑에 병사가 보고체계도 어기고 뛰여넘어
> 다니는것도 아직 모르고 있었습니까? 음… 돌아가겠습니다.
>
> (…중략…)
>
> 장미: 분대장동지, 소대장 동지, 기술부련대장 동지… 어마마마 그러
> 니 동무는 다섯다리나 홀쩍 홀쩍 뛰어넘었단 말야!
>
> 정희: 응?…

영화는 인석과 장미를 내세워 갈등의 범위를 확대하면서 갈등을
군 전체의 규율까지 끌고 간다. '기득권'을 대변하는 정희의 주변인
물은 정희가 보고체계를 건너뛰고 연대장에게 직접 보고한 것을 문
제시하는데 군대에서 규율은 생명이므로 이 사건은 정희의 분명한
잘못이다. 그런데 영화는 이 사건을 달리 해석한다. 보고체계 위반을
관객에게 정희의 '양심'으로 이해시키며 연대장이 정희의 행동에 긍
정적 반응까지 보이게 한다. 더 나아가 '우리 비행사들은 비행기에
바치는 동무들의 티없는 양심을 믿고 하늘로 오르며 비행기앞에선
누구 눈치 볼 것도 없다'는 연대장의 대사를 통해 기득권의 눈치를
살피지 말라고까지 권유한다. 김정은 정권 초기에는 기득권의 눈치
를 살피지 말라는 것이 당국의 입장이었을까?

오늘의 현실은 우리들 매 각자에게 자기가 맡은 초소와 일터에서 순결한 량심과 변함없는 신념을 안고 제 할바를 책임적으로 해 나갈 것을 요구합니다.

량심과 신념을 바탕으로 한 책임성이 부족할 때 그 자리는 빈자리나 같으며 그런 빈자리가 조국의 부강발전과 수령결사옹위의 길에 공백으로 되게 하는 것입니다.[73]

영화는 "아닌 것을 아니라고 말하는 것", "신념을 가지는 것"이 '양심'이라고 말한다. 그렇다면 양심을 지키기 위해서 군대의 규율을 무시해도 좋다는 의미일까? 영화는 그렇다고 말한다. 영화는 이후에도 동료를 불쾌하게 하고 상관의 명령을 어긴다고 해도 최고 지도자를 위해서 해야 할 일은 하라고 강조한다. 서브텍스트인 수령결사옹호 정신이 '양심을 따르기'로 변용되는 지점이다. 이와 같이 김정은 시대 첫 영화에서는 군 관료에 대한 경계가 뚜렷하다.

[표 14] 〈최전연의 작은집〉 이항대립

규율 vs 사랑			
	경일의 소홀한 복무에 화를 내고 다그치는 소대장 철수.		철수에게 병사들을 사랑으로 다스려야 한다고 훈계하는 렴민.

다소 결은 다르지만 〈최전연의 작은집〉에서도 이와 유사한 양상을 찾을 수 있다. [표 14]는 〈최전연의 작은집〉에서 '규율과 사랑'이

---

73) 심영택, 「작은것과 큰것」, 『조선예술』 8호(2012), 69쪽.

대립하는 장면이다.

예전에 소대장 철수는 경일을 야단친 바 있다. 경일이 임무수행 중 집에 전화를 하다가 경무원에게 들키고, 그 일로 처벌근무를 세우면 아침기상시간을 놓쳐 소대를 망신 주기 때문이다. 철수는 경일을 다그침으로써 '냉철수'라는 별명까지 얻는다. 실상 소대장으로서 철수의 다그침이 잘못은 아닌데 영화는 관객이 그렇게 해석하도록 두지 않는다. 영화는 다음 장면을 통해 주제를 암시한다.

철수: 그렇다고 밤낮 얼리면서 군사복무를 할 수야 없지 않습니까? 어 진짜, 호랑이도 제 새끼를 우정 벼랑에서 콱 떨구어 준다는데… 난 엄한 요구성도 병사들을 키우는 사랑의 한 표현이라고 생각합니다.

(잠시 노려보는 렴민..이윽고 눈길을 떼며 어성을 낮추는 렴민)

렴민: 아니야, 동문 사랑이란 개념을 잘못 리해하고 있소. 때려도 아프지 않는 매가 있구 어루만져도 아픈 매가 있다는걸 말이요.

(느끼듯 고래를 외로 트는 철수. 다시 준절히 소리치는 렴민)

(…중략…)

렴민: 그 동문 동무 때문에 심한 고민으로 신경성소화장애까지 앓고있단 말이요. 경일동물 당분간 치료대에 입원시키기로 토론했으니 그리 아오. 동무같는 얼음덩이에겐 맡기지 못하겠단 말이요. 동문 온철수가 아니라 랭철수요, 랭철수!

영화는 철수(규율)와 렴민(사랑)을 대립시키면서 신입병사를 다루는데 '사랑'이 기반이어야 한다고 강조한다. 결국 렴민에게 감화 받은 철수는 경일에게 "용서하라! 모든게 무턱대고 욕설만 앞세운 내

탓이야"라며 사과하고 이후 변하여 병사를 대신해서 잠복근무에 나가기도 한다. 이것이 북한 평론의 바람과 같이 "혁명동지를 위한 희생적인 사랑의 사상감정의 흐름을 고조시켜 조성해나감으로써 사람들의 심금을 울려"주었는지는 확인할 길이 없지만 영화가 규율보다는 '사랑'이 우선이라고 말하는 것은 분명하다.[74] 2013년 들어서 북한 당국과 예술계가 강조했던 서브텍스트 '김정일 애국주의'와 김정일의 이상을 실천하는 '군대와 인민의 투쟁'이 '병사사랑'으로 가공되는 지점이다.[75]

(3) 조선 문화를 사랑하기

김정은 시대 포착할 수 있는 이항대립 중 하나는 '외국 정서와 조선 정서'의 대립이며 〈종군작곡가 김옥성〉에서 나타난다.

[표 15] 〈종군작곡가 김옥성〉 이항대립

외국 정서 vs 조선 정서			

동혁과 음악을 같이 완성하는 김옥성.	〈일터의 휴식〉으로 속보에 이름이 오른 동혁.	건설장에서 노동자와 함께 기뻐하는 동혁.	건설장에서 자신의 노래를 부르며 흥을 돋구는 동혁.

영화는 김옥성이 동혁이 작곡한 〈일터의 휴식〉을 통과시킬 수 없

---

74) 손태광, 「형상의 견인력을 보장한 영화흐름」, 『조선예술』 3호(2014), 58쪽.

75) 심영택, 「우리의 소원」, 『조선예술』 1호(2013); 김태성, 「수령영생위업 실현에 이바지하는 명작을 더 많이 창작하자」, 『조선예술』 1호(2013), 11~12쪽.

다고 주장하도록 설정한다. 그리고 그 이유를 김옥성의 대사를 통해 "천리마시대를 반영하는 일터의 흥겨운 랑만이 잘 안겨오지 않구 또 어딘가 우리 식 곡조가 아닌 이 노랠 로동자들이 좋아"하지 않을 것이며, "그들이 좋아하는 우리 장단, 우리 가락의 흥취와 멋을 잘 살려서 청년건설자들에게 힘이 되구 약동하는 기상을 안겨주는 그런 노래가 아니기 때문"이라고 밝히며 처음부터 외국 문화경계 의지를 숨기지 않는다. 이후 김옥성이 동혁의 집에 들렀을 때 동혁이 수정한 곡을 들려주자 김옥성은 만족해하며 같이 곡을 완성한다.

(창작에 열중하는 옥성과 동혁)

옥성: 둥다라 둥다라 둥다라 절싸. 하. 이거 <u>민요 〈장타령〉의 선율</u>을 타고 나갔구만.

동혁: 예.

옥성: 그런데 이 대목, 이 대목 말이요. 〈둥다라 둥다라 둥다라 절싸 북통을 때려라 때려〉 하고 마지막을 들어올리는게 어떻소? 건설장의 기백과 열정이 넘쳐나게…

동혁: 아, 선생님. 그게 좋겠습니다.

옥성: 그렇소. 그럼 한번 불러보오. 속도를 당겨서.

(노래를 부르는 동혁)

동혁: 헤 둥다라 둥다라 둥다라 절싸. 북통을 때려라 때려 옹헤야 <u>입장단에 어깨춤이 절로 나네</u>…

(손장단을 치는 옥성)

옥성: 좋다! 좋지. (밑줄은 필자)

대사에서 알 수 있듯이 '좋은' 곡은 조선의 선율이라는 훈계이다.

영화는 동혁의 곡이 속보에 오르고, 동혁이 북통을 때리면서 건설장
에서 즐겁게 노래하는 장면을 보여준다. 조선 선율을 적용한 동혁의
노래를 통해 '자본주의'를 대변하는 '외국 풍 선율'을 삼가고 조선
정서를 우선시할 것을 요구하는 셈이다. 이 맥락이 이후에도 변형되
어 나타난다. 다음은 전쟁 중 문화성 부상이 김옥성을 찾아와 훈계하
는 장면이다.

[표 16] 〈종군작곡가 김옥성〉 이항대립

외국의 정서 vs 체험의 정서			

〈섬멸의 길로〉를 수 정하라는 부상.	전쟁에서 동료를 잃 고	분노로 〈섬멸의 길 로〉를 완성한 김옥성.	직접 체험한 감정을 주장하는 김옥성.

　부상은 전쟁 중에 김옥성을 찾아와 김옥성이 작곡한 〈섬멸의 길
로〉를 수정하라고 한다. 그런데 영화는 부수상이 김옥성의 〈섬멸의
길로〉를 비난할 때 군이 외국 노래 〈정의의 싸움〉을 흥얼거리며 이
와 같은 노래를 지어야 한다고 주장 하도록 한다. 영화가 이 장면을
서술하는 어휘에 주의를 기울이기로 하자.

(제 혼자 악상에 잠겨 외국노래 〈정의의 싸움〉의
첫 소절을 흥얼거리며 력설하는 부상.)
부상: 자 보오, 소절의 첫 테마에서부터 벌써 8도, 9도로 뛰여오르면서
　　　침략의 대군단과 맞서 항전의 성새로 일떠선 전인민적의지의 빠
　　　뽀스, 승리의 랑만의 빠뽀스가 랑랑히 울리지 않는가! 에? 그런데

동무의 이 〈섬멸의 길로〉는 뭐요?

(듣고 있는 옥성. 옥성에게 훈시하는 부상)

부상: 아래에서 어물거리는게… 전우가 스러진 언덕을 가리키면서 슬
    픔과 비애에 잠긴 서정적주인공의 염세적감정이 풍겨나오지 않
    는가? 전쟁의 비참성을 설교하자는거요?… 말해보오. (밑줄은
    필자)

영화는 이 장면에서 부상을 우스꽝스러운 인물로 재현한다. '제
혼자 악상에 잠겨'라는 지문이 말해주듯 영화는 부상을 부정적으로
묘사하며 부상이 굳이 '빠쁘스(열정)'라는 러시아어를 사용하도록 하
여 외국 문화를 숭배하는 인물이라는 것을 강조한다. 김옥성은 〈섬
멸의 길로〉는 자신이 직접 체험했고 전우를 잃은 전투에서 기인한
곡이라며 뜻을 굽히지 않는다. 영화는 현실체험이 없는 관료와 현실
을 직접 몸으로 체험한 옥성을 대립시키면서 외국 정서가 아닌 조선
정서를 따를 것을 교육하는 것이다. 이와는 다소 결이 다소 다르지만
'사치와 검소'도 유사한 맥락이다.

'사치와 검소'의 대립은 영화의 현재 시점과 회상(플래시백) 모두에

[표 17] 〈종군작곡가 김옥성〉 이항대립

사치(귀족적 생활) vs 검소(노동자적 생활)			
김옥성의 현재	김옥성의 회상		
외국풍을 본딴 옷을 입는 동혁을 나무라는 김옥성.	하이힐을 신고 학생을 가르치러 교실에 들어가는 현심.	손에 분필가루가 묻자 분필을 놓는 현심.	자신의 낡은 신발을 부끄러워하는 여학생.

나타난다. 영화의 현재 시점에서 북한은 북한의 표현을 빌리면 "2만 세대 살림집 건설을 위해서 노동자들이 조립속도를 5배로 높이는 기적을 발휘하며 16분에 한 세대씩 만드는 기적"을 창조한다. 그런데 젊은 작곡가 동혁은 유행을 따른 옷을 입고 출퇴근하며 체크무늬 스카프로 멋을 내기도 한다.

> 옥성: 로동자들은 현장에다 이렇게 창작실까지 꾸려줬는데 자, 보오. 저 동무들은 지금 밥먹는 시간마저 아까워서 식사칸이랑 침실까지두 통째로 기중기로 올려다놓구 전투를 하고있소. 그런데 동문 이런 옷을 빼입고 매일 집에서 출퇴근한다지? 이게 요새 외국풍을 본딴 일부 문화인들의 멋이라면서?

영화는 김옥성이 젊은 작곡가 동혁을 나무라는 것을 통해 디제시스 외부의 멋을 내는 북한 젊은이를 나무라는 셈이다. 영화는 김옥성에게 동혁의 음악이 문제가 있는 것은 마음이 딴 곳에 가 있기 때문이라며 "수령이 안으신 근심, 수령이 안으신 걱정을 조금이나마 덜어드리는데 훌륭한 노래로 이바지하는 것이 우리의 본분"이라는 대사로 북한 젊은이를 훈계한다. '외국 정서(사치)와 조선 정서(검소)'가 대립하는 지점이다.

이 대립은 결을 달리하여 회상(플래시백)에서 김옥성의 애인 현심과 여학생 사이에서도 발견된다. 해방 이후 현심은 평양에 남아 노동자 여학생을 가르치는데 습관적으로 하이힐을 신고 교실에 들어선다. 카메라는 관객을 위해 현심의 하이힐을, 노동자 여학생의 신발을, 분필가루가 묻자 분필을 놓는 현심의 손을, 노동자 여학생의 구멍 뚫린 신발을 번갈아 클로즈업한다. 클로즈업은 피사체를 확대함으로써 일상에서 지나갈 수 있는 대상을 새롭게 보도록 한다. 따라서 이어지는 다음 장면은 교훈이 될 수밖에 없다.

(현심에게 분을 터치는 선녀.)

선녀: 부끄러워 그랬어요. 선생님의 그 옷차림이 너무 눈부셔서…

(놀라는 현심)

선녀: 그런데 문맹자라고 하면… 도덕이 없다구요? (…중략…) 다 터지고 꿰진대를 깁고기운 몽당치마를 입은 우리 몰골이 너무 부끄러워 숨막혀서 그랬어요.

(말 못하는 현심. 그들에게 다가오는 길복.)

길복: 선녀, 선녀, 그만둬. 부자와 가난뱅인 타고난 팔자인걸 어쩌겠니? 그러나 이젠 해방이다.

(굳어진 현심.)

길복: 기를 쭉 펴구 살자

영화는 북한 엘리트층의 미묘한 심리를 잘 포착한다. 현심은 노동자 여학생에게 지식을 가르칠 생각은 했지만 노동자의 입장에서 생각하지 못한 것이다. 영화는 선녀와의 대화이후에도 이 같은 현심의 사고가 뿌리 깊은 것임을 암시한다.

(울분을 터뜨리는 현심.)

현심: 난 더 못하겠어요. 옷 하나 색다르게 입어도 시비, 화장하는것까지 결구 뒤소리하니 (…중략…) 난 하루하루 먹구사는 생존이 급한 저들이, 아직 음악이 뭔지도 모르는 저들이 내가 배워주는걸 얼마나 알구 감수한다는 건지…

(…중략…)

(건반을 두드리는 옥성이 머리를 든다. 풍금뚜껑을 닫는다.)

옥성: 음악은 원래부터가 저 인민들속에서 나온거요. 잘사는 놈들이
　　　지금껏 취흥의 도구로 롱락한 그 음악을 해방이 주인을 찾게 해
　　　줬어. 그 주인이 바로 저 처녀들, 저 로동자들이란 말이요. 그런
　　　데 뭐라구?

영화는 현심의 '하루하루 먹구사는 생존이 급한 저들이', '음악이
뭔지도 모르는 저들이'라는 대사를 통해 노동자 계급에 대한 현심의
우월감을 잘 표현한다. 영화는 결국 김옥성이 현심에게 화를 내며
자리를 박차고 나가게 함으로써 '귀족적 태도로 사는 여성은 남자에
게도 버림받는다'는 교훈까지 남긴다. 김정은 시대에도 김정일 시기
와 유사하게 북한 여성에게는 무한한 자기희생과 겸손이 미덕으로
주어지는 것이다. 영화는 음악과 학생에 대한 김옥성과 현심의 태도
를 대립시키면서 자연스럽게 검소한 삶을 미덕으로 교육하며 부르
죠아적 삶에서 벗어날 것을 요구하는데, 서브텍스트 '제국주의 사상
문화적 침투 경계'가 구체적으로 변용되는 지점이다.76)

---

76) "적들의 출판물들과 문학예술작품들은 부르죠아사상문화의 전파자이며 매개물이다. 미
　　제와 남조선괴뢰들은 지금 방송과 출판물, 문예물들은 물론 상품 등을 통해서도 부르죠
　　아사상문화를 주입하기 위해 피눈이 되어 날뛰고 있다. 전자매체들과 인터네트를 통하여
　　부르죠아생활양식을 퍼뜨리고 〈자본주의우월성〉을 주입하기 위해 미친듯이 날뛰고 있
　　다", "자본주의사회에는 부르죠아생활양식이 지배하고 있다. 부르죠아생활양식은 약육
　　강식의 법칙과 남이야 어떻게 되든 자기만 잘 먹고 잘살면 된다는 극단한 개인리기주의
　　에 기초한것으로서 사람들을 타락시키고 부화방탕한 생활만을 추구하게 하며 민족성을
　　여지없이 말살하는 반동적인 생활양식이다". 『로동신문』, 2012년 1월 1일; 「제국주의의
　　사상문화적 침투책동을 분쇄하여야 한다」, 『로동신문』, 2012년 1월 30일/『로동신문』,
　　2012년 10월 18일; "사회주의를 해치는 독소", 『로동신문』, 2013년 5월 9일; 본사기자
　　리남호, 「사회주의 생활양식을 활짝 꽃피워」, 『로동신문』, 2013년 8월 9일; 「사회와 인간
　　을 좀먹는 위험한 독소」, 『로동신문』, 2013년 5월 9일.

(4) 집단 욕망을 우선 행하기

김정은 시대 영화에 나타난 이항대립 중 '개인 욕망과 집단 욕망'은 가장 큰 비중을 차지한다. 〈폭발물처리대원〉과 〈최전연의 작은 집〉에 나타나는데 〈폭발물처리대원〉에서는 개인의 '욕망과 희생'으로 변용된다.

[표 18] 〈폭발물처리대원〉 이항대립

개인 욕망 vs 조국을 위한 희생			
진욱과 경준		태복의 희생	
폭발물 제거에 흥미를 못 느끼는 진욱과 경준.	대학에 가고 싶다고 태복에게 말하는 진욱과 경준.	경준을 밀쳐낸 태복을 향해 달려가는 진욱.	경준을 대신해 지뢰를 누르고 팔을 잃은 대장 태복.

영화는 먼저 진욱과 경준이 제대이후 하는 폭발물처리대원 일을 시시해하도록 설정한다. 경준의 "진욱이, 우리가 초소에서 잠복근무를 설 때 평양하늘가를 바라보며 얼마나 꿈이 많았니? 그런데 그 꿈은 다 어데가고 이게 뭐야?"라는 대사는 경준의 꿈이 군복무가 아니었음을 암시한다. 결국 진욱과 경준은 대장 태복을 찾아가 대학에 가고 싶다고 말한다. '몇 달째 헛구뎅이만 파고 있는' 현재가 마땅하지 않아서이다. 대장 태복이 3년 동안 임무에 성실하면 대학에 보내주겠다고 하자 좋아하는 진욱과 경준의 다음 대화는 영화를 통해 엿볼 수 있는 북한 젊은 세대의 욕망이다.

진욱: 경준아, 우리도 3년만 있으면 평양에 있는 대학에 가서 공부를
　　　한단 말이지…

(…중략…)

경준: 챠. 이런. 대장동지가 말하지 않았어. 젊은 나이에 공부도 하고
　　　포부도 커야 한다고… 난 어려서부터 공학박사가 되는게 소원이
　　　였어. 이제 두고보라.

　진욱과 경준은 대학을 욕망하는 데 주목할 것은 영화가 이 욕망을
'조국을 위한 희생'과 대립시킨다는 점이다. 대학진학을 꿈꾸던 진욱
의 마음을 바꾼 것이 대장 태복의 희생이기 때문이다. 태복은 폭발물
탐사를 하면서 경준이 실수로 밟은 지뢰를 자신의 손으로 누르고
경준을 대피시키는데 영화는 애써 이 장면을 감동적으로 재현한다.

태복: 경준이, 발을 떼고 옆으로 뻗으라.
경준: 안됩니다. 대장동지… 내 발은 없어도 되지만 대장동지의 손이
　　　없어서는 안됩니다. 어서 가십시오.
태복: 빨리 발을 떼라는데 어서! 명령이야.
경준: 안됩니다. 내가 죽는게 낫습니다. 손을 떼십시오.

　영화는 태복을 향해 진욱이 달려가는 장면을 슬로 모션으로 잡는
다. 슬로모션은 '역겨운 씬들마저도 심미적으로 보이게 하는 기능'이
있으므로 이 장면을 감동스럽도록 연출하는 것이다.[77] 사실 이 영화
에 등장하는 인물 중 누구도 자신만을 생각하지는 않는다. 그러나

---

77) 로이스 자네티, 박만준·진기행 옮김, 『영화의 이해』, 119~128쪽.

영화는 인간됨보다는 욕망의 차이에 초점을 둔다. 영화는 경준의 목숨을 살렸지만 결국 손을 잃은 태복을 통해 진욱과 경준이 달라진 계기를 마련한다. 그 계기는 '희생'이며 대장의 희생은 진욱과 경준의 미래를 다른 곳으로 인도한다. 시간이 흘러 진욱

[그림 13] 태복을 향해 달려가는 진욱

과 경준은 대학진학 추천서를 받지만 진욱은 대학을 포기하고 폭발물처리대원으로 남는 것이다. 북한 젊은이들이 대학진학을 비롯해 욕망을 품는 것이 인간의 본성이라면 영화는 새 세대의 본성을 경계한다고 하겠다.

이와 같은 '개인 욕망과 집단 욕망'의 대립은 〈종군작곡가 김옥성〉에서 '개인의 명예추구(보신주의)와 국가를 위한 충성과 소신'으로 변용되어 나타난다. 이 대립은 〈종군작곡가 김옥성〉의 핵심이라고 할 수 있다.

[표 19] 〈종군작곡가 김옥성〉 이항대립

개인의 명예추구(보신주의) vs 국가를 위한 충성과 소신			
	합평회 요구대로 곡을 전면 수정하라고 강권하는 찬명.		음악은 지위, 명예, 보신의 수단이 아니라는 김옥성.

영화는 찬명이 김옥성이 작곡한 〈황금나무〉를 수정하도록 설정하고 찬명이 옥성의 어머니까지 찾아가서 도움을 청하도록 함으로써 찬명의 절박함을 은연중에 보여준다. 찬명에게 무언가 다른 이유가

있다는 암시인데 곧 그 이유가 드러난다.

찬명: 옥성이, 노래를 덮으라고 한건 내가 한번 기회를 주자고 한건데 그들 요구대로 고쳐서 통과시키고 불판 아닌가, 엉?
    (심중히 말하는 옥성)

옥성: 그러나 창작과제때문이란 말이지?
    (변명하는 찬명)

찬명: 뭐? 옥성이, 내 위치에 서보라우. 난 그 과제를 전적으로 책임진 사람이야.
    (돌아서는 옥성)

옥성: 그래서 그렇게 여기저기 비위를 맞춰서 창작편수나 채워놓은 다음엔 누구도 부르는 사람이 없는 그런 노래, 그런 노랜 지어서 뭘하는가 말일세. (…중략…) <u>자네 혹시 음악과 예술을 하나의 직업으로, 자기 직위나 명예를 위한 보신의 수단으로 생각하고 있는게 아닌가?</u> 만약 그렇다면 자넨 우리 음악발전에 장애물로밖에 될 수 없을 거네. (밑줄은 필자)

영화는 김옥성에게 상당히 강한 대사를 주며 찬명을 비난한다. 찬명은 음악과 인민보다 창작편수를 중시하는 인물이기 때문이다. 찬명이 김옥성 어머니까지 찾아가 곡을 수정하도록 도와 달라고 말한 것은 창작과제를 완성하지 못할 경우 자신에게 내려올 비난이 두려워서이다. 김옥성은 분노하여 '남의 비위나 맞추고 창작과제를 맞추는데만 급급 하는 것은 진정한 애국이 아니'라고 공격하는데, 표면적으로는 음악가로서의 소신이 돋보이지만 맥락으로 볼 때 개인의 명예추구(보신주의)와 국가와 인민을 위한 소신 있는 행동이 대립되는 것이다. 유사한 맥락이 〈최전연의 작은집〉에서도 나타난다.

[표 20] 〈최전연의 작은집〉 이항대립

개인의 욕망 추구 vs 전체를 위한 헌신		
	체험을 바탕으로 논문을 써서 군 의학계 패권을 장악하고자 온 태웅.	 개인의 욕망이 먼저인 태웅이 못마땅해서 호수에 빠뜨리는 렴민.

영화는 태웅이 처음부터 "한마디루 내가 자진해온건 래년 군사과학기술축전에서 야전외과학의 전무를 담은 론문을 발표해서 군의학계의 패권을 잡아보자는 것"이라며 포부를 밝히게 함으로써 태웅을 출세지향적 인물로 재현한다. 태웅이 1년 정도를 계획으로 최전방에 자진해온 목적은 '군의학계 패권장악'인 자신의 명예를 위해서이다. 이 영화의 시나리오 작가는 실상 태웅의 인물구축 때 "안온한 책상머리에서 멀리 최전연의 생활을 꾸미려고 했던 그릇된 창작태도, 간고한 현실취재의 길에서 잠시나마 주저하며 후회까지 했던 자신을 그대로 태웅의 성격에 담았"다고 한다.78) 태웅에게 중요한 것은 안온한 삶인 것이다. 자신의 명예만을 추구하는 태웅과 렴민은 대조를 이루는데 이를 부각하기 위해 영화는 렴민과 태웅의 신발을 클로즈업한다.

---

78) 리숙경, 「(창작수기) 위대한 병사사랑의 세계에 매혹되여」, 55쪽.

[그림 14] 태웅의 깨끗한 신발

[그림 15] 렴민의 낡은 신발

영화는 태웅과 렴민의 신발을 통해서 기의를 생산하는데 실상 영
화에서 신발의 차이를 일반관객이 알아차리기는 어렵다. 그럼에도
불구하고 평론은 그 의미를 다음과 같이 설명한다.

영화는 첫시작화면에서 배를 끌어내기 위해 힘을 쓰는 주인공의 모
습을 감탕으로 어지러워진 색낡은 신발로 보여주고 여기에 마른 땅을
골라디디며 다가서는 윤기나는 새 구두를 대조시켜 특색있는 세부를
창조하였다.

(…중략…)

또한 감탕으로 어지러워진 색낡은 신발을 신은 인물은 이곳에 오래
있은 인물이며 자기를 아낌없이 헌신해가는 인물임을 암시해주고 있다.
이와는 대조되게 마른 땅을 골라디디며 다가서는 윤기나는 새 구두
를 신은 인물은 이곳에 새로 오는 인물이며 아직 이곳에 몸을 담그지
못한 인물임을 암시해주고 있다.[79)

79) 최광진, 「영화의 시작과 마감에서의 정서적여운」, 『조선예술』 6호(2014), 73쪽.

평론은 태웅의 반짝이는 신발은 마른땅을 디디고 사는 삶의 방식을, 렴민의 낡은 구두는 자신을 아낌없이 희생하는 삶의 방식을 의미한다고 말한다. "해빛에 색은 낡고 흙묻은 신발을 신고다니면서도 언제한번 자기 외모에는 마음써본적이 없이 오직 최전연에 발을 든든히 붙이고 언제나 병사들의 생명을 위해 신발창이 닳도록 뛰고 또 뛰는 그의 정신세계를 관중들은 엿볼수" 있게 하기 위함이며, "흙 한점 없이 반짝거리는 구두를 신고있는 태웅은 자기의 리해관계 목적을 달성하기 위해서는 그것이 설사 작은것이라도 서슴없이 출세의 발판으로 삼으려는 초기 그의 정신세계를" 보기를 원했기 때문이라는 것이다.80) 그런데 영화는 이 지점에서 더 나간다. 영화는 태웅이 배에 발을 걸치고 있음에도 불구하고 렴민이 말없이 노를 저음으로 태웅을 물에 빠뜨리도록 설정한다. 당황해하는 태웅을 바라보며 렴민은 배를 유유히 몰아가고 카메라는 렴민을 따라간다. 북한 평론을 살펴보면 영화가 이 지점을 기의발생 지점으로 설정했음을 알 수 있다.

창작가들은 여기서 그 어떤 대사를 주지 않고도 혼자 배를 저어가는 주인공 렴민이의 행동을 통하여 한생을 자기의 리해관계나 개인의 목적을 위해 살려는 사람과는 한배를 타고 생사운명을 같이할수 없다는 것과 위대한 장군님께서 제일 아끼고 사랑하시는 우리 병사들을 맡길 수 없다는 주인공의 정신세계를 관중들에게 생활적이면서도 예술적으로 잘 형상하여 보여주었다.81)

---

80) 김금철, 「주인공의 사상정신세계를 보여준 인상깊은 장면」, 『조선예술』 9호(2014), 31~32쪽.

81) 위의 글, 31쪽.

평론에 의하면 이 장면은 렴민이 자신만을 아는 태웅 같은 인간과 한배를 탈수 없다는 것을 표현한 것이라고 한다. 그런데 평론 없이 영화만을 본다면 이 같은 해석에 도달하기는 어렵기에 평론의 해석은 다소 지나친 것으로 보인다. 그러나 태웅이 자신의 목적을 위해 이용하는 대상이 북한 당국이 누누이 강조하는 '김정일이 사랑하는 병사'라면 창작의 입장에서는 기의 생산을 의도했을 수는 있다. 전체에 대한 헌신이 극명하게 드러나는 것은 렴민의 죽음 장면이다.

렴민의 죽음

영화 후반부에서 렴민은 지뢰를 밟고 크게 다쳐 당장 치료가 필요한 상황에 처한다. 그럼에도 불구하고 렴민은 군의 태웅을 온철수에게 보낸다. 이 지점에서 카메라는 클로즈업으로 피사체를 포착한다. 굳은 손, 렴민을 안타까워하는 태웅, 태웅을 보낸 이후 고통을 느끼는 렴민의 손, 죽음을 향해 걸어가는 렴민의 얼굴을 클로즈업함으로서 숭고미를 자아내는 것이다. 영화에서 렴민이 포기한 것은 자신의 생명뿐 아니라 "가족과 누릴 행복한 삶"이다. 렴민은 10년 넘게 초소에서만 근무하느라 딸과 아들을 제대로 보지 못했다. 렴민의 개인적 욕망은 가족과 함께 사는 것이지만 렴민은 병사를 구하기 위해 자신의 생명을 버린 것이다. 영화가 관객에게 개인의 욕망보다 전체를 위한 헌신을 선택하라고 극단적으로 강조하는 지점이다.

이와 같이 김정은 시대 이항대립으로 본 북한 예술영화에 나타난 서브텍스트의 변용은 일상에서 누가 알아주지 않아도 성실하게 복무하기, 사람들과 갈등을 빚더라도 김정은을 위해 할 일을 하기, 지위보존을 위해 남의 비위 맞추지 말기, 외국의 옷이나 노래를 좋아하지 말기, 대학진학을 포기하고 군복무하기, 김정일을 위해서 죽기, 김정일을 보호하기 위해 가족과 영광을 포기하기, 병사들을 위해서 관료(관료 아내)가 헌신하기 등으로 나타난다.

1.2. 발견, 반전, 플래시백

영화에서 아리스토텔레스가 언급한 발견(Recognition)과 반전(reversal of the situation)은 영화의 의도를 알 수 있는 주요 장치이다.82) 일반적으로는 "극적으로 가장 고양된 곳에서 반전이 이루어지면서 대단히 급하게 대단원 혹은 해결의 장에 이르게 된다."83) 플래시백 역시 중요하다. 북한 영화에서 "플래시백은 단순히 과거를 제시하는 것이 아니라 역사쓰기와 관계 깊은 것이며 과거의 재현은 매우 특별하고 중요한 위치를 차지하고 플래시백으로 과거 사건을 제시해 내러티브 전환이나 사건해결의 실마리"로 활용된다.84)

---

82) Butcher, *Aristoteles's Poetics*, pp. 16~17.
83) 안민수, 『연극연출: 원리와 기술』, 130쪽.
84) 이명자, 「〈민족과 운명 '로동계급편'〉: 플래시백과 역사재현」, 『통일논총』 No. 20(2002), 129쪽.

1.2.1. 김정일 시대

(1) 김일성 덕성과 김정일 효성 기억하기

〈민족과 운명〉 30~32부는 발견과 반전을 극적 장치로 사용하며 플래시백을 연결한다.[85] 〈민족과 운명〉은 플래시백을 통해 인물을 '무지(ignorance)에서 앎(knowledge)'으로 건너가게 하는데 그 실체를 살펴보기로 한다.[86]

[표 21] 〈민족과 운명〉 30부 플래시백

성장하는 진응산			
집안일로 갈등하는 진응산.	독립투사 일화를 말해주는 강태관.	김일성 일화를 들려주는 강태관.	무지에서 앎으로 성장하는 진응산.

주목할 것은 영화가 30부에서 플래시백을 진응산의 갈등 장면 다음에 배치한다는 점이다. 플래시백은 강태관의 조언으로 나타나는데 조언의 핵심은 일제 강점기 때 민족을 위해 싸운 독립투사를 생각하며 현재의 어려움에 무너지지 말라는 것이다. 영화는 '일제강점기-독립투사'를 자연스럽게 김일성과 연결하면서 김일성 일화를 말한

---

85) 플래시백은 영화에서 사용되는 내러티브 장치로, 시간상으로 등장인물의 인생이나 역사의 좀 더 앞선 시기로 되돌아가 그 시기를 이야기하는 것을 말한다. 그래서 플래시백은 해당 내러티브 내에서는 가장 명확하게 주관적인 순간들이다. 플래시백은 기억과 역사, 즉 주관적인 진실의 영화적 재현이다. 수잔 헤이워드, 이영기 외 옮김, 『영화사전: 이론과 비평』(한나래, 2012).

86) Butcher, *Aristoteles's Poetics*, p. 17.

다. 김일성이 해방되던 해에 부모형제를 이역 땅에 묻고 민족을 먼저 돌보았다는 것이다. 강태관이 내린 결론은 다음과 같다.

태관: 허지만…제 집안걱정에 옷섶 잡히면 혁명을 못하네. 왜정때…
　　　단두대의 이슬이 되면서도 〈조선혁명만세!〉를 웨친 이들한테
　　　처자가 가긍치 않았고 눈물이 없은줄 아나?

　진웅산뿐 아니라 독립투사도 가족을 걱정했지만 눈물을 삼키며 가족보다 민족을 먼저 생각했다는 것이다. 사위 진웅산 역시 강옥이 아니라 민족을 위한 결정을 내려야 한다는 것이다. 영화는 갈등하고 괴로워했던 진웅산이 항일투사와 김일성의 영웅담을 듣고 혼자 걷는 장면을 롱숏으로 시작해서 클로즈업한다. 진웅산은 김일성처럼 '가족보다는 나라를 먼저 생각'하겠다는 결심을 하는데 이때 카메라는 진웅산을 옳은 길을 찾은 듯 가슴 가득히 환희를 맛보는 모습으로 재현한다. 갈등하던 진웅산이 아리스토텔레스적 발견, 즉 '무지'에서 '앎'으로 옮아가는 순간이며 바로 그 지점에 '인간적 김일성'이 있는 것이다. 확실히 인위적이지만 영화가 강조하는 것은 분명히 드러난다. 김일성 덕성을 전면화하면서 김일성을 우상화하고, 관객이 김일성의 덕성을 기억하게 하는 것이다. "이렇게 현재에 끼어든 과거는 관객에게 과거를 재경험하게 하며 과거를 기억하게 한다는 점에서 집단의 멤버들에게 공통된 기억을 제공하고 일체감을 부여하는 역사쓰기의 한 수단이 될 수 있다."[87]
　그런데 영화는 김일성의 삶을 진웅산뿐 아니라 갈등하던 강옥에

---

87) 이명자, 「〈민족과 운명 '로동계급편'〉: 플래시백과 역사재현」, 133쪽.

게도 '무지'에서 '앎'으로 건너가는 발견으로 활용한다. 강옥은 아버지 강태관이 진웅산에게 해주는 이야기를 숨어서 모두 들으며 마음을 바꾼다. 카메라는 강태관 회상이 끝날 무렵 강옥을 살짝 로우-클로즈업하며 영도를 업고 걸어가는 강옥과 강태관의 소리를 교차시키고 김일성 유화를 클로즈업한다. 강옥이 김일성 일화에 감동하여 변한다는 기의 생산이며, 피사체 강옥을 숭엄하게 재현하는, 배우의 풀 프론트 자세로 친밀감을 유도하는 전형적인 방법이다.

저는 강옥이가 자신의 나약성을 극복하고 슬픔을 이겨내는 과정을 그림에 있어서 누구보다 큰 가정적인 슬픔을 알고계시면서도 새 조국 건설에 전심전력을 다하신 위대한 수령님에 대한 숭고한 이야기를 통하여 큰힘을

[그림 16] '발견'하는 강옥

얻고 장군님의 딸답게 일할 것을 결심하는 강옥의 사상정신세계에 초점을 박았습니다.[88]

영화는 가정적 슬픔을 겪었지만 조국 건설만이 목표였던 김일성을 따라야할 모범이자 마음을 다잡는 등불로 제시하면서 인간 김일성이 겪은 고통에 비하면 강옥의 고통은 아주 사소하다고 말한다. 플래시백을 통한 발견이 갈등을 종결시키는 기제로 기능하는 것이다. 결국 디제시스 외부에서도 김일성의 아픔을 기억하는 것이 갈등의 해결이 된다.

---

88) 류경애, 「(배우수첩) 강옥의 웃음과 눈물」, 『조선영화』 11호(1995), 51~52쪽.

32부에서도 플래시백은 비중 있게 개입한다. 32부 시퀀스 1에서 진응산은 천리마작업반에 들지 못해 불만이 가득하다. 동료들이 위로하지만 진응산은 세상에 공명심이 없는 사람이 어디 있냐면서 화를 내고 뛰쳐나간다. 그러나 진응산은 저녁때 강옥과 같이 들린 처갓집에서 마음을 바꾸는데 이러한 변화에 또 다시 김일성 일화가 결정적 역할을 한다.

[표 22] 〈민족과 운명〉 32부 플래시백

반성하는 진응산			
천리마작업반에 못 들자 불만이 가득한 진응산.	언 감자국수에 얽힌 김일성에 대한 회상.	동지를 그리워했던 김일성에 대한 회상.	자신의 공명심을 반성하는 진응산.

강태관은 김일성이 언 감자국수 만드는 법을 알려주면서 먼 하늘을 바라보았는데, "만주광야의 엄동설한 속에서 언 감자 한 알, 시가루 한 봉지도 함께 나누시다가" 조국의 광복을 보지 못하고 먼저 간 "혁명전사들을 생각"해서였다고 말해준다. 장인 댁을 찾아온 진응산은 이 말을 문밖에서 우연히 듣고 자신이 얼마나 이기적이었는가 반성한다. 영화는 이 장면을 인위적으로 보이지 않기 위해 우연을 활용하는데, 바로 여기에서 "무지"에서 "앎"이 시작하는 것이다. 진응산은 자신이 "장군님품에 안겨 사람대접 받기 시작하자 우쭐해지고 신문에 제 이름이 나는 걸 좋아하기 시작했구 은연중 저밖에 모르는 놈으로 변질되기 시작"했다며 반성하는데 진응산의 감동은 진응

산으로 그치지 않는다. 김일성 이야기를 들은 송옥 역시 격한 감동을 받고 강옥과 강석까지 감동한다. "이러한 에너지 전이는 한 집단이 스스로를 하나의 도덕 공동체로 인식하게 하여, 사람들을 하나로 묶어 주고, 개인의 내적 삶과 집합적 상징을 일체화하는 것을 도와준다."[89] 진응산은 이후 더욱 열렬한 노동자로 거듭나 모든 일에 혼신의 힘을 다한다. 이같이 〈민족과 운명〉 30부와 32부는 김일성 일화 중 특히 덕성과 관련된 일화를 인물의 갈등과 방황이후에 배치함으로써 인물의 갈등을 종결한다. '고매한 인격의 소유자 형상화'라는 서브텍스트가 김일성의 동료를 향한 인간미, 언 감자 한알도 나누어 먹었던 인간미로 재현된 것을 기억할 필요가 있다.

발견, 반전, 플래시백을 활용한 덕성 강조는 〈나의 아버지〉에서도 나타난다. 〈민족과 운명〉과 차이라면 〈나의 아버지〉에서는 덕성의 주인공이 김정일이라는 점이다.

[표 23] 〈나의 아버지〉 발견, 반전, 플래시백

뉘우치는 은정			

가을추수를 빠지고 어머니들에게 생일 축하를 받는 은정.	생일파티가 잘못임을 알려주는 명규.	은정에게 은방울꽃화분 의미를 말해주는 오빠 효정.	자신의 잘못을 깨닫고 뉘우치는 은정.

영화의 사건은 은정이 중학교 5학년이 되어 가을추수 노력동원에

---

89) Chris Shilling, "The two traditions in the sociology of emotion", Edited by Jack Barbalet, *Emotions and Sociology*, p. 19.

나가는 것으로 시작한다. 마침 은정의 생일이어서 11명의 합숙어머니는 일하던 은정이를 데려가 새 옷을 선물하며 입혀준다. 이 지점에서 영화는 은정을 친딸보다 아끼던 명규를 통해 생일은 축하할 일이지만 가을 추수장을 버리고 온 것은 잘못이라는 교훈을 준다. 오빠 효정은 은정을 따로 훈계하는데, 주목할 것은 그때 은정이 사망한 아버지와의 대화를 기억한다는 것이다.

> 효정: 은정아, 너두 생각나겠지. 아버지가 살아계실 때 저 은방울꽃화분을 주며 뭐라고 말했니?
> (은정의 얼굴에 공명되어 울린다) (…중략…)
> 아버지: 이 은방울꽃은 어리신 지도자선생님께서…
> (탁상우에 놓은 은방울꽃화분)
> 아버지소리: 아버지장군님의 안녕을 바래 손수 정원에서 키워드렸던 꽃이란다. 너두 이 꽃을 피우면서 친애하는 지도자선생님께 기쁨을 드리기 위해 공부를 잘해야 한다. (밑줄은 필자)

영화는 이 장면에서 은정 아버지 목소리를 들려주는데, 이 지점에서 은정은 아버지의 말을 기억하고 '발견'으로 들어간다. 생일축하를 받기 위해서 가을 추수장을 버리고 온 은정은 자신보다 더 어린 나이에 아버지 김일성의 안녕을 바라며 은방울꽃을 키웠던 김정일에 비하면 극히 이기적인 것이다. 다시 말하면 영화는 노동 현장에서 빠져나와 개인 일을 보는 것은 이기적 행위라고 말하는 셈이다. 이같이 영화는 '김일성에 대한 충성과 효성의 최고 귀감이며 사회주의 조선의 오늘과 미래의 상징인 김정일의 위인상 형상'의 서브텍스트를 충실하게 반영하는 것이다.[90] 이 '발견'의 장치는 '반전'과 더불어

지속적으로 나타난다.

[표 24] 〈나의 아버지〉 발견과 반전

시퀀스 5			

오빠 효정에게 체조 대학을 포기하겠다고 말하는 은정.	마지막으로 오빠의 피아노에 맞춰 춤추는 은정.	대학에 진학하라는 김정일 편지를 전해주는 당비서.	김정일의 사랑을 깨닫고 감격하는 은정.

은정이 대학을 포기하고 마지막으로 춤을 출 때 당비서는 김정일이 보낸 편지를 읽어준다. 극적 감동을 강화하기 위한 영화의 계산이다. 편지의 내용은 김정일이 "은정이가 아버지가 섰던 초소에 서겠다는건 기특한 일이지만 은정의 재능을 봐서두 그래 아버지가 생전에 바라던대로 체육대학에 보내는 것이 더 나을 것 같다구" 말했다는 것이다. 여기에서 완전한 반전이 이루어지며 은정의 미래는 다른 방향으로 펼쳐진다. 영화는 놀라는 은정에게 명규가 다음과 같이 말하게 함으로써 관객의 감정을 다시 자극한다.

　명규: 은정아, 효정아, 이것이 바로 우리 장군님의 사랑이다. 너희들의
　　　　운명을 지켜주시고 보살펴주시는 장군님의 사랑은 너를 낳은 아
　　　　버지나 이 비서의 사랑에 비길수 없이 위대하고 영원한 것이다.
　은정: 아버지!

---

90) 송학성, 「(론설) 경애하는 수령 김일성동지의 위대성을 형상한 무대예술작품을 더 많이 창작하자」, 10~12쪽.

(조용히 뇌이는 은정의 눈가에 이슬이 고인다)

이같이 은정은 뜻하지 않은 '반전'을 맞이한다. 김정일이 은정의 재능을 알아봐주었기 때문이다. 은정은 "도대체 제가 뭐길래… 장군 님께서 저의 이름까지… 전 믿어지지가 않아요" 하면서 감격하는데 이 지점이 '발견'이 생산되는 지점이다. 은정 자신은 한 번도 김정일을 만난 적이 없지만 김정일은 전지전능한 신과 같이 은정에게 일어나는 모든 일을 알고 보살핀다는 '발견'이다. 김정일의 은혜를 '발견' 한 은정은 비록 부모를 잃었지만 자신에게 신과 같은 아버지가 있다는 더 큰 '발견'을 하는 것이다. 이같이 '발견'과 '반전'만으로도 김정일 은혜는 극대화되는데 영화는 이후 '발견'의 장치를 한 번 더 사용한다.

[표 25] 〈나의 아버지〉 발견

꿈을 펼치는 은정			

김정일이 마련해준 집에 들어선 은정.	깨끗한 아파트를 보고 감격하는 은정, 고모, 효정.	자신을 길러준 아버지가 김정일임을 발견하는 은정.	체조선수가 되어 꿈을 펼치는 은정.

은정은 대학을 포기하려 했지만 김정일의 은혜로 대학에 진학하는데 김정일은 더 나가 은정과 효정이 같이 살 수 있도록 광복거리에 새로 지은 아파트를 마련해준다. 은정은 이 아파트에 들어서는데 이때 카메라는 "팬을 이용해 구석구석 훑으며 김정일의 사랑을 확인

해 주면서 김정일 사진이 놓인 탁자로 컷되어 사진 속 김정일 얼굴로
줌인(zoom-in)하는 것으로 그가 새 시대의 아버지임을 강조"한다.[91]
동시에 영화는 '김정일이 우리 모두의 아버지'라는 대사를 통해 은정
의 발견을 '우리'로 확장시킨다. 물론 '우리'는 디제시스 외부의 북한
주민이다. 이같이 영화는 김정일의 은혜를 이중의 '반전'을 통한 이
중의 '발견' 장치로 극대화한다. '김정일이 인민을 사랑하고 인민을
위한 사랑의 광폭정치, 인덕정치를 베푼다'는 서브텍스트를 충실히
반영하는 것이다.[92]

(2) 긴장하는 삶과 준전시 명령 기억하기

김정일 시대 발견, 반전, 플래시백을 활용한 영화의 또 다른 강조
점은 최고지도자의 교시와 지도력이다. 영화가 〈고요한 전방〉에서
사용한 플래시백을 주목한다.

[표 26] 〈고요한 전방〉 발견, 반전, 플래시백

리명의 변화			
군복무 중 대학입학 통지서를 받고 기뻐하는 리명.	근무 시 긴장을 풀어 적의 접근을 눈치 못 챈 리명.	적들의 공격이 시작되자 크게 다친 중대장 학근.	리명을 김일성 교시로 타이르는 중대장 학근.

영화는 플래시백으로 리명의 변화를 설명해준다. 플래시백에서

---

91) 이명자, 『북한 영화와 근대성』, 111쪽.
92) 함영근, 「당과 국가의 시책에 대한 생각」, 49~50쪽.

젊은 리명은 대학입학 통지서를 받고 들떠서 적의 접근을 눈치 채지 못한다. 리명은 자신의 부주의함으로 학근이 크게 다치자 괴로워하는데 이때 영화는 학근을 통해 다음과 같이 관객에게 말한다.

> 학근: 리명이… 어버이수령님께서 가르쳐주시지 않았소. 군인에게 있어서 화구를 막는 일만이 어려운 것이 아니라는걸. 평화로운 오늘에도 순간도 해이됨이 없이 늘 긴장하게 사는 것 이것 역시 화구를 막는 일에 못지 않게 더 어려운 일이라구. 우린 언제나 이걸 잊어서는 절대루 안되오.

영화에서 학근은 자신의 철학이 아닌 김일성의 교시로 리명을 교훈하는데 이 교시가 리명을 '무지'에서 '앎'으로 변화시킨다. 대학진학에 들뜨는 다소 철없는 리명이 완숙한 혁명적 군인으로 성장하는 매개체가 김일성인 것이다. 리명을 연기했던 배우의 "16년전 리명은 총쥔 병사에게 있어서 한순간의 안일해이와 실수는 곧 피로 보상된다는 것을 뼈저리게 체험하였으며 그때 그의 중대장이였던 학근이로부터 전해들은 어버이수령님의 교시를 필생의 좌우명으로 삼고 현대전에 관한 당의 군사전법 관철에 자신의 모든 것을 바쳐나간다"는 글은 '늘 긴장하며 살라'는 김일성 교시가 한 인간의 '성장'기제로 작용하고[93] '무지'에서 '앎'으로 건너가는 다리라는 것을 잘 말해준다. 플래시백을 통한 '교시 기억하기' 수법은 이후에도 발견할 수 있다. 다만 김일성이 아니라 김정일에 관한 기억이다.

---

93) 리원복, 「(배우수첩) 성격탐구와 연기형상의 진실성」, 『조선영화』 6호(1997), 50~51쪽.

[표 27] 〈고요한 전방〉 발견, 반전, 플래시백

김정일의 명령 기억			

학근을 만났지만 차마 입을 떼지 못하는 리명.	준전시상태가 선포된 93년도.	군관 아내로 책임을 다하다 사망한 리명 아내.	김정일 명령을 기억하며 결심하는 리명.
	플래시백	플래시백	

영화는 플래시백으로 리명이 어려운 결심을 하게 된 근거를 말해
준다. 영화는 먼저 리명이 학근에게 해야 할 말을 못하고 돌아오도록
설정한다. 그리고 리명이 아내의 사진을 보고 아내가 93년 준전시상
태 선포 시 병든 몸을 이끌고 훈련에 참가했던 일을 회상하도록 한다.
그리고 다소 억지스럽게 아내에 대한 기억을 김정일과 연결시킨다.

리명: 그래 견뎌낼수 있겠소?
정옥: 유성이 아버지, 당신은 늘 말하지 않았나요. 군관의 안해는 령장
　　　없는 병사라구. 내가 환자라구 해서 제자리를 비워놓는다면 어
　　　떻게 되겠어요. 내 걱정은 말아요. 유성이 아버지! 난 일 없어요.

여기서 정옥은 리명과 김정일을 연결해주는 장치에 불과하다. 디
제시스에서 리명이 기억하는 것은 아내도, 아내의 죽음도 아닌 김정
일 명령이다. 영화는 "그때 내렸던 준전시명령은 비록 해체됐어두
우리 군인들의 마음속에 내린 최고사령관동지의 준전시명령은 아직
도 해체되지 않았단 말이요"라는 리명의 독백으로 관객이 어떤 자세

를 가져야 할지를 교훈한다. 이 장면은 사실 영화적으로 볼 때 개연성이 떨어진다. 그런데 평론은 이 장면을 리명의 변화를 가져온 우수한 장면이라고 평가한다.

군관의 안해는 령장없는 병사라는 투철한 관점을 지니고 가족소대원으로서 준전시상태를 선포함에 대한 경애하는 최고사령관동지의 명령을 집행하는 길에서…정옥의 형상, …주인공 리명의 성격적바탕을 생활적으로 튼튼히 다져주는데서 중요한 위치를 차지…94)

평론은 이 장면을 고평하면서 이전에 갈등하던 리명에게 확신을 주는 것이 아내가 아닌 김정일임을 강조한다. 영화는 리명이 아내가 아니라 아내를 통해 김정일의 명령을 기억하도록 설정하고, '준전시'라는 김정일의 명령이 리명을 '발견'으로 진입시켜 리명의 갈등을 마감하도록 연출하는 것이다. 이후 리명은 갈등을 접고 학근에게 부대개선을 제안하기로 결심한다. 다시 정리하면 리명이 '무지'에서 '앎'으로 건너가는 그 지점에 김일성의 '늘 긴장하며 살아라'와 김정일의 '준전시명령'이 자리하는 것이다. 이 시기 서브텍스트 '최고지도자의 결사옹위'가 일상의 행동으로 변용되는 지점이다.

따라서 김정일 시대 발견, 반전, 플래시백으로 본 예술영화의 행동은 김일성이 고생한 것 기억하기, 김일성이 음식을 나눠먹은 것을 기억하기, 항상 긴장하라는 김일성 명령 기억하기, 김정일의 효성 기억하기, 일상을 돌봐준 김정일 사랑을 기억하기 등이라 하겠다. 다양한 양상이지만 핵심은 '기억하기'이다.

---

94) 한상대, 「(연단) 주제는 생활적으로 풀어야 한다」, 『조선영화』 6호(1997), 55~56쪽.

1.2.2. 김정은 시대

(1) 김정일 효성과 전(前)세대 충성 기억하기

〈들꽃소녀〉에서 의미 있는 플래시백은 정희의 갈등 뒤에 나타나 정희를 '발견'에 이르게 하므로 주목을 요한다. 영화는 플래시백 첫 번째를 정희의 두려움 다음에 배치하고 두 번째를 정희의 자신감 상실이후에 배치한다.

[표 28] 〈들꽃소녀〉 발견, 반전, 첫 번째 플래시백

정희의 마음 정리			
정희의 자책	정희의 들꽃 발견	어린 시절의 회상	마음을 정리함
		플래시백	발견

[표 29] 〈들꽃소녀〉 발견, 반전, 두 번째 플래시백

정희의 결심			
비행기의 결함 주장이 옳은 것인지 고민하는 정희	김일성과 어린 김정일이 비행사를 찾아 오자 만류하며 달려오는 비행사	김일성에게 전해달라는 대대장의 꽃을 들고 부르짖는 춘배	연대장의 방을 나와 분발하기로 결심하는 정희
	플래시백	플래시백	발견

영화는 먼저 첫 번째 플래시백 이전에 정희가 비행기 결함을 주장

한 자신의 행동에 확신이 없도록 설정한다. 이후 불안해하며 걸어가는 정희가 들판에서 작은 꽃송이를 발견하는 숏을 보여주는데 이 지점에서 플래시백을 활용한다. 플래시백 내용은 할아버지 춘배가 어린 정희에게 들려주었던 이야기이다.

우리 장군님께서 10대에 그 어리신 나이에 수령님을 모시고 적기들이 쉬임 없이 폭탄을 퍼붓는 여기까지 오시였댔지… 그날 우리 비행사들에게 수령님의 안녕을 거듭거듭 당부하시던 어리신 장군님의 모습을 평생 잊을 수 없구나… 그날 수령님의 안녕이 얼마나 마음에 걱정되시였으면 자신께서 몸소 비행사가 되시어 하늘의 호위병이 되고 싶다고 하시였겠니. 그 후 절절한 마음을 담아 〈축복의 노래〉도 쓰시였지… 이제는 우리 장군님의 안녕을 너희들이 지켜나가야 한다.

플래시백은 정희에게 할아버지의 충고를 기억하게 함으로써 정희를 '발견'에 이르게 한다. 충고는 '10세의 어린 나이에 불과한 김정일이 김일성의 안녕을 거듭 당부한 것처럼 김정일의 안녕을 어린 정희가 지켜내야 한다'는 내용이다. 이 충고를 기억하자 정희는 갑자기 '무지'에서 '앎'으로 건너간다. 김정일의 효성을 본받아 자신이 김정일의 안위를 지켜야 하는 주체임을 깨닫는 것이다. 영화는 관객에게 군에서 상관이나 동료와 갈등할 때 김정일의 행동(효성)을 이정표로 제시하는 것이다. 서브텍스트 김정일 애국주의와 김정일 효성이 형상화되는 지점이다.

두 번째 플래시백은 이의 연장선이자 변용이다. 정희의 주장으로 비행기를 다시 점검해야 하자 선배병사 영기는 정희에게 불만을 표하고 친구 장미마저 정희에게 화를 낸다.

장미: 정희동무, 내 언제부터 말하고 싶었는데… 동문 왜 계속 그 모양
이야? 이번 일도 그래 또 전번 비둘기사건때도 그래… 동문 왜
자꾸 자기고집만 부리면서 그래? 지금 그 다리사건 때문에 온
련대가 끓고있단 말이야.

정희는 장미의 질책에 의연하게 대응하지만 마음은 불안하다. 연
대장이 "지금 흔들리구 있구나. 내 말이 맞냐?"라고 했을 때 정희는
머뭇거리며 대답하지 못한다. 바로 이 지점에서 영화는 다시 플래시
백을 사용한다. 정희의 갈등 직후인 것이다. 두 번째 플래시백은 연
대장 명호와 관련된 사건이다. 한국전쟁시기 김일성과 어린 김정일
이 비행사에게 왔던 일, 당시 대대장이었던 명호 아버지가 정비원이
었던 춘배에게 "내 아들녀석에게 꼭 전해주요. 이 아버진 최고사령
관 동지의 안녕을 바라며 적기들을 맞받아나갔다구…"라고 하며 적
과 치열한 공방전을 벌리다가 격추당한 일이 주 내용이다. 정희는
다시 한 번 '발견'으로 건너간다. 정희는 자신의 앞 세대인 명호,
명호의 앞 세대인 명호 아버지와 할아버지 춘배를 통해 마음을 다잡
는 것이다. 영화가 북한 신세대에게 전세대를 모범으로 여기라고
독려하며 전세대가 김일성과 김정일에게 그러했듯이 김정은을 결사
옹호하라고 교육하는 지점이다.

이와 같이 영화는 플래시백을 정희가 행동에 확신을 잃을 때마다
활용하여 정희를 붙들어주는 장치로 사용한다. 앞의 숏에서 알 수
있듯이 카메라는 항상 플래시백 전후의 정희를 클로즈업하는데 플
래시백 이전 정희에게 고개를 떨구는 숏을 주는 반면 플래시백 이후
정희에게는 고개를 들고 당당해 보이는 숏을 준다. 플래시백은 정보
전달과 더불어 독립적인 서사구조로 작동하면서 위기의 순간에 김

정일 효성과 전세대의 충성을 기억하라고 말하는 셈이다.

(2) 김일성, 김정숙, 김정일 뜻과 김정일 은혜 기억하기

〈종군작곡가 김옥성〉에서 플래시백은 총 7회 나타난다. 이중 의미를 생산하는 플래시백을 살펴보기로 한다.

[표 30] 〈종군작곡가 김옥성〉 발견, 반전, 플래시백

김일성 초상화			
〈황금나무〉가 비판받자 생각에 잠기는 김옥성.	수령의 뜻을 받들라고 격려하는 김옥성의 어머니.	해방 직후 김일성 초상화를 들고 만세 부르는 사람들.	해방 직후 김일성 뜻을 따라 가르치는 김옥성.
		플래시백	플래시백

찬명은 김옥성이 〈황금나무〉를 수정하라는 요구에도 뜻을 굽히지 않자 김옥성의 어머니 강씨까지 찾아가 도움을 청한다. 그러나 강씨는 김옥성에게 "큰 노랠 짓건 작은 노래를 짓건 어느 하나 소홀히 하지 말구 우리 수령님의 뜻 충심으로 받들면 돼"라며 옥성을 격려하는데 바로 이 지점에서 플래시백이 들어온다. 영화는 해방 직후로 점프하면서 만세소리 사운드를 들려주어 관객의 주의를 집중시키고, 이어 김일성 초상화를 들고 행진하는 장면을 보여준다. 디제시스의 시간인 1960년대 초반에서 별다른 설명 없이 등장하는 1945년 장면은 다소 연결점이 결여되어 보인다. 그러나 플래시백은 갈등의 순간에 김일성을 호명하는 것은 성공한다. 영화는 꽹과리 치며 기뻐하는

인민 숏과 "모든 것을 건국총동원 사상"이라는 플랜카드를 단 트럭숏
을 교차한다. 그리고 흑백의 영상으로 역사적 사실을 강조한다. 주목
할 것은 영화가 이 플래시백을 김옥성이 곡 수정 요구을 완전히 거부
하지 못한 장면에서 보여주어 김일성 뜻을 기억하는 것이 고민의
해결점임을 알려준다는 점이다. 그 다음 영화는 김옥성에게 1945년
부터 김옥성이 항상 김일성만을 바라보며 순간을 결정해왔음을 기억
하게 한다. 이 장면의 기의는 어느 분야에서도 관료들이 압박할 때
흔들리지 말고 '김일성의 뜻'을 판단 기준으로 삼으라는 것이다. 다시
정리하면 영화는 어머니 강씨의 "수령님 뜻 전심으로 받들면 된다는
대사-플래시백-플래시백 이후 당당한 옥성의 모습"을 통해 김일성
의 뜻이 모든 문제의 해결책이라고 관객에게 말하는 것이다.

다음 플래시백에서는 김정숙도 등장한다. 김옥성은 찬명에게 곡
을 고치라는 두 번째 요구를 받는다. 〈황금나무〉가 자연주의적이며
'청춘의 사랑'을 읊조려서 문제라는 것이다. 영화는 이 지점에서 플
래시백을 사용하는데 우연이기에는 필연적으로 플래시백에 등장한
김정숙은 '청춘의 사랑'을 언급한다.

[표 31] 〈종군작곡가 김옥성〉 이항대립

김정숙을 만난 김옥성			
김옥성이 떠난 후 반성하며 노동자와 함께하는 현심.	김정숙을 만난 이후 사랑을 알게 되었다는 김옥성.	모질었던 자신을 반성하며 현심과 결혼하는 김옥성.	김정일이 〈황금나무〉를 높이 평가했다고 전해주는 리면상.
플래시백	플래시백 발견	플래시백 반전	반전

플래시백에서 김정숙은 "진심으로 사랑한다면 사랑하는 사람의 아픔을 먼저 사랑해야" 하며 "한생을 바쳐 그 아픔을 함께 나누구 그의 부족점을 메꿔주구 도와주는게 진정한 사랑"이라고 하며 현심을 버린 김옥성을 나무란다. 그런데 영화는 김정숙의 조언을 김옥성의 사랑뿐 아니라 작곡과 관련된 신념으로까지 확대시킨다. 김옥성이 〈황금나무〉가 자연주의적이며 청춘의 사랑을 읊조렸다는 이유로 비판받았을 때 소신을 굽히지 않은 것은 김정숙의 조언을 기억했기 때문이다. 따라서 김정숙의 등장은 단순한 우상화 이상의 의미로 볼 필요가 있다. "김정숙이 구현하는 정치적 모성의 상징은 오늘날의 북한, 특히 김일성에서 김정일로 절대권력이 승계되는 과정에서 대단히 중요하고 흥미로운 요소였다. 김정숙을 모성의 아이콘으로 승화시키는 작업이 김일성의 유일한 합법적 후계자로 김정일을 추대하는 작업과 병행해서 진행"되었던 것을 기억하면, 김정은의 합법적 후계자 추대작업의 일환인 것이다.95) 이후 우연이라고 보기에는 또 필연적으로 갑자기 리면상이 등장한다. 등장한 리면상은 맥락 없이 음악의 천재인 김정일이 김옥성의 음악을 알아주었다고 전해준다. 디제시스의 시간이 1960년이면 김정일이 18세이므로 다소 억지스러운 것은 사실이다. 또한 영화가 김옥성이 갈등할 때마다 김정숙이나 김정일을 신이 내려와 모든 것을 해결하는 '데우스 엑스 마키나'로 처리하는 것은 분명 부자연스럽다.96) 그러나 역으로 부자연스럽기에 영화의 의도를 쉽게 포착할 수 있다. 영화는 부자연스러움을 무릅 쓰고 관객에게 갈등의 순간에 판단의 기준을 김정숙과 김정일

95) 권헌익·정병호, 『극장국가 북한』(창비, 2014), 85쪽.
96) Oscar G. Brockett, *History of the Theatre*(London: Allyn and Bacon, 1995), pp. 30~34.

에게 둘 것을 강조하는 것이다. '백두산 3대 장군의 형상화'라는 서브
텍스트는 이와 같이 변용된다.

어린 김정일이 아니라 성숙한 김정일의 인민사랑 일화는 플래시
백으로 〈최전연의 작은집〉에서도 나타난다. 다음은 렴민의 회상으
로 나타난 플래시백이다.

[표 32] 〈최전연의 작은집〉 세 번째 발견, 반전, 플래시백

렴민의 회상			

후송 도중 부상병을 위험에 빠뜨렸던 렴민.	김정일이 보낸 헬기로 부상병을 살릴 수 있었던 렴민.	렴민을 용서하며 전방치료대를 설치하라고 한 김정일.	김정일에 감격하여 이후 병사들에게 헌신하는 렴민.

영화는 헌신하는 렴민에게 특별한 과거를 만들어준다. 젊은 시절
렴민이 군의로 근무하면서 부상병을 후송하는 도중 위험에 빠뜨려
처벌을 받으려는 순간 김정일의 전언이 도착하여 처벌을 면한 사연
이다. 김정일은 후송 중인 병사가 위급해진 것은 렴민 만의 책임이
아니라고 본 것이다. 영화는 험한 지역에서 복무하는 렴민의 애로사
항을 멀리 평양에 있는 김정일이 알고 있었다는 것을 애써 강조한다.
이 일화 역시 사실일 수도 아닐 수 있다. 그러나 영화는 처음부터
설화를 통해 이 영화가 실제 있었던 일에 기초한다고 밝혔기에 플래
시백 역시 사실성을 획득한다.

이후 영화는 용서받은 이후의 렴민의 일상으로 점프하는데 이 장
면이 중요하다. 영화는 렴민이 아기를 안고 있는, 렴민의 부인이 감

격하는, 렴민과 아내가 행복한 시간을 보내는, 렴민이 병사들에게 둘러싸여 있는 숏을 배치함으로써 관객에게 렴민이 "김정일의 은혜로 행복한 삶을 지속" 했음을 세련되게 알려준다. 플래시백은 병사들에 대한 김정일의 사랑 일화를 사실로 확정하며 현재 누리는 행복이 김정일의 은혜에서 왔음을 강조하는 셈이다. 미성숙했던 렴민이 헌신하는 군의로 성장한 원인은 김정일의 사랑과 은혜 때문이라는 기의 발생 지점이다.

플래시백이 마무리 된 이후 카메라는 태웅을 클로즈업하는데 태웅은 초기보다 한층 더 성숙해 보인다. 이기적이었던 태웅이 '발견'에 들어간 것이다. 영화에서 인물이 변하는 결정적 계기는 플래시백, 다시 말하면 김일성, 김정일, 김정숙의 뜻과 은혜 기

[그림 17] 태웅의 성장

억인데 물론 이것은 관객을 향한 것이다. 플래시백은 '허구물에서 한 인간의 주관적 경험으로서의 역사를 제기하여 관객을 허구적 인물이 처한 허구적 사회현실과 동화"시키기 때문이다.[97] 영화는 렴민이 병사를 사랑하는 근원을 김정일의 사랑으로 제시하면서 관객이 서브텍스트 "김정일의 병사사랑"에 동화될 것을 요구한다고 하겠다.

이와 같이 김정은 시대 발견, 반전, 플래시백으로 북한 예술영화에 나타난 서브텍스트는 행동에서 김정일의 효성 기억하기, 전세대의 충성 기억하기, 김정일의 은혜 기억하기로 나타난다. 보다 더 구체적

---

97) Maureen Turim, *Flashbacks in Film: memory and history*(New York: Routledge, 1989), p. 2.

으로는 김일성과 김정일이 죽음을 무릅 쓰고 인민을 찾아왔던 것, 어린 김정일이 김일성을 보호하기 위해 사지(死地)에 가려했던 것, 전세대가 김일성을 위해 죽었던 것 등을 '기억하기'이다. 김정일 시대와 비교하면 '기억하기'가 공통점이다.

1.3. 인물의 목표와 심층

영화에서 인물은 서사를 전개하는 기능 이상의 의미를 갖는다. 시나리오(영화문학) 작가는 의식·무의식적으로 기의 전달에 유리한 인물의 직업, 성장배경, 성격 등을 설정하므로 '극중 인물은 의미 작용을 조직하는 기호'이다.[98] 이 장에서는 영화에 등장하는 인물의 특징을 발견하고 인물의 심층을 분석한다.

1.3.1. 김정일 시대

(1) 다양한 직업, 불우한 환경, 죄, 용서

김정일 시대에 제작한 영화의 주요 인물은 어떠한 환경에서 성장했으며 어떠한 배경을 갖는 것일까? 주요 인물의 특징은 먼저 직업이 다양하다는 점이다. 〈민족과 운명〉에서는 노동자, 전향한 노동자, 전직 스파이, 〈고요한 전방〉에서는 군인, 가정주부, 음악가, 〈그는 대학생〉에서는 대학생, 〈나의 아버지〉에서는 학생, 당비서, 노동자, 〈화성의숙〉에서는 학생, 서점주인, 농부 등 사회의 각 직업이 등장한

---

98) 스티븐 코헨, 임병권 옮김, 『이야기하기의 이론: 소설과 영화의 문화기호학』(한나래, 1997), 81쪽.

다. 영화의 등장인물은 영화가 메시지를 전달하고자 하는 계층과 친연성을 갖는다. 김정일 시대에 영화는 모든 계층의 관객을 염두에 둔 것이다.

다음 특징은 인물 대부분이 불우한 환경에서 자랐다는 점이다. 〈민족과 운명〉 30~32부에서 쇠물집 가장 강태관은 둘째 동생이 쇠물 가마에서 죽고 셋째 동생이 전쟁에서 죽는 시련을 겪었다. 강태관의 사위 진응산은 서울에서 피를 팔아 생계를 잇고 인력거꾼으로 여기저기 떠돌다가 미군의 군화에 짓밟히기도 했다. 〈고요한 전방〉에서는 특별히 불우한 환경의 인물은 나타나지 않지만 〈그는 대학생〉은 다시 불우의 서사를 보여준다. 영화는 진순금을 '비천한 어부의 자식'이라며 태생의 비천함을 강조하는데 진순금은 일찍 아버지와 어머니를 잃고 남의 집 빨래를 해주며 동생을 보살폈다. 이에 비해 윤빈과 윤정 남매는 다소 부유한 집안의 자녀로 설정되지만 아버지 사업이 파산하고 어머니가 울화병으로 죽은 슬픈 가족사가 있다. 현재 윤정은 아버지 사업을 위해 인질로 잡혀 있으며 친오빠 윤빈은 윤정의 감정과 관계없이 집안을 위해 윤정을 림학과 결혼시키려 한다. 친아버지와 친오빠에 의해 보호받지 못하는 윤정 역시 진순금 만큼은 아니지만 불행한 처지이다. 〈나의 아버지〉에서 주인공 은정은 어릴 때 고아가 되고 오빠와 헤어져 고모가 있는 섬에 들어가 살아야 했다. 그런데 은정의 고모 역시 일찍 부모를 잃은 고아로 친척집에 맡겨져 눈칫밥을 먹다가 엄동설한에 쫓겨나는 불우한 삶을 살았다. 〈화성의숙〉에서는 주인공 김성주를 제외한 상당수 인물이 불우한 과거를 겪는다. 리갑은 공산주의자 때문에 부모님을 잃고 구걸을 하면서 어린 시절을 보냈고, 은단은 일본 경찰에 의해 어머니를 잃고 인신매매단에 팔려가 탈출한 이력이 있다. 이같이 영화의 주인공이나 주요 인물 중 김성주(김일성)를 제외하면 평범한 가정에서 평범한 어린 시절을 보낸 인물은 드물다. 영화가 극적 효과를 위해 인물에 '불우한 가정사'를 배치하는 전형적 수법이다.

마지막 특징은 주요 인물이 죄를 지었거나 죄를 지었지만 용서받은 경력이 있다는 점이다. 〈민족과 운명〉의 진응산은 남반부에서 왔지만 김일성의 배려로 차별 없이 북한에 정착한다. 한때 집단보다 개인의 명예심을 먼저 생각한 바 있지만 김일성 일화를 듣고 감복하여 뉘우쳤다. 〈고요한 전방〉의 리명은 젊은 시절 대학진학 통지서에 마음이 들떠 적의 기습을 알아채지 못해 학근을 다치게 한 바 있다. 그러나 김일성 교시를 듣고 자신의 잘못을 진실로 뉘우치며 군복무에 앞장선다. 〈나의 아버지〉의 은정은 자신을 친딸보다 아껴주는 명규의 사랑을 알지 못하고 가출한다. 그러나 당비서 명규의 사랑을 깨닫고 자신의 잘못을 뉘우친다. 〈화성의숙〉에서 리갑은 김일성의 말을 듣지 않고 고집을 피우다 동료를 모두 죽게 한다. 동료의 분노를 사 스스로 자결하라는 요구까지 받았지만 김일성의 사랑으로 용서받고 김일성의 사랑에 감복하여 충성을 다한다.

이와 같이 주요 인물의 공통점은 불우한 가정사로 인한 자괴감, 죄와 용서의 체험이다. 이유가 무엇일까? 자괴감을 "사람이 자신의 무능력이나 무력함을 바라봄으로써 느끼는 슬픔(Humility is a sadness born of the fact that a man considers his own lack of power, or weakness)"으로 정의하기로 하자.[99] 인간은 자괴감에 허덕일 때 구원자를 갈망한다. 스스로 자신을 구원할 수 없기 때문이다. 김정일 시대 등장인물이

---

[99] Benedict de Spiniza, *A Spiniza Reader*, p. 192; 진태원, 본 연구자와 전화 인터뷰, 2016년 11월 2일.

인생반전을 경험하는 것은 모두 김일성과 김정일의 은혜를 입어서이다. 그들의 구원자는 김일성과 김정일이 되는 것이다. 디제시스 외부로 확장하면 영화는 관객에게 자괴감을 기억하게 한 이후, 구원자 김일성과 김정일에 의한 인생반전을 기대하라고 요구하는 셈이다.

(2) 김일성, 김정일, 조선 민족을 우선시하기

영화에서 인물은 누군가와 대립하고 누군가와 인접 관계에 있다. 그 관계 규정의 원동력이 인물의 심연이다. 다음은 인물의 목표와 그레마스 모델에 따라 모든 영화에서 인물의 목표, 관계, 심연을 분석한 것이다.

[표 33] 〈민족과 운명〉 30부 인물의 목표

인물	목표	변화
강태관	사위 진응산의 전처 공지순을 강선에 오게 한다.	
강준	진응산을 강선에서 내보낸다.	
강석	공지순이 강선에 오도록 동생 강옥을 설득한다.	
강옥	공지순이 강선에 오는 것을 막는다.	김일성을 모범으로 자신의 길을 간다.
진응산	강옥의 마음이 상하지 않게 한다.	

[표 34] 〈민족과 운명〉 31부 인물의 목표

인물	목표	변화
강옥	진응산을 격려하고 천리마작업반의 자격이 있음을 지배인에게 설득한다.	
진응산	열심히 생산력을 높여 천리마작업반을 탄다.	천리마작업반을 못 타도 열심히 일한다.
지배인	전향서를 썼다는 소문이 도는 진응산을 천리마작업반에서 제외한다.	
간첩	진응산이 남쪽에서 전향서를 썼다고 모함한다.	

[표 35] 〈민족과 운명〉 32부 인물의 목표

인물	목표	변화
강태관	강선의 모인 모든 사람이 하나가 되게 한다.	
강준	강석을 병원에 보낸다.	
강석	생명이 다할때까지 공장에서 일한다.	
진응산	천리마작업반에 못들자 일을 하지 않는다.	강태관의 말을 듣고 다시 영웅적으로 일한다.

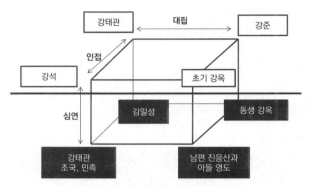

[그림 18] 〈민족과 운명〉 30부 표층과 심층

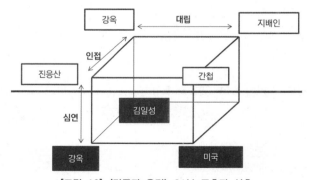

[그림 19] 〈민족과 운명〉 31부 표층과 심층

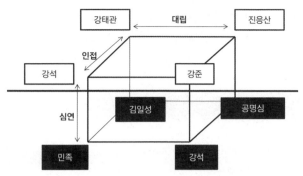
[그림 20] 〈민족과 운명〉 32부 표층과 심층

[표 36] 〈고요한 전방〉 인물의 목표

인물	목표	변화
리명	김정일의 전시긴장을 실천하기 위해 부대를 개선한다.	
학근	병사들의 편한 생활을 위해 공사를 완성한다.	공사를 포기한다.
정치위원	김정일의 전시긴장 실천을 위해 리명을 돕는다.	
명숙	조카 유성이 아빠인 리명과 살게 한다.	
명숙의 남편	훌륭한 첼리스트가 된다.	조국이 필요로 하는 사람이 된다.

[표 37] 〈그는 대학생이였다〉 인물의 목표

인물	목표	변화
진순금	김일성의 교시를 실천하기 위해 남쪽의 대학생들을 혁명화하고 윤빈·윤정 남매를 북으로 데려간다.	
한투석	김일성의 교시를 실천하기 위해 전선에 나가 싸운다.	
윤빈	아버지를 보호하기 위해 동생 윤정을 림학과 결혼시키고 림학의 요구를 들어준다.	진순금의 죽음으로 진실을 알고 북으로 간다.
윤정	진순금과 같이 김일성의 딸이 되기 위해 대학생들을 혁명화한다.	북으로 간다.
림학	미국의 요구대로 남쪽의 대학생들이 혁명화되는 것을 막고 윤정과 결혼한다.	

[표 38] 〈나의 아버지〉 인물의 목표

인물	목표	변화
은정	체조선수가 되기 위해 체조대학을 진학한다.	조국의 필요를 따라 경제건설현장에 나간다.(김정일의 배려로 체조대학에 진학함.)
효정	체조선수가 되기 위해 체조대학에 진학한다.	
당비서 진국	은정을 훌륭한 당의 딸로 기른다.	
당비서 명규	은정을 훌륭한 당의 딸로 기른다.	
은정고모	고아가 된 은정을 직접 기른다.	은정의 참된 교육을 위해 당에 지침을 따른다.
합숙어머니	은정이가 행복하도록 의식주의 뒷바라지를 잘 한다.	

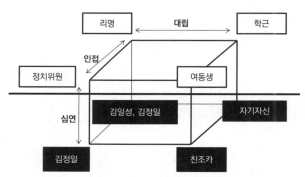

[그림 21] 〈고요한 전방〉의 표층과 심층

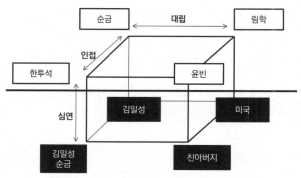

[그림 22] 〈그는 대학생이였다〉 표층과 심층

[표 39] 〈화성의숙에서의 한해여름〉 인물의 목표

인물	목표	변화
김성주	민족주의와 공산주의의 한계를 극복하고, 주의주장과 파벌싸움을 몰아내어, 인민대중 중심의 국가건설을 위해 공산주의전위조직을 결성한다.	
마필천	돈을 위해 일본의 지시대로 공산주의자들을 처형하고 자신의 정체를 아는 최선생과 은단을 죽인다.	
리갑	부모형제를 죽인 공산주의자들을 뿌리 뽑고 김성주가 공산주의자가 되는 것을 막는다.	김성주의 공산주의전위조직을 같이 결성한다.
은단	최선생의 지시에 따라 오사령관에게 마필천이 일본의 첩자임을 알린다.	(김성주를 만난 이후) 김성주를 돕는다.
고석파	의숙생들이 공산주의에 물들지 않게 하며, 공산주의자들을 처단한다.	김성주의 새조직결성을 돕는다.
의숙생들	독립을 위해 김성주를 보호하며 김성주의 뜻을 따른다.	

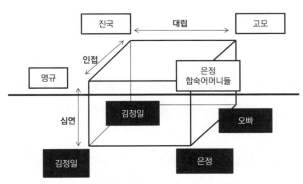

[그림 23] 〈나의 아버지〉 표층과 심층

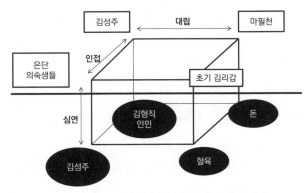

[그림 24] 〈화성의숙에서의 한해 여름〉 표층과 심층

표에서 나타나듯이 〈민족과 운명〉 30부와 32부 강태관의 심연에 김일성이, 31부 강옥의 심연에 김일성이 위치한다. 〈고요한 전방〉에서 리명의 심연에는 김일성과 김정일이, 〈그는 대학생〉에서 진순금의 심연에는 김일성이, 〈나의 아버지〉 진국의 심연에는 김정일이, 〈화성의숙〉에서 김성주의 심연에는 김형직과 인민이 있다. 김정일 시대 주요인물의 심연은 김일성, 김정일, 조선 민족인 것이다. 다음 〈나의 아버지〉의 한 장면은 심연의 의미를 잘 말해준다.

명규: 은정아, 그건 내가 사람이 좋아서두 아니고 또 내가 높아서두 아니란다⋯ 그건 엄마같은 사랑으로 품어주기 때문이지.
은정: 아저씨가 엄마요?
명규: 그래. <u>우리 장군님은 저 하늘의 해님이라면 우리들은 해살처럼 장군 님의 따뜻한 사랑으로 사람들을 보살펴준단다.</u>
은정: 장군님의 사랑으로요? 비서 아저씬 장군님을 만나보셨나요?
명규: 아니, 만나뵙진 못했다. 하지만 늘 마음속에 모시구 살지. 함께 의논도 하시구 안타까울땐 가르쳐주시구⋯ (밑줄은 필자)

영화는 명규를 김정일을 직접 만나지는 못했지만 늘 김정일과 함께하며 김정일을 "마음속에 모시고" 살며 마음속으로 김정일과 의논하고 김정일에게 가르침을 받는 인물로 재현한다. 영화는 더 나아가 김정일을 '해'로 비유하며 명규를 '해살'에 비유한다. 영화의 의도는 물론 명규와 일반 관객을 동일시하는 것이다. 이와 같이 김정일 시대 모든 영화는 주인공의 심연에 김일성과 김정일을 설정함으로써 관객의 행동기준을 김일성과 김정일로 삼도록 한다. 서브텍스트 '붉은 기 사상으로의 일색화', '수령의 사상에 기초한 일심단결'이 텍스트

에서 이 같은 양상을 가져온 것이다.100)

한편 영화는 심연의 대립으로 가족, 공명심, 자기 자신, 미국, 돈을 위치시키는데 가족, 공명심, 자기 자신 등은 이항대립에서 다루었으므로 미국과 돈을 주목하기로 한다. 김정일 시대 간첩의 심연이 북한의 표현을 옮겨 '미제국주의'라는 점이 흥미롭다. 영화는 진응산을 괴롭히는 실체는 표면에서는 간첩이지만 심연을 미국으로 설정하며 간첩을 '미국 놈의 앞잡이, 양키 놈의 사주'로 표현한다.

한가족의 불행사에서 분단민족의 불행을 절감하게 하는 이러한 화폭들에서 영화는 미제야말로 우리 민족에게 온갖 불행과 재난을 가져다준 장본인이며 그 원한의 상처는 대를 두고 고통을 주고 있다는 것을 힘있게 폭로규탄하고 있는것이다.101)

평론은 강태관 가족의 불행을 미국이 가져온 것으로 설정하며, 외부세계를 협력의 대상이라기보다는 원한의 대상으로 고착시켜 북

---

100) 김정일 시대에 '붉은기 사상' 담론은 다음과 같다. "… 굴종을 모르는 인간의 높은 존엄과 불타는 정열이 진한 피로 물들여져있는 붉은기는 공산주의자들의 가장 아름다운 리상과 희망의 표대이며 그 실현을 위하여 청춘도 생명도 서슴없이 바쳐싸우는 굳은 신념의 상징이다.…조선의 공산주의자들은 혁명의 길이 아무리 험난하고 가는 앞길에 설사 지뢰밭이 가로놓인다 해도 당이 가라면 용감하게 그 길을 가며 끝까지 주체의 한길, 혁명의 한길로 나아간다. 이것이 혁명의 철학, 우리 당의 붉은기의 철학이다."(밑줄은 필자), 리종태·동태관, 「(정론) 붉은기를 높이 들자」, 『로동신문』, 1995년 8월 28일; "시대와 력사앞에 지닌 숭고한 사명을 다하기 위하여서는 전당, 전군, 전민이 붉은기를 높이 추켜 들고 김정일동지를 수반으로 하는 우리 당중앙위원회의 두리에 굳게 뭉쳐 억세게 싸워 나가야 한다. ≪붉은기를 높이 들고 사회주의조선의 기상을 힘 있게 떨치자!≫, 이것이 우리가 들고 나가야 할 투쟁과 전진의 구호이다", "붉은기를 높이 들고 새해의 진군을 힘차게 다그쳐 나가자", 『로동신문』, 1996년 1월 1일; 박대순, 「조국해방전쟁시기 인민군군인들의 형상창조에서 나서는 몇가지 문제」, 32~34쪽.

101) 강진, 「위대한 〈쇠물철학〉의 진리성을 보여준 시대적 명작」, 40~43쪽.

한 주민의 적개심을 주조한다. 〈민족과 운명〉이 그 적개심을 폭로하기에 의미 있다는 것이며 북한 주민은 오로지 서로 돕고 이끌어야 한다는 것이다. 그런데 영화는 미제국주의를 '돈'으로도 변용한다. 〈화성의숙〉에서 주목하고자 하는 것은 김성주와 대립관계에 있는 마필천의 심연에 '돈'이 자리한다는 점이다. 영화는 마필천이 동료를 팔고 최선생까지 처형한 이유를 돈의 숭배로 놓는다.

> 최선생: 마필천 이놈! 군자금을 탕진하구 무고한 사람들을 파리잡듯한 게 네놈이 아닌가?!
> 일본령사: 내가 최가를 없애려고 한 것은 당신을 구원하기 위해서였소. 최가는 정의부군사위원이라는 당신이 독립군군자금을 탕진한걸 알고있은뿐더러 우리 령사관에 드나들구있는것까지 눈치채고 있었단말이요.

마필천은 돈을 숭배하기 때문에 인민을 위해 사는 김성주와 대립관계에 있을 수밖에 없다. 흥미로운 점은 영화가 마필천의 심연을 교정 가능한 것으로 설정하지 않는다는 것이다. 일부 인물은 김성주의 인간애와 헌신에 교정되지만 마필천은 마지막까지 뉘우치지 못하고 비참한 죽음을 맞는다. 영화가 자본주의적 욕망에 대해서는 전혀 관용을 베풀지 않는 것을 알 수 있다. '돈'에 대한 경계는 〈그는 대학생〉에서도 나타난다. 림학은 표층에서 순수과학 옹호자이지만 영화는 림학의 심연을 다른 것으로 유도한다.

> 림학: 빈군, 류네쌍스의 대명화 라파일이 설사 살아있다 해도… 바야흐로 우리 부친을 따라 부산으로 락향한 윤양의 부친도 백만장

자가 되어 돌아올게고…

(쫀두이의 초상이 그려진 잡지 하나를 흔들여 웨치는 림학)

영화는 림학을 서양의 잡지, 서양의 그림, 서양의 음악과 연결하며 백만장자를 꿈꾸는 인물로 돈을 이용해 윤빈을 협박하는 물질만능주의자로 재현한다. 림학은 서양의 문화를 즐기며 돈을 숭배하고 돈으로 협박하는 인물인 것이다. 그런데 이런 인물의 정체는 다음과 같다고 영화는 말한다.

진순금: 그럼 당신은 〈학도 호국단〉의 요원이고?
　　　(…중략…)
　　　(드디여 림학에게 조여드는 청년들.)
청년들: 림학이 정체를 밝히라.
　　　(독이 차오르는 림학의 눈빛. 살기띤 웃음, 조용히 권총을 꺼내
　　　들며 소리친다.)
림학: 난 이런 사람이다. 첩보대 비밀소위 림학이다.
　　　(…중략…)
진금순: 대학생의 탈을 쓴 미국놈의 개.

영화는 림학을 미국의 지시를 받는 인물로 설정한다. 진순금의 표현을 빌려 '미국 놈의 개'였기 때문에 모든 것을 돈으로 해결하고, 윤빈과 윤정 남매가 전향하려 할 때 폭력을 사주하면서까지 막고, 윤정이 말을 안 듣자 윤빈이라도 데리고 도망간 것이다. 영화가 윤빈과 윤정을 변하는 인물로 설정한 반면 림학을 마지막까지 변하지 않는 인물로 설정한 것을 보면 확실히 미국이나 북한의 표현을 빌어

'자본주의의 앞잡이'에 대해서는 한층 엄격한 입장이라는 것을 알
수 있다. 관객이 외부세계에 적개심을 품도록 유도하는 것으로 '외부
세계의 불건전한 사상방지'라는 지침이 수행되는 지점이다.

이와 같이 김정일 시대 영화를 인물의 자서전, 관계, 심층에서 분
석했을 때 영화가 서브텍스트를 김일성과 김정일 사상 기억, 핍박받
던 자신을 구원한 김일성 은혜기억, 돈에 초월하기 등으로 변용하는
것을 알 수 있다.

1.3.2. 김정은 시대

(1) 군 관련 직업, 불우한 환경, 죄, 용서

김정은 시대 영화에 등장하는 인물의 특징은 군 관련 직업이 상당
수를 차지한다는 점이다. 〈들꽃소녀〉의 인물은 모두 군인이며, 〈폭
발물 처리대원〉은 보안원이며, 〈최전연의 작은집〉에서도 인물의 직
업은 모두 군인이다. 〈종군작곡가 김옥성〉에서 인물의 직업은 다수
가 음악과 관련 있는데, 배경 중 한국전쟁 기간에는 군복을 입은
군인의 모습으로 재현된다. 김정은 시대에는 군 관련 인사가 메시지
전달 대상인 것이다.

다음 특징은 주요 인물이 어두운 과거가 있으며 죄를 짓고 용서를
받은 체험이 있다는 점이다. 〈들꽃소녀〉에서 주인공 정희에게는 부
모님이 부재하며 할아버지만이 가족으로 나온다. 명호 역시 한국전
쟁 시기 아버지가 전사하여 편모슬하나 고아로 설정된다. 결손가정
의 자녀인 것이다. 〈종군작곡가 김옥성〉에서 김옥성은 영화의 설명
에 의하면 출신이 비천하다. 영화는 김옥성이 어린 시절 어머니가
일하는 바닷가에서 혼자 시간을 보내는 숏, 바닷가에 놀러온 일본

지주에게 수모를 받는 숏을 통해 김옥성의 비참한 어린 시절을 재현한다. 어두운 시절, 죄, 용서가 인물구축에서 중요한 요소이다.

다음 특징은 주요 인물이 김일성이나 김정일에게 또는 북한 주민에게 죄를 짓고 용서를 받거나 은혜를 입은 경력이 있다는 점이다. 〈들꽃소녀〉의 춘배와 명호 아버지는 죄를 지은 것은 없지만 김일성이 전쟁터를 찾아주는 은혜를 체험한 바 있다. 〈폭발물 처리대원〉의 진욱과 경진은 도서관에 갈 욕심으로 아이들을 위험에 처하게 한 죄가 있고, 〈종군작곡가 김옥성〉에서 김옥성은 모두 자신의 실력을 의심할 때 김정일만이 자신의 실력을 인정해주는 은혜를 체험한 바 있다. 〈최전연의 작은집〉에서 렴민은 실수로 병사를 위험하게 했을 때 김정일의 은혜로 사면 받은 바 있다. 어두운 과거의 의미와 서브텍스트와의 관계는 앞장 김정일 시대에서 설명했으므로 생략하기로 하겠다. 다만 김정은 시대 주요 인물의 공통점이 군 관련 직업과 불우한 환경, 최고 지도자에게 큰 은혜를 입거나 죄를 용서받은 체험이 있다는 것을 기억하고자 한다.

(2) 김일성과 김정일을 결사옹위 하기

김정은 시대 영화에 등장하는 인물의 심연과 심연의 대립을 살펴보기로 한다. 다음은 인물의 목표, 관계, 심연을 그레마스의 모델에 따라 분석한 것이다.

[표 40] 〈들꽃소녀〉 인물의 목표

인물	목표	변화
정희	김정일의 안위를 지키기 위해 비행기의 결함을 주장한다.	
장미	이름을 내기 위해 분대장과 선배병사들과 좋은 관계를 유지한다.	김정일의 안위를 위한 군복무를 한다.
춘배	김일성·김정일이 비행장을 찾은 은혜를 기억하며 손녀 정희가 대를 이어 김정일에게 충성하도록 교육한다.	
명호	아버지의 뜻을 받들어 병사들을 티없는 김정일의 아들딸로 길러내며 정희가 소신있게 행동하도록 도와준다.	
영미	분대장으로 신입병사들의 군복무 안착을 돕는다.	
인석	규율을 잘 지키며 편안한 군 생활을 하고 제대한다.	김정일의 안위를 위한 군복무를 한다.

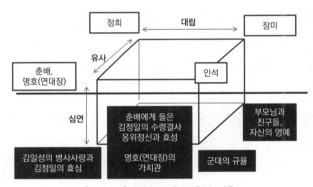

[그림 25] 〈들꽃소녀〉 표층과 심층

[표 41] 〈폭발물처리대원〉 인물의 목표

인물	목표	변화
진욱	자기의 앞날을 위해 대학에 진학한다.	김정일 보호를 위한 폭발물을 제거를 위해 죽음을 선택한다.
경진	자기의 앞날을 위해 대학에 진학한다.	조국을 위해 대학에 진학한다.
태복	수령결사옹위를 위해 미국이 심어놓은 모든 폭발물을 제거한다.	
경심	남편 진욱이 일을 잘하도록 돕는다.	
유철	아버지의 명예를 지키기 위해 재탐사를 막는다.	조국을 위해 재탐사를 돕는다.

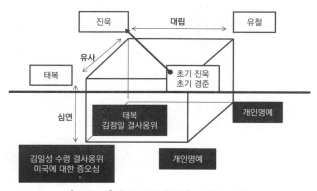

[그림 26] 〈폭발물처리대원〉 표층과 심층

[표 42] 〈종군작곡가 김옥성〉 인물의 목표

인물	목표	변화
옥성	음악계의 비평에 굴하지 않고 김일성의 교시에 따른 음악을 작곡한다.	
찬명	음악계에서 자신의 지위보존을 위해 옥성이 곡을 수정하도록 한다.	자신의 삶을 후회한다.
현심	학생들을 가르치는데 선생의 품위(현심의 기준으로)를 유지하며 권위를 지킨다.	학생들을 이해하며 동고동락하면서 가르친다.
부수상	김옥성이 곡을 수정하여 외국의 노래를 모방한 곡을 작곡하도록 한다.	
동혁	외국의 것을 모방한 세련된 곡을 작곡한다.	노동자들이 즐길 수 있는 조선 선율의 곡을 작곡한다.
리면상	김일성·김정일의 교시를 김옥성에게 전해주어 소신을 갖도록 한다.	

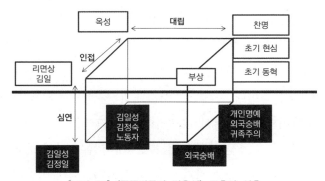

[그림 27] 〈종군작곡가 김옥성〉 표층과 심층

[표 43] 〈최전연의 작은집〉 인물의 목표

인물	목표	변화
렴민	김정일의 교시를 받들어 병사들을 사랑으로 돌본다.	
태웅	최전방에서의 근무를 토대로 군의학계의 패권을 장악한다.	병사들을 진심으로 돌본다.
선화	대학을 진학하여 최전방 초소를 벗어난다.	병사들을 진심으로 돌본다.
철수	자신이 맡은 소대가 지적받지 않도록 병사들을 엄격하게 교육한다.	병사들 각각의 사정을 이해하며 사랑으로 교육한다.

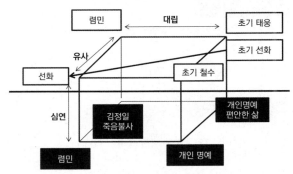

[그림 28] 〈최전연의 작은집〉 표층과 심층

표에서 나타나듯 〈들꽃소녀〉에서 정희의 심연은 할아버지 춘배와 연대장이다. 그런데 영화는 춘배나 연대장을 메신저로 설정하여 춘배가 손녀 정희를 교육할 때 자신의 신념이 아닌 김일성과 김정일의 신념을 전달하도록 한다. 따라서 정희의 심연에는 수령을 결사 옹위하는 어린 김정일의 효성과 자신의 마음을 알아주는 김정일의 은혜가 위치하는 셈이다. 주목할 것은 이 문법이 김정은 시대 모든 영화에 통용된다는 점이다. 〈폭발물 처리대원〉에서 진욱의 심연에는 태복이 위치하지만 태복 역시 매개자이며 심연에는 김정일 결사옹위 정신이 위치한다. 〈종군작곡가 김옥성〉에서 김옥성의 심연에도 김일성, 김정일, 김정숙, 노동자가 모두 위치하며 〈최전연의 작은집〉에서 렴민의 심연에도 김정일을 위한 죽음 불사가 위치한다. 전체적으로 김정은 시대 인물의 심연에는 김일성과 김정일 결사옹위가 더 큰 비중을 차지한다.

가장 극명한 예는 〈폭발물처리대원〉에서 나타난다. 영화에서 태복은 내내 "인간으로 성장해가는 진욱이가 대견해 결혼문제까지 관심을 돌려주는" 자상한 대장이지만 미국에 대해서는 적개심을 감추지 않으며 미국의 폭탄을 현재도 위협의 근원으로 여긴다.[102]

> 진욱: 저, 한가지 물어볼수 있습니까? 대장동진 그동안 다른데서 일할
>   수도 있었겠는데 왜 위험한 일을 계속하십니까?
> 태복: 뭐랄까?… 동무들이 말하는것처럼 위험한 일이기 때문에 하지.
>   그 룡산소학교 수영장이 생각나오? 그 학교아이들이 우리가 없
>   었더라면 어떻게 될뻔했소? 그리고 이 나라의 모든 지맥이 우리
>   혁명의 심장인 평양과 잇닿아있다는 책임감으로 늘 어깨가 무거
>   워지군 하오.
> 　　　　　(생각이 깊어지는 진욱)

태복의 대사와 같이 영화는 위험한 일은 피할 것이 아니라 위험하기 때문에 감수해야 하며 그 이유는 평양과 연결되기 때문이라고 관객을 교육시킨다. 영화는 관객에게 위험한 일이라도 최고지도자와 연결된다면 늘 앞장 설 것을 강조하는 것이다. 태복의 심연에는 미제국주의에 대한 경계심과 최고 지도자 수호정신이 자리하는 것

---

102) 심영택, 「(평론) 운명적인 선택으로 이어지는 극의 세계: 예술영화 〈폭발물처리대원〉을 보고」, 『조선예술』 9호(2012), 59~61쪽.

이다. 태복의 영향으로 진욱의 심연에도 수령결사옹위가 자리한다. 진욱은 김정일이 현지지도하는 철교근처에 폭탄물이 있다는 것을 알고 김정일의 안전을 위해 폭발물을 메고 산으로 들어간다.

[표 44] 폭발물을 메고 산으로 들어가는 진욱

> 진욱: 춘성동무, 모든 사람들이 우리 장군님 가까이로 가도 우리 폭발
> 물처리대원들은 이 땅의 모든 위험을 걸어안고 멀리, 더 멀리
> 가야 하오.
> (산등성이를 넘어가는 진욱과 춘성, 붉게 물든 산말, 진욱의 마
> 음속 소리)
> 진욱: 경애하는 최고 사령관 동지, 제 한생 폭발물을 안고 멀리 가면서
> 도 마음은 장군님 가까이로 갔습니다. 지금 내가 가는 이 길도
> 장군님 가까이로 가는 길이기에 웃으면서 갑니다. 장군님, 부디
> 건강하십시오.
> (노을비낀 산발에 울리는 요란한 폭음, 폭음속에 날아가는 새무리)

영화가 이 장면을 시각적으로 공을 들였다는 것은 쉽게 알 수 있다. 황혼이 배경인데 황혼은 "매직 아워, 다시 말해서 태양이 밤에게 이 세상을 넘겨주기 직전, 대략 낮의 마지막 시간을 나타내기 위해 촬영기사들이 사용하는 용어이다. 이 짧은 시간이 지나가는 동안,

그림자는 부드럽고 길게 늘어지고, 사람들은 머리 위가 아니라 측면에서 빛을 받으면서 금빛 후광으로 둘러싸여 있으며, 풍경 전체가 밝은 홍조를 띠고 있다. 당연히 하루에 한 시간씩 촬영하므로 비용도 많이 들고 시간 소비도 많지만 아름답기 때문에 탐내는 시간"이다.103) 성장한 진욱은 "얼마든지 화려한 생활을 누릴수 있는 행복의 길, 어찌 보면 남들보다 더 최상의 특전을 받을수도 있는 삶의 길을 마다하고 오직 죽음을 맞받아가는 주인공의 운명적인 선택"을 한다.104) 붉은 노을과 클로즈업된 진욱, 철길, 진욱의 뒤에 비치는 어슴프레한 태양은 숭엄함과 최고지도자로 가는 길이라는 기의의 기표이며 진욱을 영웅으로 부각시킨다. 평론은 진욱이 죽음을 향해 가면서 웃을 수 있는 이유가 "비록 몸은 죽지만 김정일에게 가까이" 가기 때문이라고 설명한다.

사람마다 때가 오면 자기의 희망, 자기의 리상에 따라 자기가 걸어갈 인생길을 선택할 권리를 가진다… 자신을 위한 인생선택은 아무나 할 수 있다. 그러나 그러한 선택도 수령과 조국이 귀중함을 그 어느때보다 뼈에 사무치도록 절감하고 그것이 각자의 운명을 좌우하는 문제와 심각히 결부될 때라야 운명적인 선택으로 되는 것이다. … 머나먼 북변땅을 찾아 현지지도의 길을 이어가시는 장군님의 안녕을 지켜 스스로 택한 재탐색의 길에서 한목숨 서슴없이 바친 영화의 주인공처럼 자신의 운명우에 조국의 운명, 수령결사옹위를 먼저 놓자.105)

---

103) 로이스 자네티, 박만준·진기행 옮김, 『영화의 이해』, 45쪽.

104) 심영택, 「(평론) 운명적인 선택으로 이어지는 극의 세계: 예술영화 〈폭발물처리대원〉을 보고」, 60쪽.

105) 위의 글, 61쪽.

인간은 선택할 권리가 있지만, 자신을 위한 선택은 '아무나' 할 수 있으며, 바람직한 선택은 수령과 조국을 위한 것이라야 한다는 것이다. 결국 관객이 해야 할 선택은 자신의 운명위에 조국과 수령옹위를 먼저 놓아야 하며 '인생의 좌표'를 재설정해야 한다. 김정일 시대 〈고요한 전방〉이 수령결사옹위와 전시긴장을 강조하였듯이, 김정은 시대 〈폭발물처리대원〉도 인물의 심연에 서브텍스인 수령결사옹위정신이 위치하는 것이다.

한편 영화는 심연의 대립에 가족, 개인명예, 부유한 삶, 외국 문화 동경을 위치시킨다. 이중 가족, 개인명예, 부유한 삶 등은 이항대립에서 다루었으므로 이 장에서는 〈종군작곡가 김옥성〉에 나타난 '외국 동경'을 살펴보기로 한다. 김옥성은 초기의 찬명, 현심, 동혁과 대립하며 리면상, 김일과 인접관계에 있다. 그리고 리면상은 부상과 대립하며 김일과 동일한 관계에 있다. 김옥성이 초기 동혁이나 부상과 대립하는 표면적 이유는 김옥성은 인민을 위한 음악을 작곡하는 반면, 초기 동혁은 멋있는 음악을 창작하는 것이, 부수상은 외국의 것을 모방하는 것이 목적이기 때문이다. 특히 부수상은 '외국의 것'이 우월하다는 의식을 갖는다. 영화는 리면상의 대사를 통해 부수상을 관객이 어떻게 받아들여야 할지를 알려준다.

리면상: 이 노래는(옥성의 노래) 조국의 아픔을 심장에 안고사는 창작
　　　 가들의 애국의 마음이 절절하게 안겨오는 노래라고 하시면서 이
　　　 렇게 말씀하시였소. 진심으로 조국을 사랑하는 사람은 지금 조
　　　 국이 아파하는 것, 조국에 아직은 부족한 것을 자기의 아픔으로
　　　 안고사는 사람이다. 지금 전쟁을 갓 겪구 모든 것을 새로 시작하
　　　 는 조국에는 부족한 것이 너무도 많다. 어떤 사람들은 그 부족하

고 모자라는 것부터 떠들며 다닌다. 그러나 진짜애국자는 조국의 아픔을 자기의 아픔으로 안고 그 아픔을 메우려 한생을 바쳐간다고, 우리 작가, 예술인들은 바로 김옥성동무처럼 그렇게 조국의 아픔에 심장을 맞대고 사는 열렬한 애국자가 되어야 한다고 뜨겁게 말씀하시였소.

영화는 '조국의 부족한 것'이라 표현하며 북한의 문제점을 나름 인정하는 세련성을 보여준다. 그럼에도 불구하고 문화부 부상과 같은 인물을 자기 나라의 부족점을 떠들며 외국의 것만을 추종하는 부정 인물로 설정한다. 영화에서 변하지도 않고 후회하지도 않는 인물이 부상인 것은 영화가 그만큼 부상을 부정적으로 재현한다는 의미이다. 김정은 시대에는 개인의 명예추구나 귀족주의는 용서받을 수 있지만, 외국의 것을 추앙하는 것은 용서받을 수 없었던 것일까? 북한에서 김옥성 음악이 "조국에 대한 열렬한 사랑과 원쑤에 대한 불타는 증오심을 불러일으키"는 것으로 그 가치를 인정받았다면106) '외국의 것을 숭배'하는 부상의 심연은 가치를 논할 수도 없는 불의이다. 〈종군작곡가 김옥성〉은 외국의 것을 추앙하는 고급 관료인 부상에 대해 엄격한 입장을 취함으로써 서브텍스트인 자본주의 문화 추종을 경고하는 것이다.107)

---

106) 강정순, 「노래는 심장에서 우러나와야 명곡으로 될수 있다: 작곡가 김옥성의 전시가요를 놓고」, 30~31쪽.
107) "제국주의 사상 문화적 침투를 분쇄하고 이색적인 생활풍조를 뿌리 뽑기 위한 투쟁을 강도높이 벌림으로써 온 사회에 혁명적이며 건전한 분위기가 차 넘치게 하여야 한다", 『로동신문』, 2012년 1월 1일; "현 시기 제국주의자들이 진보적인 나라들에 대해 와해수법, 심리전에서 특별히 힘을 넣고 있는 것은 사상문화적 침투이다. 제국주의자들은…자본주의의 '우월성'과 '자유화'바람을 불어넣고 있다. 그들은…반동적 선전물들을 불순분자들에게 전파하고 각종 류언비어를 퍼뜨리며 혼란과 분렬이 일어나도록 악랄하게 책동

이와 같이 김정은 시대 영화를 분석했을 때 '김일성과 김정일 결사 옹위' 서브텍스트는 자신의 죄를 용서한 김일성과 김정일 은혜 기억하기, 출세 지향적 삶을 경계하기, 최전방에서 근무하기, 외국 문화를 동경하지 말기 등으로 나타난다. 더불어 기억할 것은 앞에서도 언급했지만 이 과정에서 군 관련 인물의 경계가 부쩍 상승했다는 점이다.

2. 영화에 나타난 감정

이 장에서는 서사구조, 주제가 선율, 감정 어휘를 통해 영화에 나타난 감정을 분석해보고자 한다.108)

2.1. 서사 구조

2.1.1. 김정일 시대

김정일 시대에 제작한 영화는 모두 이야기와 서사가 일치한다. 영화의 서사구조, 설화, 보조서사, 주제가의 개입 등을 분석하여 표로 제시하면 다음과 같다.

하고 있다", "제국주의의 사상문화적 침투책동을 분쇄하여야 한다", 『로동신문』, 2012년 1월 30일.
108) 이 글에서 구조적 도형은 안민수가 제시한 구조를 활용하기로 한다. 안민수, 『연극연출: 원리와 기술』, 129쪽.

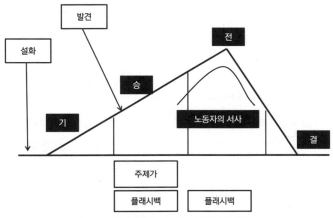

[그림 29] 〈민족과 운명〉 30부 서사구조

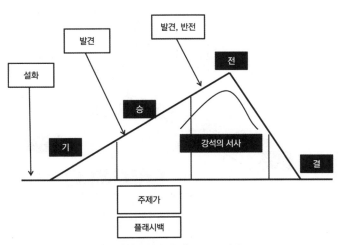

[그림 30] 〈민족과 운명〉 31부 서사구조

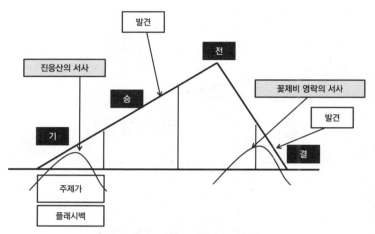

[그림 31] 〈민족과 운명〉 32부 서사구조

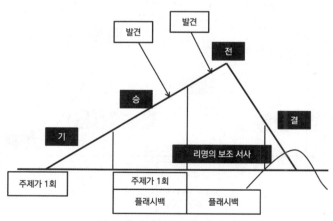

[그림 32] 〈고요한 전방〉 서사구조

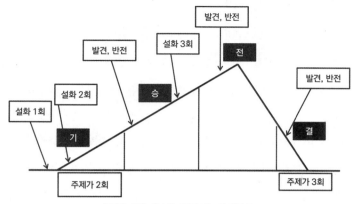

[그림 33] 〈나의 아버지〉 서사구조

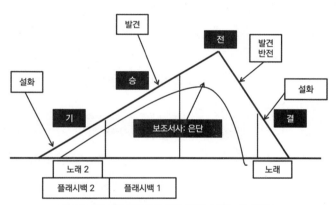

[그림 34] 〈화성의숙에서의 한해 여름〉 서사구조

분석결과 김정일 시대 모든 영화가 기승전결 구조를 사용하며 대부분 설화, 음악, 보조서사를 활용한다는 사실을 도출했다. 음악에 대해서는 2장에서 다루기로 하고 이 장에서는 구조, 설화, 보조서사에 대해 살펴보기로 한다.

(1) 기승전결 구조

영화는 모두 기승전결의 아리스토텔레스적 구조이다. 〈민족과 운명〉 30부 초 목표는 "김일성의 교시에 따라 1만 톤 강재 생산을 위해 분투하던 강옥이 남편의 본처가 살아있다는 소식에 좌절하지만 마음을 다잡아가는 과정"이다. 강옥의 중심서사와 노동자의 보조서사가 같이 흘러가는데 중심서사 구조는 명백히 아리스토텔레스적 기승전결로 구조 자체가 관객의 감정이입과 카타르시스를 유도한다.

〈민족과 운명〉 31부도 동일한 맥락이다. 초 목표는 "진응산의 전처에 대해 입장을 정리한 강옥이 간첩으로 모함 받은 진응산을 격려하고 작업장에 활기를 불어넣는 과정"이다. 서사구조는 아리스토텔레스적 기승전결 구조인데 〈민족과 운명〉 32부에서도 영화는 같은 장치를 반복한다. 32부는 강태관의 둘째 아들 강석과 그의 애인 송옥이 중심이다. 영화는 영도가 유복자인 아들과 용해공아파트에 살고 있는 외숙모 송옥을 인터뷰하면서 시작한다. 영화의 초 목표는 "송옥이 시한부 판정을 받은 강석과 결혼하지만 결국 강석이 사망함으로 강석을 대신해 천리마 설계기사로 거듭나는 과정"이며 서사구조는 30부와 31부처럼 아리스토텔레스적 구조이다.

〈고요한 전방〉 초 목표는 "리명이 젊은 시절 도움을 받았던 부연대장 학근의 잘못을 발견하고 고민하지만 김일성과 김정일 교시를 기억하여 지적함으로 부대를 개선하는 과정"이다. 서사구조는 아리스토텔레스적 기승전결이며 중심서사와 보조서사 모두 리명을 주인공으로 한다. 중심서사는 아리스토텔레스적 구조로 관객의 감정이입과 동화를 유도한다.

〈그는 대학생이였다〉 초 목표는 "진순금이 한국전쟁시기 김일성 교시에 따라 서울의 대학생들에게 정치공작을 하는 과정"이다. 서사는 진순금을 아는 사람들이 과거를 회상하는 방식으로 전형적인 '전기적 플래시백'이다.[109] '전기적 플래시백'은 관객의 적극적 판단이 개입할 수 있는 방식이지만 〈그는 대학생이였다〉는 인과관계 구조를 취함으로 관객의 판단보다는 동화를 이끌어낸다.

〈나의 아버지〉 초 목표는 "부모님을 잃고 마음을 닫은 은정이가 당의 배려로 성장하며 두 당비서를 만나면서 자신을 키워주는 아버지가 김정일이라는 것을 확신하는 과정"이다. 서사구조는 아리스토텔레스적 기승전결 구조이며 은정의 서사가 중심서사이다.

〈화성의숙〉은 이야기와 서사가 일치한다. 영화에서 김일성은 김성주로 등장하며 서사는 김성주가 화성의숙에서 의숙생으로 훈련 받는 장면부터 시작한다. 영화의 초 목표는 "김일성이 민족주의와 공산주의의 한계를 깨닫고 민중 중심의 새로운 역사를 만들고자 〈ㅌㄷ〉를 결성하는 과정"이다. 서사구조는 (전)으로 치달았다가 해소되는 전형적인 아리스토텔레스적 구조이다. 〈화성의숙〉은 (전)에서 발견과 반전을 배치한다는 면에서 김정일 시대 영화 중 "대체로 극의 마지막 부분에 있는 것이 보통으로 이 속에서 반전이 이루어지면서 대단히 급하게 대단원 혹은 해결의 장에 이르게 되는" 아리스토텔레스적 구조에 가장 충실한 영화라 할 수 있다.[110] 특히 (전)에서 나리의 죽음은 관객의 연민을 끌어내어 (결)의 카타르시스를 유도한다. 이와 같이 김정일 시대 모든 영화는 관객의 감정이입과 동화를 목표로 하는 아리스토텔레스적 서사구조를 취한다. 대중의 정서에 강력하게 파고들 수 있는 구조적 장점을 최대한 활용하는 것이다.[111]

---

109) 이명자는 〈민족과 운명〉을 '전기적 플래시백'으로 설명한 바 있다. 이명자, 『북한 영화와 근대성』, 75쪽.
110) 안민수, 『연극연출: 원리와 기술』, 130쪽.

(2) 설화와 보조서사 활용

〈민족과 운명〉 30~32부, 〈나의 아버지〉, 〈화성의숙〉 모두는 설화와 보조서사를 적극적으로 활용한다. 〈민족과 운명〉 30, 31, 32부는 프롤로그부터 남성의 목소리로 설화를 들려준다.

인간의 아름다움은 그가 가장 행복했을 때보다도 불행을 이겨냈을 때라고들 한다. 〈천리마작업반운동〉의 선구자들이였던 길확실, 리신자, 정춘실, 주성일 등과 나의 부모님들… 〈하나는 전체를 위하여, 전체는 하나를 위하여〉라는 류례없는 고상하고 아름다운 인관관계가 창조되던 그 시기 불행도 슬픔도 함께 나눈 유명무명의 선구자들을 어찌 다 헤아릴수 있겠는가? (30부)

민족의 단합을 파괴하려는 계급적원쑤들의 준동은 전후시기를 거쳐 사회주의건설시기에도 계속되였다. 이 준엄하고 간고한 시기에 나의 고향 강선사람들은 민족의 맏아들답게 로동계급의 진지를 고수했으며 세계와 력사우에 〈천리마〉라는 위대한 시대를 탄생시킨 것이다. (31부)

북한 영화가 설화를 사용하는 것은 이미 잘 알려진 사실이다. 북한에서 '설화는 플롯구성과 담화의 전체를 조율하는 역할을 수행한다.'[112] 설화는 사건에 직접 관여할 수는 없지만 감정과 관련해서 '작가의 주정토로를 대신하며 작품의 정서성을 높이는 기능을 수행하고 작품의 마감부분에서 울려 정론적인 호소성과 여운을' 준다.[113] 따라서 설화를 사용한다는 것은 관객의 감정을 영화의 의도에 따라 주조

---

111) 서정남, 『북한영화탐사』(생각의나무, 2002), 172쪽.
112) 위의 책, 130쪽.
113) 김숙, 『영화문학창작』(평양: 문학예술종합출판사, 1999), 119~120쪽.

하는 것을 의미한다. 〈나의 아버지〉에서도 설화는 곳곳에 등장한다. 이때 설화는 배우의 연기로 표현할 수 없는 미세한 부분과 주제를 전달한다.

이렇게 되어 나는 두 번째 비서아저씨를 만나게 되었습니다. 그러나 어쩐지 첫 번째 비서아저씨처럼 따르고 싶은 마음이 들지 않았습니다. 어딘가 엄하고 무뚝뚝한데가 있어보이는건 사실이지만 그보다도 이제 이 비서아저씨도 언젠가는 자신의 춘심이를 데리고 훌 떠나가리라는 위구가 나를 괴롭히군 하였습니다.
나는 그때 두 번째비서아저씨의 얼굴에서 새삼스레 첫 번째비서아저씨의 모습을 찾아보게 되었습니다.

설화는 은정의 마음을 이야기한다. 은정이 두 번째 비서아저씨에게 처음에는 적응을 못했지만 차츰 두 번째 비서도 첫 번째 비서와 동일하게 자신을 사랑한다는 것을 알게 되었다는 내용이다. 은정은 김일성 사망 이후 북한 주민을 대변한다. 이것이 이 영화의 중요한 주제이다. 이 양상은 〈화성의숙〉에서도 포착할 수 있다.

그때 그이의 나이 열다섯살이셨다. 동서고금 그 어느 나라 수령들의 생애와 활동에서도 찾아볼수 없었던 어리신 나이에 우리 수령님께서는 〈ㅌ. ㄷ〉와 더불어 인간사랑, 민족 사랑의 위대한 기치를 높이 드시고 새로운 시대, 주체시대를 선포하셨나니 하늘이 낸 세기의 위인 위대한 수령님의 거룩하신 한생이 어리여있고 경애하는 김정일장군님께서 높이 드신 주체의 붉은 기발은 내 나라, 내 조국의 부강번영과 더불어 억년 꺽임없고 탈색없이 인류의 앞길에 길이 휘날릴 것이다.

영화의 마지막 설화이다. 김일성이 북한을 건국했고 김정일이 이어간다는 것이다. 설화를 하는 남성은 흉성 발성과 울림을 많이 사용하여 장엄한 정서를 자아낸다. 영화는 배우의 연기로 표현하기 어려운 메시지를 설화를 활용하여 관객에게 감정적으로 각인시키는 것이다.

영화의 두 번째 특징은 보조서사를 활용한다는 점이다. 김정일 시대에는 〈나의 아버지〉를 제외한 모든 영화는 보조서사를 갖는다. 〈민족과 운명〉 30부에 나타난 보조서사인 노동자 서사도 중심서사와 같이 아리스토텔레스적 구조이다. 영화는 노동자 서사를 중심서사 (전)에 배치한다. 아리스토텔레스적 구조를 큰 틀로 활용하면서 그 속에 또 하나의 아리스토텔레스적 구조를 배치하는 것이다. 30부 노동자 서사는 실상 없어도 영화의 전개에 지장을 주지 않는다. 일반적으로 보조서사는 '주제를 전달하는데 종합적인 기여를 하지 않으면 아무 의미가 없'는데[114] 영화가 노동자 서사를 굳이 중심서사의 (전)에 배치한 이유가 무엇일까? 보조서사가 강옥의 서사를 타며 북한 영화에서만 볼 수 있는 초 목표 위의 초 목표인 '김일성 은혜에 대한 감격'을 증폭시키기 위해서이다. 영화는 중심서사의 (전)에서 모든 갈등을 해결한다. 다만 이 갈등은 강옥 남편 전처의 등장으로 인한 갈등이므로 김일성 은혜를 끌어들이기에는 역부족이다. 김일성 은혜가 강옥에게 영향을 준 것은 분명하지만, 서사의 전개상 김일성에게 감사를 표하기에는 인과관계가 부족한 것이다. 그런데 영화는 이 부족함을 노동자의 보조서사로 보완하며 김일성 은혜를 전면

---

114) John Styan, *The Dramatic Experience*; 존 스타이언, 장혜전 옮김, 『연극의 경험』(소명출판, 2002), 112쪽.

에 끌어낸다. 보조서사를 (전)에 배치하여 중심서사로는 강렬함이 부족했던 (전)을 보완함으로써 관객의 감정이입을 유도하고, 감정이입으로 인한 동화, 동화로 인한 카타르시스에 도달하는 것이다.

〈민족과 운명〉 31부도 보조서사를 활용한다. 영화는 강석이 중심인 보조서사를 31부에서도 (전)에 배치한다. 그런데 이 보조서사는 (전)에서 갑자기 등장하여 중심서사와 맞물리지 않아 실제 부자연스러워 보인다. (전)에 배치한 강석의 서사는 하나의 완벽한 아리스토텔레스적 구조이다. 이 보조서사 역시 삭제해도 중심서사에 지장을 주지 않으며 다른 곳에 위치시켜도 중심서사를 흐트러뜨리지 않는다. 다만 강석의 서사가 (전)에 배치됨으로써 (전)에서 강옥이 자기를 희생하고 동료를 배려 할 때 관객의 감격을 증폭시키는 역할을 한다. 이중의 점층적 구조로 관객의 감정이입을 유도하는 것이다.

〈민족과 운명〉 32부에서 주목할 것은 중심서사가 송옥의 서사 하나인 반면 보조서사는 진응산 서사와 꽃제비 영락 서사 2개라는 점이다. 영화는 진응산 서사와 꽃제비 영락 서사를 (기)와 (결)에 배치한다. 진응산 서사와 꽃제비 영락 서사도 완벽한 아리스토텔레스적 구조인데 이 2개의 보조서사는 중심서사와 엮이지 않으며 삭제해도 무방하다는 아주 독특한 특징이 있다. 그런데도 영화는 중심서사의 (기)와 (결)에 보조서사를 배치한다. 보조서사를 (전)에 배치하지 않는 점이 30부와 31부와 차이이지만 기능은 유사하다. 보조서사는 기승전결의 구조를 갖추어 관객이 영화의 처음과 마지막에서 기승전결을 체험하게 함으로 영화와 거리감을 둘 여유를 주지 않는다. 디제시스 과잉으로 관객은 따라가기 바쁜 것이다. 또한 2개의 보조서사는 서로 엮이지도 않으며 완전히 독립되어 '서사적 구조 (epic structure)가 그러하듯이 서로 부딪쳐서 이미지를 만들'지도 않는다.115) 그러나 서사 내에서 감동을 주는 것은 분명하다. 진웅산 서사는 김일성 은혜를 영화의 (기)부터 전경화하여 이미 감동한 관객을 중심서사가 이끌고 가도록 도와준다. 또한 영락의 서사는 (결)에서 헌신이 아름답다고 다시 강조하여 송옥의 헌신을 더욱 빛나게 해준다. 〈민족과 운명〉 30, 31, 32부 모두는 서사구조에서 보조서사를 활용함으로써 관객을 처음부터 끝까지 완전한 감정이입과 동화로 이끄는 것이다.

〈고요한 전방〉 서사구조에서 주목할 것은 보조서사를 (결)에 놓는다는 점이다. 이 영화의 보조서사도 아리스토텔레스적 구조이며 삭제해도 무방하다. 그러나 '서로 도와야 한다'는 김일성 교시가 있으므로 (결)에서 리명이 김일성에게 감사하는 동기를 부여한다. 영화가 (결)을 김일성 은혜에 대한 감격으로 맺어 관객이 김일성에게 감사하도록 유도하기 위해 개연성 없는 보조서사를 배치한 것이다. 아리스토텔레스적 구조의 목표인 "관객이 극중 인물 속으로 쉽게 감정 이입 함으로써 비판 없이" 영화를 관람하도록 유도하는 것이다.116)

〈화성의숙〉은 다소 결이 다르다. 영화가 보조서사인 은단의 서사를 중심서사인 김일성의 서사와 개연성 있게 엮기 때문이다. 앞에서 살펴본 영화에서 보조서사는 중심서사와 관련 없이 중심서사의 곳곳에서 등장했다. 그런데 〈화성의숙〉에서 보조서사인 은단의 서사가 처음 등장한 것은 (기)로써 영화의 초반이다. 이 보조서사는 이후 김일성의 중심서사와 엮이면서 (전)까지 흘러가 반전속의 반전 생산

---

115) 안민수, 『연극연출: 원리와 기술』, 131쪽.
116) 베르톨트 브레히트, 김기선 옮김, 『서사극 이론』(한마당, 1989), 34쪽.

에 기여한다. 모든 사람이 마필천의 정체를 아는 것이 1차 반전이라면, 마필천이 김성주에게 쏜 총을 은단이 대신 맞고 죽는 것이 2차 반전이다. 새로운 사건과 반전, 반전의 반전이 거듭되기 때문에 〈화성의숙〉의 (전)은 구조적으로 관객에게 숨 쉴 틈을 주지 않는다.

이와 같이 영화는 모두 기승전결의 구조를 가지며 보조서사를 활용함으로써 관객의 동화를 끌어내는데 이것은 영화적 장치에 속한다. 북한 당국은 사상과 주제를 언급하므로 영화적 장치는 실제 북한 예술계의 창작이라고 할 수 있다. 그럼에도 불구하고 단 한편의 예외가 없는 것을 보면 '관객의 감정 자극'은 북한 예술계가 의도하든 의도하지 않았든 북한 영화의 내면화된 문법이다.

2.1.2. 김정은 시대

김정은 시대 제작한 영화를 서사구조, 설화, 보조서사, 주제가의 개입 등을 분석하여 표로 재구성하면 다음과 같다.

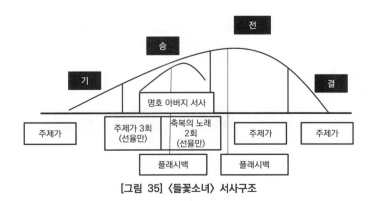

[그림 35] 〈들꽃소녀〉 서사구조

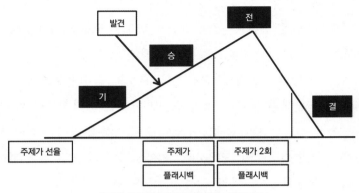

[그림 36] 〈폭발물처리대원〉 서사구조

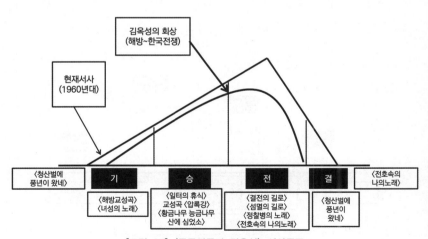

[그림 37] 〈종군작곡가 김옥성〉 서사구조

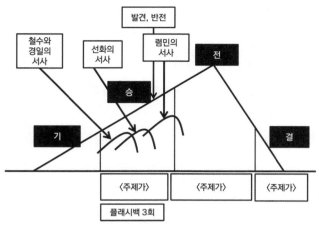

[그림 38] 〈최전연의 작은집〉 서사구조

김정은 시대 영화의 특징은 기승전결 구조이면서 음악과 보조서사를 활용한다는 점이다. 영화가 설화를 활용하는 경우도 있지만 김정일 시대에 비한다면 한층 약하게 나타난다.

(1) 변형된 기승전결 구조

영화는 김정일 시대와 같이 모두 아리스토텔레스적 구조이다. 〈들꽃소녀〉는 "비행기의 결함을 주장하여 주변 사람의 눈총을 받지만 뜻을 굽히지 않는 정희의 이야기"라는 초 목표를 아리스토텔레스적 기승전결의 구조를 취하면서 완만하게 전개한다. 그런데 주목할 것은 명호 아버지 중심의 보조서사가 중심서사의 (승)에서 '기-승-전-결'로 나타나 현재의 정희와 명호의 아들인 연대장과 이어진다는 점이다. 명호 아버지의 서사는 위기의 순간에 정희에게 옳은 길을 알려주는 정보의 서사이며 (전)으로 도달하기 위한 개연의 서사이다. 이 서사구조는 정희를 위기에 처하게 함으로써 관객의 연민을 불러일으키고 위기에 처한 정희의 최종 승리로 관객이 카타르시스를 경험하게 한다.

〈폭발물 처리대원〉의 초 목표는 "대학진학을 포기하고 숨겨진 폭발물을 찾는 일에 전념하다 순직하는 진욱의 이야기"로 압축할 수 있다. 서사구조는 기승전결 구조이며 (전)에 주인공의 죽음을 배치하므로 구조적 각이 크다. 보조서사는 없으며 진욱을 중심으로 하는 중심서사만이 영화를 끌고 간다. 영화에서 '기-승-전-결'이 돋보이는 이유는 (전)에서 주인공이 사망하기 때문이다. 영화는 이 장면을 클라이막스에 놓으면서 교차편집으로 진욱의 가족을 보여주어 관객의 연민을 자아낸다.

〈종군작곡가 김옥성〉의 초 목표는 "김일성의 지침을 따라 뜻을 굽히지 않고 인민이 중심되는 노래를 작곡하는 김옥성 이야기"로 압축할 수 있다. 중심서사는 찬명의 회상으로 (기)에서 (결)까지 이어지며 그 안에 다시 김옥성 회상이 나타나는 '회상의 이중구조'이다. 서사구조에서는 '김옥성의 서사'와 '김옥성 회상의 서사'가 거의 동일하게 나타나는데 실제로는 '김옥성 회상의 서사'가 차지하는 비중이 크므로 중심과 보조가 아닌 2개의 서사가 나타난다. 이 2개 서사 모두는 아리스토텔레스적 기승전결 구조로 관객의 감정이입과 동화를 극대화한다. '김옥성의 서사' 구조와 '김옥성 회상의 서사'가 서로의 구조를 상승시키기 때문이다.

〈최전연의 작은집〉의 초 목표는 "김정일 은혜를 입은 렴민이 최전방 병사들을 진심으로 돌보며 젊은 세대를 변화시키다가 병사를 살리기 위해 죽는 이야기"이다. 서사구조는 분명 기승전결의 아리스토텔레스적 구성인데 북한 평론은 〈최전연의 작은 집〉이 다른 방식의 구조를 활용했다고 주장한다.

이 영화는 일화식구성법에 기초하여 극조직이 이루어졌다.

일화식구성법은 작품에 주어진 생활사건들이 전일적인 체계를 이루고 호상인과성을 가지면서 극이 전개되여나가는 정공식구성법과 달리 개개의 정황과 사건들이 전후련관성 없이 서로 별개로 주어지면서 극적형상이 이루어져나간다.[117]

북한은 아리스토텔레스적 기승전결 구성을 '정공법'으로 명하는 듯하다. 평론은 영화가 기승전결식의 전후 관련성을 갖는 구성이 아니라 사건 중심의 에피소드적 구성을 활용했다고 하면서 새로움을 칭송한다. 평론은 연이어 "주어진 사건들이 서로 련관성과 인과성이 없이 상대적인 독자성을 가진 생활이야기들을 엮어 극적형상을 이루어나가는 일화식구성방식에서는 이런 극적기대선을 일관하게 꿰나갈수 없으므로 그에 대응한 예술적방책이 탐구되어야 한다"고 주장한다.[118] 그런데 직접 영화를 볼 때 이 주장은 지나친 감이 있다. 인물을 중심으로 작은 사건이 배치되어 있는 것은 사실이지만 주인공 렴민을 중심으로 한 기승전결의 구성에서 벗어나지 않기 때문이다. 또한 이 3개의 보조서사는 태웅의 '발견'을 위한 장치일 뿐 브레히트적으로 이미지나 서사가 부딪혀 효과를 주는 것은 아니다. "서브플롯이 정말 효과적이려면 반드시 중심 플롯에 유기적으로 얽혀있어야 한다. 주인공 삶의 다른 측면들을 보여주면서 중심 플롯과 아무 관계도 없이 독자적인 방향으로 전개되는 서브플롯은 있을 수 없다. 서브플롯은 하나 이상의 주요 캐릭터를 중심으로 이루어져야

---

117) 박영무, 「(평론) 영화의 극조직이 주목된다」, 『조선예술』 3호(2014), 63쪽.
118) 위의 글, 63쪽.

하며, 보통 극의 후반부에서 중심 플롯에 극적인 영향을 미친다."119)
따라서 북한의 주장에도 불구하고 서사구조는 관객의 감정이입과
동화를 불러일으켜 카타르시스에 도달하는 아리스토텔레스적 구조
가 분명하다. 관객의 감정이입을 유도하여 영화의 메시지를 감정적
으로 전달하고자 하는데 적합한 구조를 취한 것이다. 다만 김정은
시대에 제작한 북한 영화 일부가 변형된 아리스토텔레스적 구성을
갖는 것은 기억할 필요가 있다.

(2) 음악과 보조서사 활용

김정은 시대 영화는 설화를 적극적으로 사용하지 않는다. 〈들꽃소
녀〉에서 정희의 독백이, 〈종군작곡가 김옥성〉에서 찬명의 독백이
잠깐씩 나타나지만 주된 기능을 하지는 않는다. 그 대신 음악이 중요
한 기능을 한다. 〈들꽃소녀〉는 프롤로그에서 주제가를 들려주며 서
정적으로 시작한다. 〈들꽃소녀〉는 아리스토텔레스적 구조에도 불구
하고 (전)이 강렬한 클라이막스라고 말하기에는 약한 감이 있었다.
정희가 자기의 주장을 증명하기 위해 '행동'한 것이 아니라 정희가
훈련에 임하는 동안 수리병사가 비행기 결함을 그저 발견했기 때문
이다. 그런데 영화는 이 구조적 취약성을 음악으로 보완한다. 따라서
비행기 결함이 나타났을 때 영화가 보여주는 감격은 인위적이지만
감정이입은 발생한다. 영화는 프롤로그에서 들려준 주제가를 (승)의
곳곳에서 사용하며 정희의 주장이 옳다고 증명된 (전)과 (결)에서
다시 사용한다. 주제가는 (승)에서만 4회 나타날 정도로 과도하게
사용된다. 관객의 몰입을 극대화하려는 의도인데 이 주제가는 (전)

---

119) 린다 카우길, 이문원 옮김, 『시나리오 구조의 비밀』, 36쪽.

에서도 선율로 3회 나타나 (결)까지 흘러간다. 서사구조 자체는 완만하지만 음악은 정희에 대해서 연민을 느낀 관객의 카타르시스를 끌어내는 기능을 충분히 수행한다. 〈들꽃소녀〉의 주제가는 김정일 시대에 비해 다소 미흡한 기승전결 효과를 보완하며 감정이입 효과를 갖는 것이다.

〈종군작곡가 김옥성〉은 특별한 주제가를 사용하지 않지만 작곡가 김옥성 일대기가 내용이므로 음악은 (기)에서 (결)까지 끊임없이 흐른다. 극을 상승시키는 (승)에는 밝은 노래 〈일터의 휴식〉, 〈황금나무 능금나무 산에 심었소〉와 장엄한 〈압록강〉을, (전)에서는 장엄한 곡만을 집중적으로 배치한다. 〈섬멸의 노래〉, 〈정찰병의 노래〉, 〈전호속의 나의 노래〉는 슬픔과 장엄함이 기본정서이다. 영화는 클라이막스로 치닫는 아리스토텔레스적 구조를 2중으로 활용하면서 음악을 점층적으로 배치하여 관객에게 거리감을 둘 여유를 주지 않는 것이다. 주목할 것은 북한 영화의 목적은 인민의 교양과 교육에 있지만 관객을 교양하는 교훈극이 자주 선택하는 비환각주의적 구조를 취하지 않는다는 점이다.[120] 영화는 관객이 끊임없이 영화에 몰입하면서 무비판적 감정이입을 하도록 여러 장치를 동원할 뿐이다. 〈종군작곡가 김옥성〉은 김정은 시대 영화 중 감정이입을 위해 제일 많은 음악을 사용한다.

〈최전연의 작은집〉은 주제가를 (승)에 처음 배치한 이후 (전)과 (결)까지 흘러가게 한다. 반복으로써 극의 상승효과를 돕는 기법이다. 영화는 특히 (전)에서 렴민의 죽음장면에 다시 주제가를 배치한다. 이미 (승)에서 들려 관객에게 익숙한 선율을 2번째 반복함으로

---

120) J. L. 스타이안, 윤광진 옮김, 『표현주의 연극과 서사극』(현암사, 1988), 144쪽.

렴민의 비극성을 극대화시키는 방법이다. 이와 같이 김정은 시대에 북한 영화는 모두 기승전결의 구조와 음악을 활용하여 관객의 감정이입을 유도한다. 이와 같이 신파적 설화를 축소하고 음악을 강화하는 현상은 자본주의 문화 유입 등으로 달라진 시대의 흐름이라 하겠다.

2.2. 주제가 선율

2.2.1. 김정일 시대: 단조와 전통 음계 활용

[그림 39] 〈민족과 운명〉 30부 주제가

김정일 시대 영화에 나타나는 음악을 통해 감정을 분석해보기로 한다. 주제가를 중심으로 채보했으며 정서에 초점을 두어 곡 해석을 진행했다. 주제가 악보가 『조선예술』에 실렸을 경우는 『조선예술』에 수록 악보를 분석했다(그림 39).

"느린 4/4박자 D장조의 곡으로, 장조 7음 음계를 사용하였으나 주된 선율소재는 전통적인 장조 5음 음계로 구성되어 '현대적 미감에 맞는 민족적 형식의 변형'이라고 볼 수 있겠다.121) 총 24마디의 곡으로 8마디의 전렴과 8마디의 후렴이 반복되는 구조이다. 중·저음 역대의 선율로 구성된 이 곡은 여성 보컬이 독창하며, 노래의 제9마디~12마디는 반복되는 후렴인 제17~20마디에서 가사 대신 '아'로 허밍하는 혼성 합창으로 대체되어 곡의 스케일과 볼륨감을 극대화한 후 마지막 4개 마디를 다시 여성 독창으로 마무리 한다. 가창방식과 반주의 스타일은 수령의 지난 역사를 음악적으로 형상화하기 위하여 장중한 분위기의 음악표현에 중점을 둔 것으로 보인다. 곡이 시작되기 전 남성 배우의 '수령에 대한 회상 나레이션' 부분 음악은 이 곡의 주선율을 현악기로 연주한 것이며 전주의 역할을 한다."122) 비디에제틱 사운드인 30부 주제가는 단순한 선율이기에 가사가 분명히 들린다. 김일성이 20살에 고향집 사립문이 열려 있는 것을 보았지만 독립운동에 전념하기 위해 지척에 두고도 들어가지 않았다는 것이다. 영화는 이 이야기를 D장조 주제가로 장중하고 숭엄하게 포

---

121) "우리는 민족적 노래형식이라고 하여 판소리 같은 것을 그대로 살릴 것이 아니라 우리 인민들이 부르기 헐하고 알아듣기 쉽게, 현 시대의 미감에 맞게 발전시켜야 합니다. 민족적 형식은 고정불변한 것이 아닙니다. 문학예술의 민족적 형식도 시대적 요구와 계급적 요구에 맞게 계승 발전되어야 합니다." 김일성, 「민족문화유산 계승에서 나서는 몇 가지 문제에 대하여」, 『김일성저작선집』(평양: 조선로동당출판사, 1983), 467~468쪽.
122) 홍성규 해석.

장하여 김일성의 영웅성을 서정적으로 전달한다. 영웅 김일성과 인간 김일성을 애(哀)를 통해 강조하는 것이다.

"가사의 내용에서도 알 수 있듯이 수령의 보살핌 속에서의 공동체 의식을 음악적으로 형상화한 이 곡은 한국의 전통적인 3박자 계열의 느린 12/8박자로 연주된다. 이 곡에서 의도하는 수령 이미지는 가족 구성원이자 양육자로서의 부모이다. 이러한 정감을 표현하기 위한

[그림 40] 〈민족과 운명〉 32부 주제가

주선율의 전개양상은 Ab장조의 중·저음역대가 강조되도록 여성 보컬을 사용한 것으로 판단된다. 못 갖춤 마디로 시작되는 전렴 8마디와 후렴 8마디로 구성되었고, 1절 연주 후 간주 없이 2절로 바로 연결되어 총 2회 반복되고 마무리 한다."123) 영화는 강태관이 김일

[그림 41] 〈고요한 전방〉 주제가

---

123) 홍성규 해석.

성 일화를 들려주는 지점부터 진응산이 열렬한 노동자로 일하는 지점까지 주제가를 상당히 긴 시간을 할애해 들려준다. '비디제시스 사운드인 영화 음악을 그 자체로 화면에 융화되도록 하기보다는 주제의 강조를 위해서 전면에 드러'내는 것이다.[124]

"Bb단조의 느린 12/8박자 곡으로, 중·저음역대의 남성 보컬과 그에 대비되는 중음역대의 관악기의 대위 선율을 사용하여 가사의 비장함을 음악적으로 강화하였다. 곡의 구조는 8마디의 전렴과 8마디의 후렴으로 구성된 전통적인 북한가요의 '절가형식'[125]로 이루어져 있다. 1절의 총 16마디 이후 2절 부분을 간주 없이 연속하여 반복한 후, 곡 시작 부분의 짧은 전주처럼 관악기 선율로 이루어진 총 3마디의 후주를 사용하고 후주의 템포를 리타르단도[126]로 처리하여 여운을 남기지만 일반적인 가요의 엔딩처럼 토닉 화음[127]으로 종지하지 않고 도미넌트 화음[128]으로 끝맺는다. 이러한 점은 이 곡이 영상 음악으로 사용되었기 때문이다."[129] 장엄한 남성보컬 주제가는 쉬운 절가 구성이다. 프롤로그에서 들릴 때 쉽게 기억할 수 있는데 (승)에서 다시 들려 확실히 각인된다. 특히 영화는 "조국을 위하여"

---

124) 이효인, 「북한의 수령 형상 창조 영화 연구: 연작 〈조선의 별〉과 연작 〈민족의 태양〉의 신화 형식을 중심으로」(중앙대학교 박사논문, 2001).

125) 김정일, 「노래창작에서 절가형식은 가사와 곡을 밀착시킬 수 있는 가장 우월한 형식이다」, 『음악예술론』(평양: 조선로동당출판사, 1992), 11쪽.

126) '빠르기를 바꾸는 말' 중 '점점 느리게'의 의미. 편집부 편, 『파퓰러음악용어사전』(삼호뮤직, 1998), 297쪽.

127) 으뜸화음(Tonic chord)을 말하며, 으뜸음(tonic)을 밑음(root)로 하는 화음에서 악곡의 최종적인 조성을 결정하는 유일한 코드. 위의 책, 218쪽.

128) 딸림화음(Dominant chord)을 말함. 딸림음(dominant)을 밑음(root)으로 하는 화음이며, 조성을 결정하는 데 으뜸화음(Tonic chord)에 이어서 중요한 역할을 하는 주요화음 중 하나이다. 위의 책, 33쪽.

129) 홍성규 해석.

라는 가사 중 "조국"을 한 소절에서 3회 반복함으로 서정적이면서
장엄한 감정을 이끌어낸다. 반복을 통해 관객의 능동성을 소멸시켜
관객이 가사에 감정이입 하도록 유도하는 것이다.130) 주제가는 (승)
에서 학근의 일로 고민하는 리명의 마음을 대변하며 리명이 (전)에
서 결단을 내릴 수 있는 근거로 기능한다. 인과관계가 생명인 기승전
결 구조를 도와 영화와 관객의 밀착력을 높인다.

"느린 4/4박자의 C단조 곡으로 서정적 가사와 더불어 여성 보컬의
애상적 가창이 극의 전반적 정서와 부합하는 주제곡이다. 특이한

[그림 42] 〈그는 대학생이였다〉 주제가(「붉은 노을」)

---

130) 베르톨트 브레히트, 김기선 옮김, 『서사극 이론』, 34~35쪽.

점은 리춘구 작사·김덕수 작곡, 장윤희가 부른 1989년 작 영화 〈심장에 남는 사람〉의 주제곡과의 구조적·조성적·선율적·화성적 유사성이다. 두 곡 모두 여성 독창곡이며 전렴 8마디, 후렴 4마디로 구성된 총 12마디의 구조를 지닌 점, 느린 4/4박자에 C단조의 조성인 점은 공통점이며, 특히 이 곡의 제8마디~12마디 부분은 〈심장에 남는 사람〉의 주제곡과 동일한 제8마디~12마디와 선율적, 화성적으로 매우 유사하다. 12마디로 이루어진 1절은 연속적으로 2절로 연결되어 반복된다. 일반적인 북한 가요와 비교할 때, 북한영화 주제곡은 반주 대비 노래의 음향적 밸런스에서 노래의 비중이 매우 큰 편이다. 이 곡의 음향적 특성 역시 여성 보컬의 목소리 즉 가사 전달이 강조되어 반주의 비중은 상대적으로 작은 편이다."[131] 주제가는 C단조로 선율 자체가 애상적이다. 주제가는 시퀀스 5(승)에서 진순금이 모교를 그리워하는 장면에서 나타난다.

> 꿈에도 보고픈 정든 교정에
> 어머님 그 모습 어리여오네
> 끝없는 사랑과 기대를 담아
> 우리를 키워준 그 품
> 아 안기고픈 귀중한 나의 모교여

여성 보컬로 애잔함을 더해주는 주제가는 관객이 영화에 몰입하여 진순금과 같이 그리움에 젖도록 유도한다. 카메라의 클로즈업은 관객과 진순금을 동일시하려는 전형적인 방법이다. "편안함이라는

---

131) 홍성규 해석.

관점에서 볼 때, 장소에 대한 감정적 애착—즉 독일어로 하이마트 Heimat라고 칭하는 것—은 비합리적 특수주의가 아니라 시간적으로 영속가능한 환경적 요소에 대한 하나의 뿌리 깊은 감정적 반응이 다."132) 주제가는 이후 동일한 선율로 가사를 바꾸어 진순금이 자폭하는 (전)부터 윤빈이 사망한 진순금을 안고 가는 지점까지 상당히 긴 시간동안 다시 흐른다.133)

고요한 들길에 꽃들에 피면 / 룡남산언덕에 봄이 그리워
보라꽃 등나무 그늘아래서 / 배움의 노래 높던 곳
아 잠시라도 가고픈 나의 모교여

하늘가 저 멀리 동이 틀 때면 / 룡남산 노을이 저기 보이네
그 빛발 가슴에 새기여주신 / 장군님 못내 그리워
아 붉은 노을 너처럼 우리 살리라.

모교를 항상 그리워하던 진순금이 모교로 돌아가지 못하고 (전)에서 자폭하여 죽는 장면은 관객의 연민을 자아내기에 충분하다. (승)에서 선보였던 주제가는 관객의 귀에 익숙할 수밖에 없는데, 영화는 이 선율에 가사만을 바꾸어 다시 (전)에서 들려주는 방식을 취한다. 연민을 강화하기 위한 고전적 방법이다. 그리고 주제가는 (결)에서 한 번 더 들린다. (결)은 영화에서 현재 시점이며 (결)에서 모든 김일성종합대학 학생은 충성을 다짐한다.

---

132) Mabel Berezin, "Secure states: towards a political sociology of emotion", Edited by Jack Barbalet, *Emotions and Sociology*, p. 42.
133) 〈그는 대학생이였다〉의 주제가는 『조선영화』 3호에 실려 있으므로 채보가 아님을 밝힌다.

하늘가 저 멀리 동이 틀 때면

룡남산 노을이 저기 보이네

그 빛발 가슴에 가슴에 새기여주신

장군님 못내 그리워

아 붉은 노을 너처럼 우리 살리

영화는 익숙한 주제가를 (결)에서 김일성을 향해 절을 하는 의례 장면과 함께 들려줌으로 한국전쟁시기 진순금의 충성을 현재로 옮기고자 한다. "의례 행위는 반복적이며, 그러므로 종종 과하지만 바로 이러한 요소들이 감정을 전달하고 지각을 인도하고 사회집단을 조직화하는 중요한 수단으로 기여한다."[134] 〈그는 대학생〉 주제가는 서사구조 (승), (전), (결)을 타고 반복적으로 등장하여 관객이

[그림 43] 〈나의 아버지〉 주제가

134) Mabel Berezin, "Secure states: towards a political sociology of emotion", p. 44.

감정적으로 영화에 밀착하도록 유도하는 것이다.

"다소 경쾌한 미디엄 템포의 4/4박자 곡으로 특징적인 것은 가사에서 표현하고 있는 부성애의 행복감, 따뜻함 등의 정감과 이반되는 단조 조성의 사용으로 전반적인 음악적 정서가 애상적이라는 점이다. 단조 조성의 선택은 선율과 화성이라는 음악의 요소를 모두 단조로 화하는 것으로 음악적 표현 자체만으로 서정성을 지닌다. 이러한 점은 1980년대 북한가요에서 나타나는 조성적 특징 중 하나이며 이 시대 김정일 송가의 조성적 특징 중 하나이다.135) 전렴 8마디, 후렴 8마디의 전형적인 악곡 구성이며 마지막 가사인 '아, 아버지' 부분인 약 2마디를 3회 반복하며 마무리 한다. 반주를 살펴보면 벨(bell)소리의 신디사이저 음색을 사용한 16박자 단위로 연주하면서 다소 경쾌한 비트의 드럼 연주를 가미하여 리듬감을 살렸으며, 특히 전주부분의 선율과 노래 중의 대선율에 사용된 휘슬(whistle) 톤은 북한가요에 자주 등장하는 신디사이저 음색이다. 이러한 신디사이저 음색은 현재 국내에서는 거의 듣기 힘든 전자악기 음색 소재로, 과거 1990년대 드라마 음악가 임택수 등이 자주 사용하던 다소 몽환적, 애상적, 신파적 음색이다."136)

주제가는 행복감을 나타내지만 단조 조성을 사용함으로 전반적으로 몽환적이고 애상적이다. 이 주제가는 (기)에서 2회 등장하여 관객

---

135) "특징적인 것은 1980년대에 단조곡이 장조곡에 비해 많이 발표된 것으로 확인된다. 북한은 애잔하고 구슬픈 느낌의 음악은 혁명적이지 못하고 퇴폐적 정서를 표현한다고 하여 배격하여왔다. 그러나 1980년대에는 단조 조성의 곡들이 김정일과 관련한 송가에서 자주 발견된다. 이러한 경향은 단조 조성 자체가 지닌 '서정성'이 북한의 가요에서 새로운 의미를 갖게 되었다는 방증이기도 하며 김정일의 개인적인 음악적 취향과도 연관되는 것으로 추정된다." 홍성규, 「북한 서정가요의 주제와 음악분석」(고려대학교 박사논문, 2015), 207~208쪽.

136) 홍성규 해석.

[그림 44] 〈화성의숙에서의 한해 여름〉 나리 죽음

이 선율에 익숙하도록 만든다. 이후 은정이 김정일 은혜에 감격하는 장면에서 다시 3회 나타나 관객이 행복감과 애상성에 젖도록 돕는다. 영화는 관객이 김정일이 아파트를 마련해준 것이 사실임을 확인할 틈도 없이 주인공의 행복과 동화되도록 한다.

"이 곡은 총 30마디로 이루어져 있으며 박자는 6/8박자, 조성은 나단조이다. 주선율은 현악기와 여성 허밍이다. 이는 극 중 인물들의 대사를 위한 배경음악으로서 기능하기 때문이다. 이 연주곡은 극 중 내용과 부합하도록 서정적인 단조 선율로 표현되고 있다."[137]

〈화성의숙〉은 특별히 주목할 주제가를 사용하지 않는다는 점에서 다른 영화와 다소 다르다. 그러나 음악은 분명 역할을 한다. 영화는 주제가가 아닌 디제시스 노래를 (기)에, 비디제시스 노래를 (결)에 배치하는데, 이 노래는 각 단락의 감정을 이끌어내는데 부족함이 없다. 오히려 각 단락의 독립된 노래는 작위적 감정조작을 덜어 관객을 이완시키기도 한다. 이로써 나리가 죽는 (전)의 비극성이 돋보인다. 나리가 죽기 전에 할 말을 다하여 총을 맞고도 너무 오래 산다는 어색함은 있지만 주제가의 절제로 영화가 의도하는 감정은 더 부각된다. 마필천의 죽음뿐이었다면 통쾌했을 (전)이 은단의 죽음으로 '비극성'을 입어 은단의 죽음에 슬퍼하는 김성주를 통해 '숙연함'까지 생산한다. 서정성과 비극성 강한 음악이 숙연함을 배가시키는 것이다. 이와 같이 김정일 시대 영화는 단조의 주제가를 주로 활용하여 비장함과 애잔함을 강조한다. 또 한편으로는 전통음계를 활용하여 관객에게 쉽게 다가가며 장엄하고 숭엄한 정서를 연출한다. 김일성과 북한 주민을 부드럽게 접합시키려는 의도이다.

2.2.2. 김정은 시대: 장조와 단조의 혼용

김정은 시대 영화에 나타나는 음악 모두를 채보하여 분석해보기로 한다. 주제가의 악보작업과 해석은 다음과 같다.

"4/4박자 D장조의 곡으로 가사 내용의 밝은 느낌을 음악으로 형상화한 곡이다. 가사 내용은 '태양'으로 대표되는 수령만을 바라보고 순종하는, '소박하고 순결한 꽃'으로 상징되는 여성의 이미지이며

---

137) 홍성규 해석.

내고향 들가에 곱게도 피여나 언제
나___ 해님만을 반기여 웃는꽃송이
너의꽃잎소박하여도 순__결한꽃이여서 이가
슴에__ 안고사네__ 나의해 님따르는길에

[그림 45] 〈들꽃소녀〉 주제가

음악 역시 그러한 정서를 표현하기 위해 맑은 목소리의 여성 보컬의
목소리를 사용하였고 반주도 일반적인 북한가요와 다른 예술가곡
스타일의 반주로 구성하였다. 반주 악기 구성과 음향적 결과물은
우리나라의 4~50년 전 영화음악을 듣는 듯하다. 태양만을 바라보는
절대 순종의 한 송이 꽃으로 대변되는 여성의 이미지는 일반적인
북한가요에서 발견되는 여성성과 크게 다르지 않다. 총 16마디의
이 곡은 못 갖춤 마디로 시작되는 전렴 9마디와 후렴 8마디로 구성되
었으며 현악기로 연주되는 전주와 후주를 포함하고 있다."138) 〈들꽃
소녀〉는 프롤로그에서 주제가를 들려주며 서정적으로 시작한다. 앞
에서 언급했지만 부드러운 주제가는 (승)에서 4회, (전)에서 선율로

---

138) 홍성규 해석.

찾 지 말 라___ 찾 지___ 말 라   은 폐 호 를___ 찾 지 말 라

한 목 숨 이___ 소 중___ 해 도   피 할 자 리___ 찾 지 말 라

걸 음 걸 음   속 삭 이 는   내 마 음 의 목 소 리

이 한 몸 이   방 패 되 라   인 민 의___ 방 패 가 되 라

[그림 46] 〈폭발물 처리대원〉 주제가

3회 나타나 (결)까지 흘러간다. 전체적으로 밝으면서 연민도 이끌어 내어 관객의 감정이입을 유도한다.

"4/4박자, 내림마장조의 이 곡은 전렴 8마디와 후렴 8마디로 구성된 총 16마디의 남성 중창곡이다. 전렴부분 제1~4마디와 제5~8마디 음형의 반복, 후렴부분인 제9~12마디와 제13~16마디의 음형 반복은 리듬적으로 2개로 구분되며 악곡의 통일성을 확보하는 역할을 한다. 제8마디까지는 동일한 선율을 함께 부르는 제창으로 연주되지만 후렴인 제9마디부터는 저음 성부를 첨가하여 2부 합창으로 바뀌면서 악곡의 느낌을 보다 풍성하고 서정적이게 한다. 이는 전렴부분의 가사 내용이 단호한 명령문으로 이루어져 남성의 제창이 만들어내는 중량감을 표현했다고 볼 수 있고, 후렴부분의 가사는 상대적으로 서정적이며 개인적이므로 정서적 이완을 위해 2부 합창으로 구성했다고도 해석할 수 있겠다. 폭발물 처리를 위해 목숨을 아끼지 않고 맡은 임무를 수행해 나가겠다는 강한 의지 나타내는 노랫말은 목숨을 내건 치열한 전장의 현실과 궁극적 목적인 승리라는 당위가 대조되므로 미적 범주 중 '비장'에 속한다."139) 남성합창의 부드럽고 서정적인 주제가는 선율로 프롤로그에서, 합창으로 (승)에서, 합창으로 (전)에서 2회 나타난다. 영화는 서사 진행을 따라 익숙한 선율에 가사를 바꿈으로써 (전)에서 극대화되도록 배치한다. 영화가 구조 자체에서 감정이입과 동화를 유도하는 것은 성공적이다. 김정일 시대와 비교하면 주인공의 순직이라는 비극적인 순간에 오히려 미미한 선율을 들려주는 세련미를 보인다.

이와 결이 다른 영화는 〈종군작곡가 김옥성〉이다. 이 영화에서는

[그림 47] 〈종군작곡가 김옥성〉 현심 독창

139) 홍성규 해석.

특별히 주제가로 선정할 수 있는 음악은 없지만 극에서 중요 역할을 하거나 반복되는 음악을 보기로 한다.

"1951년 김옥성이 작곡한 이 곡은 조선인민군협주단 창작실에서 활동하던 석광희가 작사하였다. 음악에서 힘과 의지의 표현은 리듬의 간결성과 그 반복에 의존한다. 또한 내용상의 무게감 즉 비장(悲壯)의 표현은 단조로 표현되는 것이 일반적이다. 4/4박자 느린 G단조의 곡으로 단순한 음형반복으로 비장미를 표현하면서, 가사에서는 전쟁 승리를 위한 거친 표현으로 용기를 전염시킴과 동시에 북한가요에 자주 등장하는 고향이미지를 배치함으로써 고지탈환이라는 목적수행 의지를 고무한다. 영화 속에 삽입된 곡은 원곡 가사의 2절부터 시작되며, 본디 E단조의 곡이나 여성 독창과 합창으로 구성하여 G단조로 연주되었다."[140] (전)에서 현심은 죽음을 맞기 전에 이 노래를 부른다. 여성 보컬로 느리게 시작하는 노래는 G단조로 숭엄함을 자아낸다. 특히 '만세-만세'에서 합창을 사용함으로써 장중함을 증가하고 집단성을 강화한다. 현심이 죽은 이후 주제가는 변주로 다시 등장하면서 (결)로 바로 이어진다.

"이 곡은 4/4박자로 이루어진 사단조의 곡이다. 전렴 8마디와 후렴 8마디의 총 16마디이며 후렴 첫 부분 '만세, 만세'를 제외한 선율 전체가 동일 또는 유사한 음형이 반복된다. 남성중창이면서 기본적인 음형인 2개의 8분 음표와 이어지는 4분 음표는 악센트를 동반한 스타카토로 연주되는 것은 선율표현에서 힘을 나타내는 의도로 해석된다. 언제나 전투의 상황은 앞날을 알 수 없는 개인적 위기라는 현실을 나타내지만 궁극적으로 승리할 것이라는 의지는 현실적인

---

140) 홍성규 해석.

[그림 48] 〈종군작곡가 김옥성〉 "섬멸의 길로"-결

문제들을 해소한다. 대부분의 군가가 그러하듯이 이 가사의 내용은 미적 범주 중 '숭고'에 속한다."141) 음악은 전체적으로 단조를 사용하여 장엄함을 주고 '만세-만세'를 음조의 격차를 크게 반복함으로써 관객의 감정을 고양시킨다. 숭고와 비장미를 강조하기 위함이다. 물론 〈종군작곡가 김옥성〉에는 (승)에서 등장하는 〈일터의 휴식〉같이 밝고 신나는 리듬의 음악도 있다.

"다장조의 2/4박자로 이루어진 이 곡은 총 42마디이다. 제1~12마디와 제13~24마디 그리고 제25마디부터 최종마디인 제42마디까지 3개의 단락으로 구분된다. 혼성 합창으로 연주되며 선율과 리듬은 1936년 선우일선의 〈조선팔경〉과 유사하나 템포는 매우 빠른 편으

---

141) 홍성규 해석.

[그림 49] 〈종군작곡가 김옥성〉 "일터의 휴식"

로 휴식하는 일꾼들의 춤사위를 연상하게 한다."[142] 장조로 리듬이
빨라 경쾌한 느낌을 주는데 영화에서 이 노래는 일터에서 사용하므

---

142) 홍성규 해석.

울려 오네___ 조___ 용히___ 정___ 깊은___ 그 음___ 성

가 슴 속에___ 뜨___ 겁게___ 젖 어 드 는그 음___ 성

나 를 불 러 끝 없 이 메___ 아 리 쳐 오 네

사 랑 하 라 병 사 들 을 병 사 들 을 사 랑 하 라

[그림 50] 〈최전연의 작은집〉 주제가

로 장면을 더욱 역동적으로 만들어준다. 그러나 이 정도의 경쾌한 곡은 예외적이다. 다음은 〈최전연의 작은집〉 주제가이다.

"4/4박자의 내림마장조의 곡이다. 총 16마디의 이 곡은 전렴 8마디와 후렴 8마디로 구분되며 제1~4마디와 제5~8마디, 그리고 제9~12마디와 제13~16마디가 동일한 음형이다. 여성 독창의 이 곡은 가사의 내용처럼 느린 템포와 부드러운 분위기의 선율로 표현된다. 북한 가요의 많은 곡들처럼 몇 개의 음을 제외하고 5음 음계가 주된 음소재로 사용되고 있다."143)

여성 보컬의 이 주제가는 애잔함을 기본 정서로 하며 김정일의 인민사랑을 강조한다. 한번 들으면 익숙해지는 이 선율은 (승)에서 처음 등장하여 (전)과 (결)까지 흘러가며 반복으로 극의 상승효과를 돕는다. 특히 (전)에서 렴민의 죽음장면에 나타나는 주제가는 (승)에

143) 홍성규 해석.

서 들린 이후 2번째 반복됨으로 렴민의 비극성을 극대화시킨다. 렴민은 눈물을 흘리며 감격하는데 영화는 이때 부드러운 선율의 주제가로 렴민의 감격을 극대화한다.

(주제가가 울린다)
울려오네 조용히 정 깊은 그 음성
가슴속에 뜨겁게 젖어드는 그 음성
나를 불러 끝없이
메아리쳐오네.
사랑하라 병사들을
병사들을 사랑하라.

[그림 51] 렴민의 감격

이와 같이 김정은 시대 영화는 장조와 단조의 비율이 거의 비슷하다. 따라서 전체적으로 슬프거나 비장함만이 있는 것은 아니다. 영화에 따라 밝은 느낌이나 역동적인 느낌을 주는 음악도 분명 존재한다. 앞에서도 언급했듯이 자본주의 문화 유입 등 북한 사회와 주민의식의 변화를 고려할 때 슬픔의 느낌을 주는 단조가 감소하는 것은 시대의 흐름이다.

2.3. 감정어휘

2.3.1. 김정일 시대: 애(愛), 희(喜), 애(哀), 구(懼)

김정일 시대 시나리오의 설화, 대사, 지문에 나타난 감정어휘를 추출하고 분류한 결과는 다음과 같다.

[표 45] 〈민족과 운명〉 30부 감정어휘

분류		감정 언어	총수
기쁨	기쁨	설레이다(2), 즐겁다, 웃다(17), 행복(5), 행복하다, 놀라다(5), 기쁘다, 좋은, 놀라, 놀라는(2), 기쁨, 박수치다, 축하해주다, 환희, 기쁨, 설레이다, 박수터지다, 박수치다, 좋아하다	45
노여움	분노	원한, 억이 막히다, 삐지다, 울화를 터치다, 서슬이 덩덩하다, 섭섭하다	6
	원망		
	불쾌		
슬픔	슬픔	서럽다, 사무치다, 불우하다, 눈물(6), 한숨, 가긍한, 슬픔, 설움(2), 울다(6), 불쌍하다(2), 목이 메다, 통곡, 불쌍	25
	괴로움	수난, 신음하다, 불행(3), 가슴아프다(3), 마음고생하다, 상처, 몸부림치다, 심각, 피눈물을 삼키다, 짓밟히다, 안타깝다(2), 속이 타다, 가슴을 앓다, 고통스럽다, 괴롭다(2), 괴로워지다	22
	억울함		
	외로움	.	
	후회	가슴이 뜨끔하다, 자책	2
	실망		
	허망		
	그리움		
두려움	두려움	음산한	1
	걱정	고민, 한숨쉬다, 걱정하다	3
	초조함	긴장	1
	미안함		
	위축감	기가 죽다	1
	놀람	놀라다(9), 기가 질리다, 당황	11
좋아함	호감	위대한, 아름다움, 고상, 아름다운, 정겹다, 아름답다, 웅장하다, 마음이 곱다, 정들다, 멋있다, 훌륭하다	11
	사랑	사랑, 칭찬	2
	반가움	반갑게, 반갑다, 반가워하다	3
	신뢰감	주의깊다, 지지하다, 침착하다	3
	만족감	좋다	1
	안정감		
	공감		
	감동	놀라다(2), 울다, 눈물(3)	6
	통쾌함		
	자랑스러움		
	자신감		
	고마움	고맙다(5)	5

분류		감정 언어	총수
싫어함	반감 거부감 미움	짓누르다, 놀리다(2), 가슴을 허비다, 가슴을 난도질하다, 구차하다, 비판, 코웃음치다, 업수이 보다, 교만, 탓하다, 건방지다, 희생시키다	13
	답답함		
	냉담	모질다, 무관심하다(2)	3
	치사함		
	불편함 귀찮음		
	난처함		
	불신감	의아하다	1
	서먹함		
	심심함		
	싫증		
	시기심		
	부끄러움	망신	1
바람	바람·욕심	열정, 부탁하다	2
	궁금함		
	아쉬움	섭섭해하다	1
	불만		
	갈등		

[표 46] 〈민족과 운명〉 31부 감정어휘

분류		감정 언어	총수
기쁨	기쁨	설레이다, 웃다(46), 기쁘다(5), 즐겁다(3), 놀라다(2), 행복(2), 흐믓하다, 재미있다	61
노여움	분노	원한, 치를 떨다, 이지러지다, 격분에 차다, 모해하다, 발광하다	6
	원망		
	불쾌		
슬픔	슬픔	서럽다, 사무치다, 불우하다, 눈물(2), 한숨, 가긍한, 울다(2), 울적하다	10
	괴로움	수난, 신음하다, 갈팡질팡하다, 갈팡질팡하다, 방랑하다, 심각해지다, 괴로워하다(3), 불행(3), 심각하다(2), 속이 타다, 가슴 터지다, 마음 아프다(2)	18
	억울함		
	외로움	외롭다	1
	후회	자책하다	1
	실망		
	허망	웃다, 허무하다	2
	그리움		
두려움	두려움	음산한, 준엄하다, 무섭다, 두렵다	4
	걱정	속이 덜컹하다, 걱정(2)	3
	초조함	긴장하다(4)	4
	미안함		
	위축감	기가 죽다	1
	놀람	놀라다(4)	4
좋아함	호감	위대한	1
	사랑	정들다, 사랑(6)	7
	반가움	반기다, 반겨맞다	2
	신뢰감	생각깊다	1
	만족감	좋다(2)	2
	안정감		
	공감		
	감동	박수치다, 감동하다, 흐느끼다, 가슴이 뭉클해지다, 울다(8), 놀라다, 울리다	14
	통쾌함		
	자랑스러움		
	자신감		
	고마움	고맙다(10)	10

분류		감정 언어	총수
싫어함	반감 거부감 미움	짓누르다, 가슴을 치다, 욱박지르다, 비방중상하다, 나쁜, 건방지다, 질책(2), 속을 태우다	9
	답답함		
	냉담	독하다	1
	치사함	비렬하다	1
	불편함 귀찮음	나약해지다	1
	난처함		
	불신감	의심하다	1
	서먹함		
	심심함		
	싫증		
	시기심	부러워하다	1
	부끄러움	민망스러워하다	1
바람	바람·욕심		
	궁금함		
	아쉬움		
	불만		
	갈등		

[표 47] 〈민족과 운명〉 32부 감정어휘

분류		감정 언어	총수
기쁨	기쁨	설레이다, 웃다(24), 좋아하다(2), 흐뭇해하다(2), 박수치다(2), 행복(4), 흥분하다, 좋다, 축하하다	38
노여움	분노	원한, 화나다, 노엽다, 화나다	4
	원망		
	불쾌		
슬픔	슬픔	서럽다, 사무치다, 불우하다, 눈물(17), 한숨, 가긍한, 눈물어리다, 목메다, 눈물 흘리다, 흐느끼다(3), 울다(12), 가슴터지다, 눈물나다, 처절하다, 불쌍하다	44
	괴로움	수난, 신음하다(2), 불행(2), 가슴아파하다, 가슴 아프다, 수모받다	8
	억울함		
	외로움		
	후회	반성하다	1
	실망	낙심하다	1
	허망		
	그리움		
두려움	두려움	음산한, 겁이 나다	2
	걱정	고민하다, 상념에 빠지다, 근심하다	3
	초조함	긴장하다(4), 조바심	5
	미안함		
	위축감		
	놀람	놀라다(10)	10
좋아함	호감	위대한, 아름다운	2
	사랑	사랑(7)	7
	반가움	반가움, 반갑다	2
	신뢰감	심중히, 믿다, 믿음직하다, 심중하다(2)	5
	만족감		
	안정감		
	공감		
	감동	울다, 눈물(2), 목이 메다	4
	통쾌함		
	자랑스러움	기특하다	1
	자신감	우쭐하다	1
	고마움		

분류		감정 언어	총수
싫어함	반감 거부감 미움	짓누르다, 가슴을 치다, 업신여기다(2)	4
	답답함		
	냉담		
	치사함		
	불편함 귀찮음		
	난처함		
	불신감	의아해하다(2)	2
	서먹함		
	심심함		
	싫증		
	시기심		
	부끄러움		
바람	바람·욕심	희생, 희생, 결연하다	3
	궁금함		
	아쉬움		
	불만		
	갈등		

[표 48] 〈나의 아버지〉 감정어휘

분류		감정 언어	총수
기쁨	기쁨	행복(6), 희열(2), 열광, 웃다(29), 신바람이 나다, 좋다(2), 기쁘다(6), 흐뭇하다, 생글거리다, 웃는다(2), 생글거리다(3), 깔깔대다, 흥이 오르다, 흥겹다, 재미있다, 기뻐하다(2), 미소, 우습다, 유쾌하다	63
노여움	분노	화내다, 화나다, 화나다	3
	원망		
	불쾌		
슬픔	슬픔	울다(14), 애타다, 울적하다, 울먹이다, 서럽다, 불쌍하다(4), 슬프다	23
	괴로움	맥없다, 가슴아프다, 안타깝다, 마음이 무겁다, 마음아프다, 괴로워하다, 뜨거움을 안다, 눈물을 머금다, 난처하다, 안타깝다(3), 엄하다(2), 속상하다, 심각하다	16
	억울함		
	외로움		
	후회	자책하다	1
	실망	실망하다	1
	허망		
	그리움		
두려움	두려움	두렵다	1
	걱정	걱정하다(2), 애타다	3
	초조함	굳어지다, 초조하다, 애타다	3
	미안함		
	위축감	시무룩하다(2)	2
	놀람	놀라다(12), 아연해지다, 눈이 동그래다	14
좋아함	호감	우아하다, 정답다, 인자하다(2), 고와서, 다정하다, 아름답다	7
	사랑	사랑하다, 사랑(19), 친애하다	21
	반가움	반갑다	1
	신뢰감	생각이 깊다, 진지하다	2
	만족감	기막히다	1
	안정감		
	공감		
	감동	감동하다(5), 열광적, 뜨거운 눈길, 감격하다(4), 울먹이다, 감탄하다, 놀라다, 울다, 눈물을 머금다, 감개무량하다	17
	통쾌함		
	자랑스러움	대견하다, 기특하다	2
	자신감	자신만만하다, 자신감	2
	고마움	감사하다, 고맙다(5)	6

분류		감정 언어	총수
싫어함	반감 거부감 미움	원망하다, 욕하다, 괴롭히다(2), 머리혼들다	5
	답답함		
	냉담	무뚝뚝하다	1
	치사함		
	불편함 귀찮음		
	난처함		
	불신감	의심하다(2), 의아하다(4)	6
	서먹함		
	심심함		
	싫증		
	시기심		
	부끄러움	창피하다	1
바람	바람·욕심	부럽다(3), 희망, 간절하다, 애쓰다	6
	궁금함	호기심(2)	2
	아쉬움		
	불만	토달거리다, 투정하다	2
	갈등	머뭇거리다	1

[표 49] 〈고요한 전방〉 감정어휘

분류		감정 언어	총수
기쁨	기쁨	웃다(27), 미소(3), 즐겁다(2), 기쁘다(4), 놀라다, 가슴벅차다, 좋다, 폭소하다(2), 활기차다, 흥분하다, 흐뭇이	44
노여움	분노	싸움(6), 기분이 상하다, 격하다, 화내다	9
	원망	원망하다	1
	불쾌		
슬픔	슬픔	쓸쓸하다, 눈물흘리다, 눈물겹다, 불쌍하다	4
	괴로움	죄책감, 안돼다, 마음이 상하다, 마음이 어두워지다, 괴롭다(7), 심각해지다, 미안하다(3), 당황하다, 고뇌어리다, 쓰리다, 아프다, 안돼다, 안타깝다	21
	억울함	어이없다	1
	외로움	외롭다	1
	후회	자책하다(3), 자책	4
	실망	실망하다(2)	2
	허망	씁쓸하다, 씁쓸하다, 쓰겁게 웃다	3
	그리움		
두려움	두려움	음산한, 준엄하다, 엄중하다, 엄혹하다	4
	걱정	한숨짓다, 고뇌에 차다, 불안한, 근심스럽다, 착잡하다, 걱정하다(2)	7
	초조함	긴장하다(5), 불안스럽다(3), 초조, 금심하다	10
	미안함	미안하다	1
	위축감		
	놀람	당황하다, 놀라다(8), 굳어지다, 아연하다, 어이없다(2)	13
좋아함	호감	정깊다, 아름답다, 아담하다, 좋아하다(2), 정깊다, 현숙하다, 지성적이다, 머리가 수그러지다	9
	사랑	경애하다(2), 칭찬하다, 사랑(2)	5
	반가움	반색하다(4), 반기다	5
	신뢰감	믿다(2), 심중해지다(3), 심중히, 심중한	7
	만족감	만족하다, 흡족한(2)	3
	안정감	덤덤하다, 비긴장하게, 해이(4), 덤덤히, 안도감	8
	공감	수긍하다	1
	감동	감동되다(2), 감격하다, 뜨겁게(2), 감동하다, 마음이 뭉클해지다, 뜨거운 것을 삼키다(2)	9
	통쾌함		
	자랑스러움	자랑하다	1
	자신감		
	고마움	고마움(3)	3

분류		감정 언어	총수
싫어함	반감 거부감 미움	추궁하다, 눈을 흘기다	2
	답답함	착잡	1
	냉담		
	치사함		
	불편함 귀찮음		
	난처함		
	불신감	의아하다(4)	4
	서먹함	멋쩍어하다, 낯이 설다, 서먹하다	3
	심심함		
	싫증		
	시기심		
	부끄러움	부끄럽다, 수치스럽다	2
바람	바람·욕심	고생하다, 기대하다, 애쓰다(2), 절절하게(2), 사정하다	7
	궁금함		
	아쉬움	야속하다	1
	불만	불평하다, 투정하다	2
	갈등	망설이다, 우물쭈물하다	2

[표 50] 〈그는 대학생이였다〉 감정어휘

분류		감정 언어	총수
기쁨	기쁨	활기차다(2), 격동되다, 미소짓다(5), 흥분하다(4), 기쁘다(13), 쾌히, 웃다(25), 환희 넘치다(3), 환성 지르다, 희열(2), 행복하다(2), 환호하다, 축하하다(3), 설레이다, 기분이 좋다, 설레다	66
노여움	분노	화내다(2), 열이 오르다, 격해오다, 투덜거리다, 어안이 병병하다, 격분하다, 노하다, 분하다, 쏘아보다, 살기, 독이 차다, 분노하다, 쏘아보다	14
	원망		
	불쾌		
슬픔	슬픔	추연하게, 울다(3), 흐느끼다(2), 동정어리다, 눈물흘리다(2), 침통하다, 탄성, 애절한, 눈물(6), 침통히, 오열하다	20
	괴로움	다급하다, 안타깝다(6), 심각하다, 미안하다(2), 속상하다, 민망하다, 죄의식, 걱정하다(2), 심각, 신음하다, 엄혹하다, 번민하다, 안절부절하다, 초조하다, 괴로워하다(3), 속이 타다	25
	억울함	어이없다, 어처구니없다	2
	외로움		
	후회	자책하다(3), 가슴치다	4
	실망	실망하다(3), 낙심하다	4
	허망		
	그리움	그립다(5), 보고싶다	6
두려움	두려움	공포(3), 무섭다(2), 겁나다	6
	걱정	착잡하다, 걱정하다(2)	3
	초조함	긴장하다(8), 안절부절하다, 굳어지다(2), 불안해하다(3)	14
	미안함	사죄하다	1
	위축감		
	놀람	놀라다(16), 기겁하다(2), 굳어지다(2), 어리둥절하다, 당황하다(2)	23

분류		감정 언어	총수
좋아함	호감	너그럽다, 친절하다, 인정많다, 매혹적이다, 훌륭하다, 좋아하다, 다정하다(3), 황홀하다, 매혹되다, 인자하다(2), 귀중한, 위대하다(2), 아름답다, 숭고하다	18
	사랑	열렬하다(2), 사랑(8), 열정, 경애하다	12
	반가움	반기다(3), 반갑다(2)	5
	신뢰감	심중히(3), 점잖다, 믿다, 신뢰하다	6
	만족감		
	안정감	안도하다, 평화롭다	2
	공감	호응하다(2), 박수치다(3)	5
	감동	감동하다(11), 감탄하다, 울다(4), 감격하다(9), 격정에 넘치다, 격정적(2), 탄복하다, 격정에 복받치다, 박수치다(3), 감화되다, 열광적	35
	통쾌함	통쾌하다	1
	자랑스러움		
	자신감	고무하다	1
	고마움	고맙다	1
싫어함	반감 거부감 미움	적개심, 거만하다, 빈정대다, 꺼려하다, 비웃다, 빈정대다, 증오	7
	답답함		
	냉담	냉담하다, 정색하다, 냉냉하다	3
	치사함		
	불편함 귀찮음		
	난처함		
	불신감	의아하다(3), 의아해하다(3)	6
	서먹함		
	심심함		
	싫증		
	시기심		
	부끄러움	부끄럽다(4), 창피하다, 수치스럽다	6
바람	바람·욕심	절절히(2), 열렬히, 희망차다(2), 하소연하다, 간절하다(2), 호소하다(4), 애원하다	13
	궁금함		
	아쉬움	아쉽다	1
	불만		
	갈등	주춤거리다	1

[표 51] 〈화성의숙에서의 한해 여름〉 감정어휘

분류		감정 언어	총수
기쁨	기쁨	힘차다, 웃다(18), 폭소를 터뜨리다, 놀라다, 폭소를 터뜨리다, 기분좋다, 즐겁다(3), 좋은, 신이나다, 흥분하다, 좋다(6), 기뻐하다(2), 흥분하다(2), 행복하다	40
노여움	분노	노하다(2), 살기띠다, 잘못되다, 분하다, 비분, 웅어리지다	7
	원망		
	불쾌		
슬픔	슬픔	불우한(2), 눈물흘리다(18), 슬프다(3), 불쌍하다(2), 딱해하다, 무참하다, 애타다(6), 설움	34
	괴로움	지치다, 안타깝다(5), 걱정하다, 미안하다, 긴장하다, 가슴아프다(7), 괴롭다(4), 고난, 시련, 심각하다, 눈물을 머금다, 마음고생하다, 화를입다, 불행하다(3), 힘겹다, 마음고생하다, 불행하다	32
	억울함		
	외로움		
	후회	책망하다	1
	실망	낙심하다	1
	허망		
	그리움	보고싶다	1
두려움	두려움	엄하다, 공포에 질리다, 준엄하다, 삼엄하다, 무섭다(2), 엄숙하다	7
	걱정	생각에 잠기다(2), 사색에 잠기다, 깊이 생각하다, 마음쓰다, 걱정하다	6
	초조함	긴장하다(2), 위험하다	3
	미안함	미안하다	1
	위축감		
	놀람	어이없다(2), 놀랍다(20), 아연하다(2), 당황해하다(4), 소리지르다	29

분류		감정 언어	총수
좋아함	호감	위대한(3), 곱다, 무던하다, 귀중한, 관대하다, 고상하다, 좋아하다(1), 환성 지르다, 소중하다, 멋있다, 숭상하다, 귀중하다, 매혹되다, 거룩하다	16
	사랑	사랑해오다(7), 열렬하다, 정(2), 열정, 경애하다	12
	반가움		
	신뢰감	심중히, 지지하다, 생각깊다	3
	만족감	좋다	1
	안정감	다행히(2), 안도하다, 자유롭다	4
	공감	고개를 끄덕이다(4), 박수터지다(3), 호응하다(4), 찬성하다(2)	13
	감동	감동하다(2), 눈물고이다(2), 놀라다, 뜨겁게(3), 감지덕지하다, 감격적이다(2), 박수치다(2)	14
	통쾌함		
	자랑스러움	자랑하다	1
	자신감	잘난척하다, 당돌하다	2
	고마움	고맙다(5), 황송하다, 은혜갚다	7
싫어함	반감 거부감 미움	끔찍하다, 가혹하다, 꺼림직하다, 남잡이하다, 저애하다, 모욕하다, 조롱하다, 환멸(3), 끔찍하다, 나쁘게 생각하다, 싫다(2), 미워하다, 놀리다, 모욕하다, 너절하다, 괴롭히다, 짓밟다(2)	21
	답답함	고지식하다, 한심하다	2
	냉담		
	치사함	옹졸하다, 비열하다, 옹졸하다	3
	불편함 귀찮음		
	난처함	야단나다, 실패하다	2
	불신감	의심쩍다, 의아하다	2
	서먹함	서툴다	1
	심심함		
	싫증		
	시기심	동경하다	1
	부끄러움		
바람	바람·욕심	기구하다, 고생하다, 구걸질하다, 고집하다, 우기다, 희생하다, 애쓰다(2), 애원하다	9
	궁금함		
	아쉬움	섭섭하다	1
	불만		
	갈등		

이와 같이 분류한 감정어휘를 토대로 대분류만을 다시 분류하면 다음과 같다.

[표 52] 김정일 시대 영화의 감정어휘 빈도수

	민족과 운명 30부	민족과 운명 31부	민족과 운명 32부	나의 아버지	고요한 전방	그는 대학생이 였다	화성의숙
기쁨	45	61	38	63	44	66	40
노여움	6	6	4	3	10	14	7
슬픔	49	32	54	41	36	61	69
두려움	17	16	20	23	35	47	46
좋아함	31	37	22	59	51	86	73
싫어함	18	15	6	13	12	22	32
바람/욕심	3		3	11	12	15	10

좋아함	기쁨	슬픔	두려움	싫어함	바람/욕심	노여움
359	357	342	204	118	54	50
24%	24%	23%	14%	8%	4%	3%

김정일 시대에 빈도수가 높은 감정을 대분류에서 순서대로 살펴보면 "좋아함-기쁨-슬픔-두려움-싫어함-바람/욕심-노여움"이며 100회 이상은 "좋아함-기쁨-슬픔-두려움-싫어함"이다. 이 중 좋아함-기쁨은 거의 동일하다.

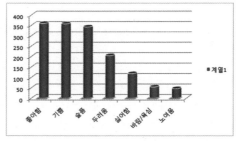

[그림 52] 감정어휘 대분류 빈도수 순서

이번에는 이 대분류를 중분류로 나누었을 때 중분류의 어떤 항목
이 높은 순서인지 다시 분류해보기로 한다.

좋아함		기쁨		슬픔		두려움	
호감	64	기쁨	357	슬픔	160	두려움	25
사랑	66			괴로움	142	걱정	28
반가움	18			억울함	3	초조함	40
신뢰감	27			외로움	2	미안함	3
만족감	8			후회	14	위축감	4
안정감	14			실망	9	놀람	104
공감	19			허망	5		
감동	99			그리움	7		
통쾌함	1						
자랑스러움	5						
자신감	6						
고마움	32						
싫어함		바람/욕심		노여움			
반감; 거부감; 미움	61	바람·욕심	40	분노	49		
답답함	3	궁금함	2	원망	1		
냉담	8	아쉬움	4	불쾌	0		
치사함	4	불만	4				
불편감	1	갈등	4				
난처함	2						
불신함	22						
서먹함	4						
심심함	0						
싫증	0						
시기심	2						
부끄러움	11						

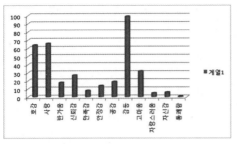

[그림 53] '좋아함'의 중분류

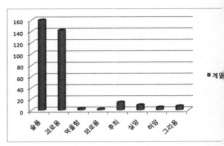

[그림 54] '슬픔'의 중분류

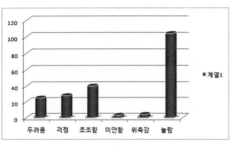

[그림 55] '두려움'의 중분류

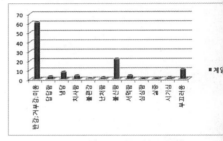

[그림 56] '싫어함'의 중분류

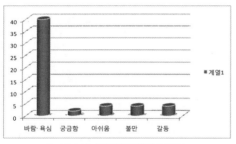

[그림 57] '바람/욕심'의 중분류

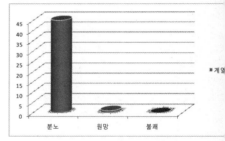

[그림 58] '노여움'의 중분류

이와 같이 김정일 시대에는 "좋아함"에서 '감동-사랑-호감', "슬픔"에서 '슬픔-괴로움-후회', "두려움"에서 '놀람-초조함'의 순서로 비중이 높은 것이 발견된다. 표면상으로는 영화가 "애"와 "희"를 강조한다. 그러나 유념해야 할 것은 "좋아함"에 속하는 '감동'이나 '사랑'이 최고 지도자를 향한 것이 대부분이며 '사랑'과 '호감' 역시 주민들 관계라기보다는 최고지도자에 대한 일방적 사랑이라는 점이다. "기쁨"도 동일한 양상이다. 반면 "슬픔"의 중분류에 속하는 '슬픔'과 '괴로움'이 최고 지도자와 연관되는 경우는 거의 나타나지 않으며 자기 자신과 관계되는 경우가 많다. 지도자와 관련해서 슬프거나 괴로운 감정을 갖는 것을 의식/무의식적으로 회피하는 것이다. 이외에 "두려움"에서는 '놀람-초조함-걱정-두려움'의 순서로 비중이 높지만 영화를 보았을 때 '놀람'은 감정이라기보다는 연기(演技)와 관련되는 측면이 강하다.

한편 김정일 시대 감정어휘 중 비중이 낮은 것은 위의 표에서 알 수 있듯이 한 번도 사용하지 않는 "싫어함"에 속하는 '심심함'과 '싫증'이며 "노여움"에 속하는 '불쾌'이다. 이외 "노여움"에 속하는 '원망', "좋아함"에 속하는 '통쾌', "싫어함"에 속하는 '불편'은 1회 사용에 그친다. '외로움', '난처함', '궁금함', '시기심'은 2회 사용했을 뿐이다. 분석한 결과의 감정어휘를 서브텍스트와 연결한다면 김정일 시대에는 '뜨겁게', '밝게' 등을 강조한 바 있다. 고난의 행군기를 헤쳐 나가자는 '긍정'의 강박이라 하겠다. '심심함', '싫증', '불쾌', '원망', '불편' 등의 어휘 사용 빈도수가 낮은 이유도 시급한 경제회복을 위해 주민을 노동 전선으로 이끌어야 했던 사회적 상황 때문이라 하겠다.

2.3.2. 김정은 시대: 애(愛), 희(喜), 구(懼), 애(哀)

김정은 시대 시나리오의 설화, 대사, 지문에 사용된 감정어휘를 추출하고 분류하면 다음과 같다.

[표 53] 〈들꽃소녀〉 감정어휘

분류		감정 언어	총수
기쁨	기쁨	웃다(6), 즐겁다(3), 흥분하다(2), 기쁘다(4), 기뻐하다(3), 미소짓다(4), 경쾌하다, 좋다, 놀라다, 흥겹다, 설레이다	27
노여움	분노	화가나다, 격해지다, 내쏘다	3
	원망		
	불쾌		
슬픔	슬픔	울다, 딱해하다, 섭섭하다, 울먹이다	4
	괴로움	괴로워하다, 안타까와하다, 굳어지다(2), 불안하다, 아연해지다, 어이없다, 기가막히다, 안타깝다, 욕먹다, 멍하다, 긴장하다(2), 당황하다(2), 불안하다, 모욕당하다, 갈등하다	18
	억울함		
	외로움		
	후회	잘못하다(2), 반성하다, 후회하다, 자책하다(2)	6
	실망		
	허망		
	그리움		
두려움	두려움	무섭다, 엄하다(2), 겁먹다, 겁이 나다	5
	걱정	안달나다, 걱정하다, 고개를 떨구다	3
	초조함	긴장하다(8)	8
	미안함	미안하다(5)	5
	위축감		
	놀람	놀라다(14), 정신없다, 멍하다, 놀랍다(3)	19
좋아함	호감	곱게, 곱다(4), 멋있다, 황홀하다, 정답다(2), 정겹다, 산뜻하다, 호감, 순결하다(4), 멋있다, 티없다, 우러르다, 멋있다, 소중하다, 귀중하다	22
	사랑	친애하다	1
	반가움	반기다(3), 반색하다(2), 반갑다	6
	신뢰감	따르다, 믿다, 따르다(2)	4
	만족감	만족하다(2)	2
	안정감	침착하다, 안도하다	2
	공감	동의하다, 호응하다	2
	감동	경탄하다, 굉장하다, 감동하다, 감격하다, 뜨겁다(4), 느끼다	9
	통쾌함		
	자랑스러움	자랑하다(4), 으쓱하다, 자랑스럽다, 기특하다	7
	자신감	떳떳하다	1
	고마움	고맙다(4)	4

분류		감정 언어	총수
싫어함	반감 거부감 미움		
	답답함		
	냉담		
	치사함		
	불편함 귀찮음		
	난처함		
	불신감		
	서먹함		
	심심함		
	싫증		
	시기심		
	부끄러움	수줍다, 망신스럽다, 부끄럽다	3
바람	바람·욕심	절절하다, 바라다, 절절하다, 간절하다, 소망하다	5
	궁금함		
	아쉬움		
	불만		
	갈등	갈등하다	

[표 54] 〈폭발물처리대원〉 감정어휘

분류		감정 언어	총수
기쁨	기쁨	기쁘다(8), 기뻐하다(4), 웃다(21), 행복하다, 웃음 짓다, 미소 짓다, 기쁨 넘치다, 흥분하다, 즐겁다(2), 행복, 환희, 행복하다	43
노여움	분노	비장하다, 피끓이다. 굳어지다(2), 퉁명스럽다, 화나다, 대항하다	7
	원망		
	불쾌		
슬픔	슬픔	슬프다	1
	괴로움	힘들다, 불안해하다, 멋쩍어하다, 죄송하다, 굳어지다, 당황하다, 마음쓰다	7
	억울함	어이없다(4)	4
	외로움	허전하다	1
	후회	반성하다, 자책하다(3)	4
	실망		
	허망	허무하다	1
	그리움		
두려움	두려움	등이 서늘하다, 두렵다	2
	걱정	걱정하다(3), 가슴을 조이다	4
	초조함	긴장하다(12)	12
	미안함		
	위축감		
	놀람	놀라다(9), 경악하다	10
좋아함	호감	좋아하다(5), 좋다(7), 소중하다, 멋있다	14
	사랑	아끼다, 사랑하다(2), 경애하다(5)	8
	반가움		
	신뢰감	믿다	1
	만족감	만족하다	1
	안정감	평화롭다	1
	공감		
	감동	뜨겁다(6), 감동하다(3), 감동어리다, 감격하다(2)	12
	통쾌함		
	자랑스러움		
	자신감	자신만만하다	1
	고마움	고맙다(5)	5

분류		감정 언어	총수
싫어함	반감 거부감 미움	쏘아보다, 싫다, 땍땍거리다	3
	답답함		
	냉담		
	치사함		
	불편함 귀찮음		
	난처함		
	불신감		
	서먹함		
	심심함		
	싫증		
	시기심	부러워하다, 부럽다	2
	부끄러움		
바람	바람·욕심	소원하다	1
	궁금함		
	아쉬움		
	불만		
	갈등	망설이다	1

[표 55] 〈종군작곡가 김옥성〉 감정어휘

분류		감정 언어	총수
기쁨	기쁨	흥분하다(13), 벅차다, 환호하다, 흥겹다(8), 웃다(39), 미소, 흥취나다(3), 미소(2), 격정에 넘치다, 울다(4), 기쁘다(12), 밝다, 환희(2), 좋다(5), 기뻐하다, 박수치다, 반갑다(2), 환성올리다, 반가와하다, 우습다, 신이나다, 반기다, 박수터지다, 기뻐하다, 미소 짓다(2), 정에 넘치다, 흐뭇하다, 신명나다, 신바람나다, 놀라다	111
노여움	분노	분개하다, 쏘아보다(2), 기막히다. 화내다, 울분을 터뜨리다, 울분을 토로하다, 격노하다(2), 화나다(4), 노려보다(7), 화내다, 분노하다(2), 분노(2), 버럭 화내다, 이지러지다, 비분하다, 비분(2)	30
	원망	원망하다, 원망하다	2
	불쾌		
슬픔	슬픔	운다, 울다(5), 슬프다, 침통하다, 가슴 아프다, 마음이 찡하다, 마음 아프다, 비애, 비장하다, 비분하다. 비분(2), 가슴아파하다, 가슴아프다(2)	19
	괴로움	괴로워하다, 얼떨떨하다, 신음하다(2), 괴롭다. 불안하다, 당황하다(2), 긴장하다(3), 안타깝다, 안타까와하다	13
	억울함		
	외로움		
	후회		
	실망	실망하다(2), 주저앉다(실망하다), 주저앉다	4
	허망	허탈하다	1
	그리움	보고싶다, 그립다(3), 추억하다	5
두려움	두려움		
	걱정	근심, 걱정, 걱정하다, 고뇌하다, 번민하다, 애타다	6
	초조함	긴장하다(2)	2
	미안함	죄송하다, 미안하다(2), 면목없다, 면구스럽다	5
	위축감		
	놀람	충격받다, 경악하다, 놀라다(34회)	36

분류		감정 언어	총수
좋아함	호감	좋다(9), 좋아하다(2), 멋있다, 멋지다, 멋있다, 다정하다, 곱다(3)	18
	사랑	사랑(8), 사랑하다(8), 찬미하다, 받들다, 열정적이다, 열정	20
	반가움	반갑다(3), 반기다	4
	신뢰감	믿음직하다, 미덥다	2
	만족감		
	안정감	마음놓다, 안도하다	2
	공감		
	감동	목메이다, 격정에 잠기다, 뜨겁다(감격하다의 의미-10), 감격하다(8), 격해지다, 감탄하다, 감동하다(7), 가슴뜨겁다, 격정에 넘치다, 박수치다(감동하다의 의미), 심금을 울리다	33
	통쾌함	통쾌하다	1
	자랑스러움	대견하다	1
	자신감	고무하다, 고무하다	2
	고마움	고맙다(6)	6
싫어함	반감 거부감 미움	혐오스럽다, 시무룩하다, 증오하다	3
	답답함		
	냉담	무정하다	1
	치사함		
	불편함 귀찮음		
	난처함	난처해지다	1
	불신감	의아하다(2)	2
	서먹함		
	심심함		
	싫증		
	시기심		
	부끄러움	부끄럽다(6), 멋쩍다, 쑥스럽다	8
바람	바람·욕심	호소하다(2), 간절하다(3), 절절하다	6
	궁금함		
	아쉬움		
	불만		
	갈등	흔들리다, 우물거리다	2

[표 56] 〈최전연의 작은집〉 감정어휘

분류		감정 언어	총수
기쁨	기쁨	재미나다, 기쁘다(5), 좋다, 환성올리다, 웃다(25), 미소짓다(11), 재미있다. 키득거리다, 벙글거리다, 흐뭇하다, 즐겁다, 흥겹다, 기뻐하다, 반갑다(4), 박수치다, 밝다, 대견해하다	58
노여움	분노	투덜거리다, 기가막히다, 화내다(4), 씨근거리다, 노려보다, 신경질나다, 화나다(3)	12
	원망		
	불쾌	험악하다	1
슬픔	슬픔	서글프다, 흐느끼다(3), 절절하다, 울다(4), 슬프다(2), 목메다, 사무치다, 뭉클하다	14
	괴로움	황황하다(갈팡질팡하다), 힘겹다, 당황하다	3
	억울함	어이없다	1
	외로움	무시당하다(소외당하다)	1
	후회	책망하다, 후회하다	2
	실망	실망하다, 낙담하다	2
	허망		
	그리움	그립다.	1
두려움	두려움	사색이되다	1
	걱정	걱정하다, 불안하다, 애끓다	3
	초조함	절실하다, 긴장하다(3), 굳어지다(긴장하다-3), 초조하다(2)	9
	미안함	미안하다, 미안해하다	2
	위축감	시무룩하다(3)	3
	놀람	놀라다(14), 멍하다(얼떨떨하다), 어리둥절하다, 아연하다	17
좋아함	호감	좋아하다(4), 멋있다, 정있다, 다정하다(3), 훌륭하다, 정깊다	11
	사랑	사랑(5), 사랑하다(11)	16
	반가움	반갑다, 반기다(2)	3
	신뢰감		
	만족감		
	안정감	안도하다	1
	공감		
	감동	감탄하다(2), 경탄하다, 탄복하다, 감격하다, 뜨겁다(감동-16), 격정, 놀라다, 감동하다(4)	31
	통쾌함		
	자랑스러움	자랑하다, 뽐내다	2
	자신감	으스대다, 당돌하다(자신만만하다)	2
	고마움	고맙다	1

분류		감정 언어	총수
싫어함	반감 거부감 미움	멍청해하다, 추궁하다, 질리다	3
	답답함		
	냉담	무뚝뚝하다, 차갑다	2
	치사함		
	불편함 귀찮음		
	난처함	난처하다(2)	2
	불신감	의아하다(6)	6
	서먹함	멋쩍어하다	1
	심심함		
	싫증		
	시기심		
	부끄러움	부끄럽다(3), 무안해하다	4
바람	바람·욕심	사정하다, 간절하다	2
	궁금함		
	아쉬움	섭섭하다, 서운하다, 아쉽다	3
	불만	투정하다	1
	갈등	머뭇거리다	1

이와 같이 분류한 감정어휘를 토대로 대분류만을 다시 분류하면 다음과 같다.

[표 57] 김정은 시대 영화의 감정어휘 빈도수

	들꽃소녀	폭발물처리대원	종군작곡가 김옥성	최전연의 작은집
기쁨	27	43	111	58
노여움	3	7	32	13
슬픔	28	18	42	22
두려움	40	28	49	35
좋아함	60	43	89	67
싫어함	3	5	15	18
바람/욕심	5	2	8	5

좋아함	기쁨	두려움	슬픔	노여움	싫어함	바람/욕심
259	239	152	110	55	41	20
29%	27%	17%	13%	6%	5%	2%

분석한 바에 따르면 김정은 시대에 가장 많이 나타나는 감정은
"좋아함-기쁨-두려움-슬픔-노여움-싫어함-바람·욕심"의 순서이
다. 이 중 100회 이상은 "좋아함-기쁨-두려움-슬픔"이다.

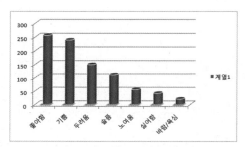

[그림 59] 감정어휘 대분류의 빈도수 순서

각 대분류에 속하는 중분류에 어떤 항목이 높은 순위인지 모든
영화를 종합하여 다시 분류해보기로 한다.

좋아함		기쁨		두려움		슬픔	
호감	65	기쁨	239	두려움	8	슬픔	38
사랑	45			걱정	16	괴로움	41
반가움	13			초조함	31	억울함	5
신뢰감	7			미안함	12	외로움	2
만족감	3			위축감	3	후회	12
안정감	6			놀람	82	실망	4
공감	2					허망	2
감동	85					그리움	6

좋아함		기쁨	두려움	슬픔
통쾌함	1			
자랑스러움	10			
자신감	6			
고마움	16			

노여움		싫어함		바람/욕심	
분노	52	반감; 거부감; 미움	9	바람· 욕심	12
원망	2	답답함	0	궁금함	0
불쾌	1	냉담	3	아쉬움	3
		치사함	0	불만	1
		불편감	0	갈등	4
		난처함	3		
		불신함	8		
		서먹함	1		
		심심함	0		
		싫증	0		
		시기심	2		
		부끄러움	15		

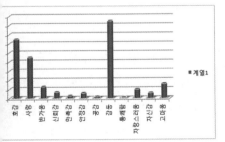

[그림 60] '좋아함'의 중분류

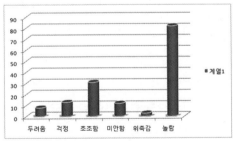

[그림 61] '두려움'의 중분류

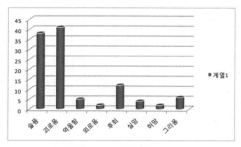

[그림 62] '슬픔'의 중분류

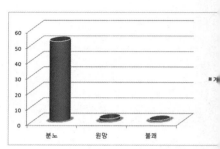

[그림 63] '노여움'의 중분류

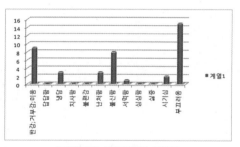

[그림 64] '싫어함'의 중분류

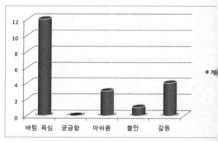

[그림 65] '바람/욕심'의 중분류

김정은 시대에는 "좋아함"에서 '감동-호감-사랑'이 비중이 높으며, "두려움"에서는 '놀람-초조함'이, "슬픔"에서는 '괴로움-슬픔'이 비중이 높다. 여기에서 '감동'은 최고 지도자의 업적과 사랑, 지도력에 대한 감동이 대부분을 차지하며, '호감-사랑'도 최고 지도자 관련이 대부분이다. 북한 주민들 사이의 '사랑'이나 '감동'은 실상 드물다. "두려움"에서 '놀람'이 비중이 높지만 뚜렷한 대상 없이 연기와만 관련되기도 한다. "슬픔"에서는 '괴로움'과 '슬픔'이 높은 비중을 차지하는데 최고 지도자와 관련해서는 슬픔이나 괴로운 정서가 나타나지 않으며 자신의 과거나 환경과 관련해서 나타난다. 반면 빈도수가 낮은 언어 중에서 한 번도 사용하지 않은 어휘는 "싫어함"에서

'답답함', '치사함', '불편감', '심심함', '싫증'이며, "바람/욕심"에서는 '궁금함'이다. "좋아함"의 '통쾌함'과 "노여움"의 '불쾌함'과 "싫어함"의 '서먹함'과 "바람"의 '불만'은 1회만 사용했으며, "슬픔"의 '외로움'과 "싫어함"의 '시기심'은 2회만 사용했다. 김정은 정통성 확립의 시급함이 이와 같은 결과를 가져온 것으로 해석할 수 있다. 김정일 시대와의 공통적으로 '바람과 욕심'의 어휘 비중이 낮은 것 역시 동일한 맥락으로 보인다. 북한 당국은 김정은 시대에도 개인이 무언가를 바라며 욕심을 내는 것을 특히 경계하는 양상이라 하겠다. 또한 무언가를 싫어하는 것과 관련한 정서가 낮은 비중을 차지하는 것은 의식·무의식적으로 북한 주민의 정서를 긍정적으로 전환하려는 긍정의 과잉 생산 양상이다.

제3장 비교와 의미

1. 공통점

1.1. 신화(神話)와 동화(同化)

김정일과 김정은 정권 초기 가장 큰 공통점 중 하나는 최고 지도자의 신화 생산이다.[1] 김정일 시대에는 김일성이 항일운동을 하면서 끝까지 지켰던 동료애, 기독교의 탕자처럼 자격 없는 인민을 품어 자식으로 성장시켰던 덕성, 최고 지도자를 향한 어린 김정일의 지극한 효성을 강조한다. 이 현상은 김정은 시대에도 크게 다르지 않다.

---

[1] 이 장 '공통점'과 '차이점'의 일부 내용은 2017년 정부지원(통일교육원)으로 연구한 것을 수정·보완한 것이다. 또한 일부는 3장과 4장의 김정수, 「김정은 시대의 예술정치」(위기와 기회의 한국정치와 국제질서, 2017년 한국정치학회 연례 학술회의, 2017년 12월 1일~12월 2일), 연세대학교 공연예술연구소, 『동아시아의 연극과 영화: 계승과 도전』(연세대학교 출판문화원, 2022)에서 발표한 것이다.

김정은 시대의 신화도 김일성의 넓은 도량, 어린 김정일의 효성, 김정일의 탁월한 안목, 김정일의 인민사랑이 소재이자 주제이다. 북한 체제 성립 이후부터 현재까지 변하지 않는 주제가 '수령형상화'인 것이다.

신화는 무엇일까? 북한은 왜 신화에 집착할까? 지금도 신화는 효력을 발생할 수 있을까? 기적적이라고 주장하는 인물에게 기적적인 것은 하나도 없을 수 있다.[2] 그러나 인간은 '곧잘 과학적 사고나 합리성을 이야기하지만 아직도 어떤 결단이나 행동을 취할 경우, 마음을 자극하는 뜨거운 정열이 필요하며, 이를 위해서는 여전히 미개인의 경우와 같은 신화적인 것이 필요'하다.[3] 특히 미래에 대한 불안이 있거나 확실성이 부족할 때 인간은 신화에 의존한다. 신화 속의 인물에 자신을 결합시키는 피학적 도착이다. 이 현상은 인간 의식의 문제가 아니라 인간 존재의 나약함의 문제이다. 나약한 개인 은 "이 피학적 충동을 만족시키는 문화 유형(예를 들면 파시즘 이데올로기에서 '지도자'에 대한 복종 같은)을 발견하면, 이 감정을 공유하는 수백만 명과 자신이 결합되어 있음을 깨닫고 안전을 얻는다."[4] 인간 은 항상 합리적으로 생각할 수 없기 때문에 '신화'는 작동할 수 있는 것이며 북한 주민의 능동성은 소멸하는 것이다.

능동성 소멸은 영화의 구조에서도 영향을 받는다. 김정일과 김정 은 시대 북한 예술영화는 공통적으로 영화를 통한 교육을 중요시하 면서도 교훈극의 대표적 구조인 서사적 구조를 취하지 않는다. 교훈 이 목적이라면 "관객이 스스로 무대 위에 묘사된 사건이나 묘사 자

---

2) 권헌익·정병호, 『극장국가 북한』, 12쪽.

3) 이극찬, 『정치학』(법문사, 1999), 63쪽.

4) 에리히 프롬, 김석희 옮김, 『자유로부터의 도피』(후마니스트, 2012), 162쪽.

체에 대하여 이의를 제기할 수 있는 비판적 자세를 가질 수 있게"
서사적 구조를 활용하는 것이 일반적일 수 있다.5) 그러나 김정일과
김정은 시대 영화는 공통적으로 아리스토텔레스적 구조를 취함으로
서사적 구조의 효과를 오히려 차단한다. 아리스토텔레스적 구조와
서사적 구조의 **차**이는 다음과 같다.6)

[표 58] 아리스토텔레스적 구조와 서사적 구조

아리스토텔레스적 구조	서사적 구조
관객을 사건 속에 몰아넣는다.	관객을 관찰자로 만든다.
관객의 능동성을 소모시킨다.	관객의 능동성을 일깨운다.
관객의 감정을 일으킨다.	관객에게 결단을 강요한다.
관객에게 체험을 전달한다.	관객에게 지식을 전달한다.
관객은 줄거리 속에 감정이 이입된다.	관객은 줄거리를 마주 대하고 있다.
감정을 축적한다.	인식의 단계까지 몰고간다.

아리스토텔레스적 구조는 관객이 냉정하게 대상을 관찰할 기회를
주지 않는다. 이 구조와 더불어 북한 영화는 빈번한 클로즈업을 사용
하고 애(哀)와 비장미를 담은 주제가로 관객이 냉정한 관찰자로 머무
는 것을 원천 차단한다. 김정일 시대에 설화를 과잉 활용하고 김정은
시대에 음악을 적극적으로 활용한 것은 이와 같은 맥락이다. 영화는
구조 자체에서 관객의 능동성을 소멸하고 인식의 방어기제를 해체
하여 관객이 영화 속 인물의 희노애락을 같이 체험하도록 한다. 그
결과 관객은 영화가 끝날 때까지 생각이 아닌 감정을 축적한다. 관객
의 능동성을 잠재우는 것, 영화와 거리감을 갖지 않게 하는 것, 영화

---

5) 베르톨트 브레히트, 김기선 옮김, 『서사극 이론』, 22쪽.
6) 위의 책, 34~35쪽.

가 재현하는 감정에 이입하는 것, 이것이 김정일과 김정은 시대 또
다른 공통점 중 하나이다.

북한이 '감정'에 천착하는 이유는 무엇일까? "놀랍게도 우리의 욕
망이나 감정, 정서는 어떤 개인의 자발적인 주관적 작용을 통해 생겨
나는 것이 아니라 모방을 통해서 이루어"지기 때문이다.[7]

다른 사람의 욕망을 모방하는 이유는 바로 자기 자신의 존립을 위해서
라고 말할 수 있다. 인간의 본성이 욕망인 한, 인간들은 욕망하지 않고서
는, 정서적 활동 없이는 살아갈 수 없지만, 인간들이 항상 이미 정서
모방의 연관 망 속에 들어 있는 한, 인간들은 다른 사람들의 욕망, 정서들
을 모방하지 않고서는 자기 자신의 욕망을 가질 수 없는 것이다.[8]

인간은 자신의 존립을 위해 다른 사람의 욕망을 모방한다. 인간은
관계망 속에서 존재하기에 자신의 욕망과 감정을 갖기 위해서 타인
의 욕망과 감정을 모방해야 하는 것이다. 우리가 "슬퍼하거나 기뻐
하고, 사랑하거나 미워할 때, 이는 우리 자신의 마음속에서 자생적으
로 생겨나는 것이 아니라, 다른 누군가의 슬픔과 기쁨, 사랑과 미움
에 대한 모방으로 이루어지는 작용"이며, "우리의 욕망도, 우리의
슬픔도, 우리의 사랑도 온전히 우리 자신의 것이 아닌 셈이다."[9]
인간은 "감정의 사회화를 통해 감정 문화 내에서 인지적·행동적 기
술을 배워 사회에 기능하는 성원으로 성장하므로 감정은 정치에 본
질적인 것이며 사회적 결과가 아니라 원인"이기도 하다.[10] 북한 당

---

7) 진태원, 본 연구자와 전화 인터뷰, 2016년 12월 5일.
8) 진태원, 위의 인터뷰.
9) 진태원, 위의 인터뷰.

국이 욕망하는 감정이 영화를 통해서 북한 주민에게 내면화되고 영화에서 체험하는 감정이 현실로 이어진다면 '물리적 강제력에 의하지 않고서도 이해대립이나 분쟁을 완화시켜 통합이 가능한 것'이다.[11] 선대 지도자 사망 직후라는 긴장감이 조성되는 시기에 새로운 지도자 중심의 통합은 필수이며 이를 위해 '감정'은 중요한 수단이 되는 것이다.

1.2. 죄책감과 집합기억(集合記憶)

1.2.1. 자기비하와 죄책감

김정일과 김정은 시대 북한 당국의 공통적 욕망은 무엇일까? 이 질문에 분석한 영화를 토대로 답하면 '자기비하(겸손)'와 '죄책감'의 주조이다.

[표 59] 김정일 시대

	〈민족과 운명〉	〈고요한 전방〉	〈그는 대학생이였다〉	〈나의 아버지〉	〈화성의숙에서의 한해여름〉
자기비하; 겸손; 불우한 환경	인력거군		굶주린 어린 시절	부모님을 잃음	일본에 의한 가족의 죽음 이후 비참한 생활
죄책감	김일성 은혜를 잊음	근무태만으로 중대장을 다치게 함	자신을 구하기 위해 친구가 목숨을 잃음	김정일 은혜를 잊음(의식하지 못함)	동료를 사망하게 함(김일성이 용서함)

10) 박형신·정수남, 『감정은 사회를 어떻게 움직이는가?』, 92쪽.
11) 이극찬, 『정치학』, 210쪽.

[표 60] 김정은 시대

	〈들꽃소녀〉	〈종군작곡가 김옥성〉	〈폭발물 처리대원〉	〈최전연의 작은집〉
자기비하; 겸손; 불우한 환경	부모님의 부재	학대받고 굶주린 어린 시절		
죄책감	명예욕		자신의 명예욕에 학생들을 위험에 빠뜨림	미숙한 처리로 병사를 위험하게 함 (김정일이 용서함)

　　김정일과 김정은 시대는 공통적으로 인물 구축(Building a character)에서 '자기비하; 겸손; 불우한 환경'과 '죄책감'을 활용한다. 앞에서 밝혔듯이 김정일 시대 영화에 등장하는 주요 인물 중 상당수는 기본적으로 불우한 과거를 가진 사람이다. 〈민족과 운명〉의 진응산은 서울에서 인력거꾼으로 여기저기 떠돌며 학대를 받았고, 〈그는 대학생〉의 진순금은 대학을 꿈도 꾸지 못하는 가난한 집의 딸이었으며, 〈나의 아버지〉의 은정은 부모님을 잃은 고아로 섬에 들어가 살게 되며, 〈화성의숙〉의 상당수 의숙생은 부모형제를 잃고 혼자 살아남아 여기저기 떠돌며 살아왔다. 특히 나리는 인신매매단에 끌려가 간신히 탈출한 이력도 있다. 한편 김정은 시대 인물은 김정일 시대와 비교해 볼 때 불우한 정도는 약하다. 그러나 〈들꽃소녀〉 정희의 환경은 부모님이 부재함으로 할아버지가 키우는 결손가정이며, 〈종군작곡가 김옥성〉에서 김옥성은 가난한 해녀의 아들로 어린 시절 일본인 지주가 어머니를 구타하는 것을 목격한 바 있으며 〈최전연의 작은집〉에서 군의는 미숙했다. 영화는 대부분의 인물을 지극히 가난한, 천대받던, 미숙했던 과거를 갖도록 설정하여 인물이 자신에 대해 스스로 '비하적' 표현을 서슴지 않도록 한다. '자기비하'는 어떤 효과를 갖기에 북한은 자기비하에 천착할까?

자기비하(Abjectio)는 슬픔에 의해 자기 자신을 실제보다 더 낮게 여기는 것이다.[12] (Despondency is thinking less highly of oneself than is just, out of sadness.)

인간이 '자기 자신을 하찮게' 여긴다면 그 사람은 자신의 독립성을 포기한다. 비루한 자기 자신과 자기 자신으로서 존재하는 것을 견딜 수 없기 때문이다. 더 나아가 자기비하는 '사람이 자신의 무능력이나 무력함을 바라봄으로써 느끼는 슬픔'인 자괴감(humility)으로 이어진다.[13] 이 자괴감이 주는 불편감이 인간에게 곧 자기 이외의 의존할 어떤 사람을 찾도록 한다. 자기보다 더 우월한 대상과 동일시함으로써 불편한 자신에게서 도피하고 싶기 때문이다. 이로써 의존 받는 사람은 "그들에게 절대적이고 무제한적인 지배력을 행사하여 그들을 '도공의 손에 있는 점토'처럼 도구에 불과한 존재로" 만든다.[14] 의존하고자 하는 사람은 '자아를 제거하고 부담에서 벗어나 다시 안전감을 느끼려고 미친 듯이 애쓰면서 사랑이나 충성을 자발적으로 바치기' 때문이다.[15]

그런데 누군가에게 사랑이나 충성을 바친다고 해도 한결같기는 어려운 만큼 이 지점에서 북한 당국이 동원하는 것이 '죄책감'이다. 흥미로운 것은 김정일과 김정은 시대 영화의 인물은 모두 불우한 환경에서 김일성과 김정일에 의해 구원받는데, 영화는 인물이 구원을 받은 이후 잠시 구원을 잊어 죄책감을 느끼도록 설정한다는 점이

---

12) Benedict de Spinoza, *A Spinoza Reader*, p. 193.
13) *Ibid.*, p. 192.
14) 에리히 프롬, 김석희 옮김, 『자유로부터의 도피』, 153쪽.
15) 위의 책, 160~161쪽.

다. 영화에서 죄책감은 극을 이끌어나가는 중요 요소인 것이다. 왜 하필 죄책감일까? 다음 글을 보기로 한다.

두 감정의(수치심과 죄책감: 인용자) 가장 근본적인 차이는 부정적 자기평가에 직면한 상황에서 어디로 시선을 향하고 어떻게 심리적으로 처리하는가에서 극명하게 드러난다. 수치심은 '노출'된 자아 전체에, 그리고 죄책감은 자신의 행위와 사실에 심리적 공격성(Agression)의 에너지가 방향을 맞춘다. 언어로 치자면 일종의 주어와 목적어의 위상과도 비슷한데, 〈'내'가 이런 짓을 했다〉와 〈내가 이런 '짓'을 했다〉의 차이라고 설명하면 아마 조금 이해가 빠르지 않나 싶다. 수치심은 '나'에 대한 부정적 평가이며, 죄책감은 나의 '행위'에 대한 부정적 평가인 셈이다. 그러다보니 자아의 입장에서 볼 때 수치심은 "자아에 대한 전반적인 공격"이 되어 충격도 크고 벗어나기도 어려운 반면에 죄책감은 그 대상에 초점이 맞춰지고 자아의 일부가 문제가 되므로 타격도 국지적이고 해결점을 찾기도 상대적으로 용이하다.16)

'죄책감'은 '수치심'과 맥락이 다르다. 죄책감은 인간이 '정말로 누군가에게 피해를 주었는가' 하는 사실과 전혀 관계없다. 단지 '그런 행동을 했다'는 믿음과 관련 있다. 죄책감은 자신이 아니라 자신의 행위에 대해 공격성을 갖는다. 북한 당국은 죄책감을 자기비하를 통해 더욱 강화한다. 학대받고 무기력한 인간이었던 '내'가, 김일성과 김정일을 만나 그 은혜로 구원 받았는데, 잠시 그 은혜를 잊고

---

16) 이준서, 「수치심 문화와 죄책감 문화 담론에 대한 비판적 고찰」, 『브레히트와 현대연극』 32호(2015), 317쪽.

우쭐거리는 '행위'를 하였으므로 죄책감은 증폭되는 것이다. 그러나 '행위'의 잘못이기에 그 '행위'를 '수정'만 한다면 다시 공동체로 복귀할 수 있다. "죄책감은 매우 고통스러운 감정이기 때문에 그 감정을 제거하기 위해 인간은 어떤 조치를 취할 때까지는 거기에 온 신경을 집중"한다.[17] 죄책감은 '특정 행동이 일어나지 않도록 또는 반복되지 않도록 하는 사회의 치유 도구가 되며, 더 나은 자기 자신의 모습을 만들어내고, 이해타산을 억제하며, 이타주의적이고 친사회적 행동이 자리 잡을 공간을 마련해주며, 자신의 행동으로 인한 피해를 복구하려는 행동을 자극하고 자행된 범죄의 결과를 중단시키고 무효로 만들거나 보상하려고 시도하며 도덕적으로, 사회적으로 용인되는 방식으로 행동하고 자신의 행동을 고치게 하는 강력한 동기 요인'이 되는 것이다.[18] 바로 이때 북한 당국은 '수정된 행동'의 증거로 '보은'을 제시한다. 자신의 목숨을 바쳐서 수령을 옹위하거나 노동함으로써 북한 주민은 다시 사회로의 재통합이 가능해지는 것이다. 유대교의 "유일신을 준거로 삼은 율법체계가 죄의식의 내면화를 통해서 자신의 생존을 항상 위협받고 있는 사회의 통합을 지속적으로 보장"해갔던 것처럼,[19] 북한 당국 역시 '김일성과 김정일 교시를 준거로 죄의식을 북한 주민에게 내면화' 시킴으로써 대내외적으로 긴장되는 시기에 사회의 통합을 지속적으로 도모한다. 북한은 감정자극, 자기비하; 겸손, 죄책감으로 북한 주민이 스스로를 비하시킴으로 "자신들의 생존조건을 수용하도록 만듦으로써 지배계급의 정치적 지배를 지속적으로 가능하게"[20] 하는 것이다.

---

17) 수잔 포워드, 김경숙 옮김, 『그들은 협박이라고 말하지 않는다』(선돌, 2005), 104쪽.
18) 조반니 프라체토, 이현주 옮김, 『감정의 재발견』(프런티어, 2016), 72쪽.
19) 임홍빈, 『수치심과 죄책감』(바다출판사, 2014), 271~272쪽.

1.2.2. 집합기억의 재생산

김정일과 김정은 시대 북한이 공통적으로 강조하는 것은 '기억하기'이다. 최고 지도자의 업적과 덕성, 자신의 불우한 과거, 미국의 침략 등 항목은 달라지지만 강조의 본질은 '기억'이다. 다음은 기억의 핵심내용이다.

[표 61] 김정일 시대

	〈민족과 운명〉	〈고요한 전방〉	〈그는 대학생이였다〉	〈나의 아버지〉	〈화성의숙에서의 한해여름〉
김일성	① 민족 독립을 위해 언 감자먹으면서 고생한 것 ② 핍박받던 나를 구원한 것	전시라고 생각하며 살라는 교시	핍박받던 나를 대학생으로 인생구원을 해 준 것		모든 계층의 인민을 사랑한 것과 〈ㅌㄷ〉 결성
김정일		항상 긴장하며 살라는 명령		의식주를 마련해준 것	

[표 62] 김정은 시대

	〈들꽃소녀〉	〈종군작곡가 김옥성〉	〈폭발물 처리대원〉	〈최전연의 작은집〉
김일성	병사격정으로 전쟁터에 찾아온 사랑	문맹의 인민을 가르치려 애썼던 은혜		
김정일	평범한 시골 소녀를 들꽃소녀로 세워준 은혜	모두가 자신을 폄하할 때 알아봐 준 은혜		처벌받을 자신을 용서한 은혜

영화는 김일성과 김정일 교시도 포함하여 주로 김일성의 구원과 사랑을, 김정일의 은혜와 사랑을 강조한다. 김정일과 김정은 시대 북한 당국은 북한 주민에게 최고지도자의 사랑을 전하며 끊임없이

---

20) 호르헤 라라인, 신희영 옮김, 『맑스주의와 이데올로기』(백의, 1998), 122쪽.

이를 기억하라고 요구하는 것이다. 그 이유가 무엇일까? 앞에서 살펴본 바와 같이 정치경제적 상황 때문이라 할 수 있다. 김정일 시대에 유례없는 경제난, 경제난으로 인한 북한 주민의 원자화, 북한 주민과 지도자와의 관계 해체는 최고 지도자의 권위 하락을 가져왔다. 최고지도자의 권위가 축소되었다면 이것을 극복하기 위한 대책이 필요하다. 그 대책의 하나가 '카리스마적 지도자 기억하기'인 것이다.

카리스마적 인물의 정당성은 그 자신이 실제로 그러한 자질을 가지고 있는가가 아니라 복종자들이 그에게 보내는 열광이나 절망, 희망 등에서 유리하는 완전한 인격적인 헌신에 기초한다. 카리스마적 지배는 이처럼 강렬한 헌신과 신뢰에 기초하기 때문에, 사회변화를 이끌 수 있는 특수한 혁명적 힘으로 작동한다.[21]

김정일은 김일성 사망 이후 사회주의권 붕괴가 북한에 미칠 파장을 봉쇄하고 북한 주민들을 통합하는 것이 절실했으므로 김일성의 카리스마적 권위가 필요했다. 김정일 시대 영화가 기억의 내용으로 제시한 항목이 김일성이 '민족 독립을 위해 언 감자 먹으면서 고생한 것', '핍박받던 북한 주민을 구원한 것'인 것은 김일성의 은혜를 기억해 북한 주민의 '헌신'을 이끌어내어 경제난을 극복해보고자 하는 의도이다. 기억에서 비롯되는 성스러움이 "사회의 상징적 질서에 에너지를 주고, 사람들이 그 질서에 필요한 도덕적 규범과 관련하여 행동하도록 추동"하기 때문이다.[22] 한편 김정은의 경우는 경제난의

---

21) 박형신·정수남, 『감정은 사회를 어떻게 움직이는가?』, 67쪽.

극복보다는 정통성 확립을 위해 기억의 정치가 중요했다.

　기억 정치는 당대 사회가 자신의 정통성을 확보하는 중요한 수단이다. 그것은 해당 집단의 구성원들에게 기억의 공유를 의무로 강요하는 반면 공유할 권리를 인정하지 않음으로써 이루어진다. 기억하고 싶은 것을 표면에서 떠올리고 체제에 배치되는 것을 망각시키는 다시 말해 집단적인 영역에서 개인에게 의도적으로 기억 또는 망각을 부추긴다.23)

　기억의 정치적 활용은 정통성을 확보하는 중요한 수단 중 하나이다. "하나의 국가가 다른 국가에 대립해 정당화되는 것이 과거와 역사를 통해서"라면 김정은이 정통성 확보를 위해 기억에 천착하는 것은 자연스럽다.24) 요컨대 김정일은 경제난으로 인한 체제위기의 극복을 위해, 김정은은 정치적 입지강화를 위해 '집합기억'이 필요했던 것이다.

　집합기억은 한 집단의 구성원들이 간직하고 있는 공동의 체험과 과거에 대한 기억이자, 직접 경험하지는 않았지만 과거에 대해 널리 공유된 이미지라고 할 수 있다. 이때 경험하지 않은 과거에 대한 공유는 기억이 집합적으로 창출되고 유지되어 가는 과정에 대한 관심이며, 집합기억이란 이런 가정 또는 그 과정 속의 문화적 실천까지 포함하는 것으로 규정지을 수 있다. 집합기억은 사회의 욕구, 문제, 공포, 심성,

---

22) Chris Shilling, "The two traditions in the sociology of emotion", Edited by Jack Barbalet, *Emotions and Sociology*, p. 19.

23) 이평전, 「김원일 소설의 '기억'과 '회상'연구」, 『우리문학연구』 39호(2014), 326쪽.

24) Eric J. Hobsbawm, "Ethnicity and Nationalism in Europe Today", Edited by Gopal Balakrishnan, *Mapping the nation*(London: Verso, 1996), p. 255.

열망을 반영하고 경험을 정의해주고 가치관과 목표를 형성시켜주며 그것의 실현을 위한 인지적·정서적·도덕적 지향을 제공한다.25)

기억은 개인의 것일 수도 있으며 인공적으로 구축된 문화적 창조물일 수도 있다.26) 그런데 어느 쪽이든 집합기억은 공동체의 연대를 강화하고 일체감을 부여한다. '직접 겪어보지 못한 과거도 조부세대나 부모세대의 체험역사가 손자 또는 자식세대로 대면적 의사소통 경로를 통해 전달되어 그 과정을 통해 세대 간의 유대가 다져'진다.27) 김정일과 김정은이 과거를 경험하지 않는 세대와 더불어 체제를 유지하고 정당성을 설득하려면 과거의 공유는 필수적인 것이다. 과거에 대한 향수는 '환상이 조성되어 지나간 삶의 고통스러웠던 국면들은 곧잘 잊혀'진다.28) 사회가 조성하는 기억만을 자신의 '기억으로 몸에 새겨 넣는다면 감상적 인간은 한번 수용한 것을 마치 다이아몬드처럼 간직'한다.29) 그렇다면 북한이 영화를 통해 관객을 인물과 '동화'시켜 감정을 축적시킨다면 감정적인 북한 관객에게 기억은 '다이아몬드처럼 간직'될 수 있다. 인간은 과거로 회귀할 때 일종의 퇴행현상이 일어나 '개인 혹은 집단이 이미 도달해 있는 심리적 구조와 심리적 기능의 수준을 벗어나서 시간적으로 그 이전의 혹은 더 낮은 사고, 감성, 행동의 수준으로 역행'하므로30) 지배층의

---

25) 김영범, 「알박스의 기억사회학 연구」, 『사회과학연구』 6(3)(1999), 587~590쪽.

26) 전진성, 『역사가 기억을 말하다』(휴머니스트, 2009), 50~51쪽.

27) Maurice Halwachs, *The collective Memory*, Translated by Francis J. Ditter, Jr and Vida Yazdi Ditter(New York: Harper & Row), p. 63; 김영범, 앞의 글, 577쪽 재인용.

28) 김영범, 위의 글, 579~580쪽.

29) Aleida Assmann, *Erinnerungsraume: Formen und Wandlungen des kulturellen Gedachtnisses*, verlag C. H. Beck Munchen, 1999, pp. 241~248.

가치관을 심기에 용이한 것이다.

논리적인 연관성 없이 또는 생각의 종결 없이 한 생각에서 다른 생
각으로 넘어가는 논리적 비약. 화자 스스로 느끼지 못하는 것 같은 모
순된 진술들, 의심의 결여. 아무런 논리적 연관성 없이 기억되는 먼
과거의 경험들에 대한 회상. 부족한 자기 관찰과 현실 통제력. 거의
동일한 진부한 표현 방식과 함께 언제나 반복되는 동일한 연상작용.
공허한 일반화, 추상적 개념, 추상적 암시 속에서 표현되는 언어. 정상
적인 논리적 구조와 기능성을 결여한 무절제하고 비전문적인 사고 과
정. 논리력과 추상력의 저하. 현상과 관념 사이의 빈약한 연결 등. 그리
고 퇴행적인 의식 상태에 빠져 있는 당사자는 불안과 슬픔 같은 감정
들을 의도적으로 없애려 한다는 인상을 준다. 그들은 실제로는 깨어
있으면서도 마치 꿈을 꾸고 있는 것 같은 느낌을 준다.31)

나치 시대를 살았던 사람들이 과거로 회귀할 때 보여주는 특징은
퇴행적 의식상태, 현실을 냉정하게 관찰하는 능력의 상실, 논리력과
추상력의 저하, 비정상적인 감정과 사고이다. 인간이 과거로 회귀할
때 현상과 관념은 연결성이 빈약해도 연결되며 연결성이 타당해도
깨어진다. 북한 주민이 이렇게 된다면 통제가 수월해지므로 김정일
과 김정은이 기억정치에 천착한 것은 자연스럽다. 김정일은 '경제난
의 극복'을, 김정은은 '정치적 입지의 확립'을 위해 공통적으로 '생과
역사, 실천과 사유, 인식주체와 인식대상 그리고 현재와 과거를 매개

---

30) 슈테판 마르크스, 신종훈 옮김, 『나치즘, 열광과 도취의 심리학』(책세상, 2016), 101쪽.
31) 위의 책, 104쪽.

할 수 있는 최적의 카테고리'이자 북한 주민의 의식을 퇴행시킬 수
있는 최고의 수단인 '기억'을 선택한 것이다.[32]

1.3. 애(愛)와 희(喜)의 긍정, 욕(欲)의 부정

김정일과 김정은 시대 공통점은 감정어휘에서 살펴본 바에 따르
면 애(愛)와 희(喜)의 비중이 가장 높다는 것이다. 사랑과 기쁨은 분명
긍정적인 감정이다. 북한은 '사랑'을 "① 귀중히 여기고 아끼는 심정
으로 지성껏 대하거나 잘되도록 힘써 바라는 마음 또는 그런 마음을
가지는 것(조국에 대한, 동지간의, 부모에 대한), ② 남녀 사이에서 존경
과 믿음의 정을 가지고 서로 귀중히 여기며 상대방을 위하고 그리는
열렬한 마음 또는 그런 마음을 가지는 것(청춘남녀들 사이의), ③ 일정
한 사물에 대하여 몹시 즐기거나 좋아하는 마음 또는 그런 마음을
가지는 것, ④ 일정한 사물을 몹시 귀중히 여기고 아끼는 마음 또는
그런 마음을 가지는 것(국가 재산에 대한)"으로 정의한다.[33] 그런데
영화에 나타나는 '사랑'은 북한 주민 사이에서나 물건과 관련해서라
기보다는 최고 지도자와 관련해서 나타난다. '귀중히 여기고 아끼는
심정으로 지성껏 대하거나 잘되도록 힘써 바라는 마음'에 더 가깝다
고 하겠는데 '사랑'에 대해서 보다 깊이 살펴보기로 한다.

사랑은 외부 원인의 관념에 수반되는 기쁨이다.[34]

(Love is a joy, accompanied by the ides of an external cause.)

---

32) 전진성, 『역사가 기억을 말하다』, 81쪽.
33) 『(증보판) 조선말대사전 2』(평양: 사회과학출판사, 2007).
34) Benedict de Spinoza, *A Spinoza Reader*, p. 189.

사랑은 "사랑받는 실재와 결합하려는 사랑하는 이의 의지나, 사랑받는 실재가 부재할 경우에 자신을 그것과 결합시키려는 욕망이나, 사랑하는 실재가 현존할 경우에 그 현존을 지속하려는 욕망뿐 아니라, 사랑받는 실재의 현존으로 인해 사랑하는 이 안에 존재하게 되는 자족감(acquiescentia)이며 대상의 이러한 현존은 사랑하는 이의 기쁨을 강화시키거나 또는 적어도 촉진시켜 준다."35) 사랑은 어떤 대상을 사랑할 때 나타나는 감정인데 이 감정을 면밀히 살펴보면 '결합'하고 싶은 욕망일 뿐 아니라 그 대상을 사랑함으로써 자신 안에 존재하는 '자족감'인 것이다. 그리고 이 자족감은 기쁨으로 이행한다.

기쁨이란 더 작은 완전성에서 더 커다란 완전성으로의 인간의 이행이다.36) (Joy is a man's passage from a lesser to a greater perfection.)

인간은 의식이 존재하는 한 더 완전한 무엇을 욕망한다. 일상에서 '고난의 행군을 벗어난 북한 여성들의 관심사인 외모 가꾸기, 집안 꾸미기, 파마하기 등이 놀라운 속도로 진행·변화'된 것은 작은 완전성에서 더 커다란 완전성, 작은 기쁨에서 더 커다란 기쁨으로 이행하고자 하는 욕망의 한 단편을 잘 보여준다.37) 누군가에게 또는 무엇인가에 '자족'한다면 '기쁨'도 충족될 것이다. 따라서 애(愛)와 희(喜)의 강조는 북한 당국이 사랑의 대상에 최고 지도자를 위치시킴으로써 '자족감'과 '기쁨'을 주조하기 위함인 것으로 보인다. 인간은 '자족'

35) *Ibid.*, p. 189.
36) *Ibid.*, p. 188.
37) 김석향, 「1990년 이후 북한주민의 소비생활에 나타나는 추세 현상 연구」, 『북한연구학회보』 16(1)(2012), 201~204쪽.

하고 '기쁜' 상태에서 일탈을 꿈꾸지 않는다.

　반면 김정일과 김정은 시대에 가장 낮은 비중을 차지하는 감정은 욕(欲)이다. 욕망(바람)의 본질은 무엇일까?

　　욕망은 그것의 주어진 여하한 변용으로부터 어떤 것을 하도록 규정 되는 것으로 인식되는 한에서 인간의 본질 자체다.[38]

　　(Desire is man's very essence, insofar as it is conceived to be determined, from any given affection of it, to do something.)

　욕망은 작게는 '무엇을 하고 싶다'거나 '무엇을 원한다'이지만, 욕 망의 본질을 '욕구에 의식이 더해진 것'으로 이해한다면,[39] 김정일 과 김정은은 공통적으로 북한 주민의 '의식(이성)'을 경계한다고 볼 수 있다. 단순히 '출세하고 싶다(욕구)'가 아닌 '출세하고 싶은 나를 의식(욕망)'하는 것이 '욕망'이라면, 욕망은 물리적 결핍이 충족된다 고 해도 사라지지 않고 존속한다. 그리고 이 존속하는 욕망은 또 다른 욕망을 불러일으켜 끊임없이 욕망을 생산하고 확대한다. 김정 일과 김정은은 북한 당국의 '욕(欲)'을 실현하기 위해 북한 주민의 욕(欲)을 방어하고 경계하는 것이다.

　폭력이 부정성에서뿐만 아니라 긍정성에서도 나올 수 있다는 것 을 기억할 때,[40] 애(愛)와 희(喜)의 강조와 욕(欲)의 부정은 폭력은

---

38) Benedict de Spinoza, *A Spinoza Reader*, 1994.

39) 진태원 본 연구자와의 전화 인터뷰, 2016년 10월 30일. 진태원은 스피노자의 욕망을 욕구에 의식이 더해진 것으로 설명한다. 예를 들어 밥을 먹고 싶다가 욕구라면, 밥을 먹고 싶어 하는 나를 의식하는 것이 욕망이다.

40) 한병철, 『피로사회』(문학과지성사, 2010), 17쪽.

아닐 수 있지만 폭력적인 것은 분명하다. 사랑과 기쁨은 긍정적 감정이라 볼 수 있지만 긍정적 감정의 과도한 긍정은 폭력일 수밖에 없다. "긍정성의 폭력은 박탈(privativ)하기보다 포화(saturativ)시키며, 배제(exklusiv)하는 것이 아니라 고갈(exhaustiv)시키는 것이다. 따라서 그것은 직접적으로 지각되지 않는다."[41] 이와 같이 김정일과 김정은 시대 모두는 영화를 통해 북한 주민의 욕(欲)을 제거하고 당국에 의해 주조된 애(愛)와 희(喜)를 강조하는 '긍정의 과잉'이다.

2. 차이점

2.1. 비판(批判)과 영화적 표현 증가

김정일과 김정은 시대 미세하지만 나타나는 변화는 김정은 시대에 사회비판과 영화적 표현이 증가한다는 점이다. 미세해서 주의 깊게 보지 않으면 지나갈 수 있는 장면이지만 김정은 시대 〈폭발물처리대원〉에서는 실적만 중시하는 관료 비판이 분명 나타난다.

[표 63] 〈폭발물처리대원〉 사회비판

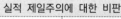

실적 제일주의에 대한 비판	
 생산성 증대를 위해 경쟁도표를 만드는 진욱과 경준	 안전이 제일이라며 칭찬을 기대한 진욱과 경진에게 화를 내는 태복

---

41) 위의 책, 21쪽.

영화에서 이 장면이 차지하는 비중은 거의 없으며 삭제해도 극의 흐름에 어떤 영향도 미치지 않는다. 야외 식당 앞에서 경쟁도표를 만들고 진욱과 경준은 좋은 생각을 했다고 흐뭇해한다. 진욱과 경준은 태복에게 도표를 보여주면서 개별경쟁을 시키면 실적이 부쩍 오를 것이라며 자랑하는데 영화는 의외로 태복의 반응을 부정적으로 보여준다.

태복: 뭘? 누가 시키지 않은 일을 하라고 했소? 시간이 있으면 식당나무나 패주라.
　　(태복이 경쟁도표를 가지고 나간다.)
경준: 그래도 실적이 오르지 않아 걱정하시는 것 같아서 했는데…
　　(돌아서는 태복)
태복: 구대원구실을 한다고 했더니 고작 생각하는게 그에 다요? 그렇지 않아도 경쟁심이 자라나는 판인데 그걸 부추기기까지 하면 어떻게 하는가? 예? 첫째도, 둘째도, 셋째도 사고가 없어야 해. 사고가!

주목할 것은 태복이 경쟁도표를 환멸에 가깝게 거부한다는 점이다. '고작 생각한다는 게'라는 대사에서도 나타나지만 이 장면에서 영화는 태복이 필요 이상으로 화를 내도록 설정한다. 영화가 강조하는 장면이라서 이 장면이 어떤 기능을 할 것으로 기대했지만 영화 마지막까지 주시해도 이 장면은 이후 어떤 극적 기능도 하지 않으며 주제에 기여하지도 않는다. 실적을 위해 북한 주민을 가혹하게 다루는 관료에 대한 단편적인 현실비판일 뿐이다. 이 장면이 강하게 메시지를 전달하지는 않지만 짚고 넘어가야 하는 이유는 이와 유사한 장면이 또 나타나기 때문이다. 경심이 도서관에서 사촌오빠 경준과 진욱을 처음 만난 장면을 보기로 한다.

[표 64] 〈폭발물처리대원〉 사회비판

보안원의 군림에 대한 비판	
 노인내외가 떨어뜨린 신문을 집어주는 진욱.	 보안원이 진욱처럼 친절해야 한다는 경심.

(뛰여들어가던 진욱이 로인내외가 들고 나오다 떨군 신문을 집어준다.)

진욱; 받으십시오.

로인들: 이거 안됐어요. 고맙수다.

경심: 오빠, 좀 보세요. 보안원들은 다 저래야 돼요. 오빠처럼 떼떼거리지 말구…

이 장면 역시 영화의 전개 측면에서 보면 엉성하며 개연성도 약하다. 삭제해도 무방하고 전후 맥락으로 어떤 기능도 하지 않는다. 그럼에도 불구하고 경심의 대사는 위험할 수 있다. "보안원들이 떼떼거리지 말아야 한다"고 분명 발화하기 때문이다. 영화의 주제라기보다는 즉흥적인 장면으로 보이는데 북한에서 즉흥이 불가능함을 고려한다면 미약하지만 분명 현실비판인 것이다.

주민들의 사회적 불만은 단속원들에 대한 집단적인 항의와 단적인 경우 체제 비방 전단(살포), 우상화물에 대한 훼손 등 공권력에 대한 도전으로까지 발전하고 있다. … 12년 2월 김정일 생일에 '명절' 선물을 받지 못한 지역 주민들의 불만이 고조됨에 따라, 4월 김일성 생일 배급물량 확보를 위해 각도당 산하에 선물준비위원회, 각 시·군당 산하에 선물 분과가 구성되고, 보위부가 쌀 1톤 봉납을 조건으로 사사(私事)여행자들에게 단기 도강증을 끊어줬다는 소식도 있다.42)

위의 글에서 말하는 북한 주민의 체제비방이나 우상화물 훼손 등을 모두 신뢰하지는 않더라도 2012년 북한 주민이 단속원에 대해 불만이 높았고 어느 정도 표현했던 것은 사실로 보인다. 그렇다면 "새로운 지도자의 등장은 북한 주민들에게 불안감이나 부정적인 의식을 확산하는 것이 아니라 심리적 안정감을 가져다 줄 수"있으며, "김정일의 사망은 분명히 일반 주민들에게 상실감을 불러일으키고 위기감을 고취시키는 면이 있으나 동시에 불확실성의 제거라는 의미도" 있어서 "병약한 지도자가 아니라 젊고 의욕적인 지도자 자체가 갖는 장점"이 있을 수 있다는 주장은 타당하다.43) 김정은 정권 1년차에 영화가 실적만 강조하는 관료와 보안원에 대한 비판 장면을 편집하지 않고 내보낸 것은 무언가 달라질 것이라는 젊은 지도자에 대한 기대감일 수 있겠다.

또 다른 변화로는 김정일 시대보다 김정은 시대에 영화적 표현이 증가했다는 점을 들 수 있다. 앞장에서 언급한 바 있지만 〈들꽃소녀〉에서 지도자를 향한 정희의 순결함을 강조하는 장면을 다시 보기로 한다.

---

42) 오양열, 『2013 문예연감』, 한국문화예술진흥원, 471~472쪽.
43) 이우영, 「북한의 사회정책과 인민생활」, 『통일경제』 1호(2012), 27쪽.

일반적으로 정면광, 분산광, 여광을 함께 주는 경우 대조가 생기는데 이 장면형상에서 촬영가는 조명의 량들을 기술적으로 잘 조절하여 그 대조를 약화시키고 주인공의 얼굴모습을 한점의 그늘과 굴곡도 없이 그려

[그림 66] 〈들꽃소녀〉의 정희

내여 티없이 맑고 깨끗한 그의 정신세계를 훌륭히 시각화하였다.44)

북한 평론은 이 숏이 조명을 심사숙고하여 정희를 순결하게 표현했다고 자찬하며 정면광, 분산광, 여광을 언급한다. 그런데 이 같은 조명의 기법은 인물을 입체적으로 보이기 위한 기본적 기술에 속하며 북한이 봉쇄하려는 자본주의 헐리우드에서 개발하여 이제 보편적으로 사용하는 삼정조명에 해당한다. "삼점조명 three-point lighting에는 키 라이트(key light)가 조명의 주된 광원이다. 이 조명은 영상의 극적 대비를 만들어내는데, 이는 보통 빛과 그림자의 가장 강제적인 대비로 이루어져 있기 때문에 관객의 시선을 가장 먼저 끈다. 필 라이트(Fill light)는 키 라이트보다 덜 강하고 거친 주광원을 부드럽게 만드는 보조광원이며, 극적 대비영역 이외에 그림자로 가려진 지엽적인 것들을 보조적으로 드러낸다. 백 라이트(Back light)는 전경의 인물을 배경으로부터 분리시키고 영상의 삼차원적인 깊이에 대한 환영(Illusion)을 강조한다."45) 〈들꽃소녀〉의 조명을 분석해보면 이 문법을 벗어나지 않는다.

---

44) 장현일, 「〈들꽃〉의 아름다움을 돋구어 낸 탐구적인 화면형상」, 55쪽.
45) 로이스 자네티, 박만준·진기행 옮김, 『영화의 이해』, 19쪽.

〈들꽃소녀〉에서 북한 평론이 자찬하는 장면은 조명을 옆과 같이 사용한 것이다. 김정일 시대 영화가 중요한 장면이나 최고 지도자를 향한 충정을 강조할 때 '설화'를 사용한 반면 김정은 시대에는 시각적인 문법, 다시 말하면 영화

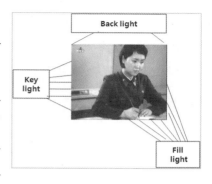

적 표현을 활용한다. 다소 결은 다르지만 김정은 시대에 영화적 표현을 활용한 장면은 〈최전연의 작은집〉에서도 나타난다.

[표 65] 〈최전연의 작은집〉 첫 장면

이 장면은 카메라가 팬과 틸트로 훑고 지나가는 장면이므로 특히 주목할 것이 없어 보이지만 북한 평론은 이 장면을 김정일의 위대한 사랑을 시각화한 결과라고 전한다.

촬영가는 위대한 장군님의 하늘같은 사랑을 서경장면에서 정서적으로 안겨오도록 잘 형상하였다. 촬영형상은 푸른 숲으로 뒤덮인 높고낮은 산들과 무겁게 드리운 짙은 안개, 병사들의 발자취가 어린 굽이굽이 뻗어간 오솔길을 원경으로 천천히 원형이동촬영으로 보여주었다. 그러면서 붉은 노을속에 솟아오르는 둥근 해를 전경으로 보여주다가 하

강이동촬영으로 산밑에 자리잡고있는 자그마한 전방치료대를 줌전진 이동촬영으로 보여주었다. 이러한 촬영형상은 위대한 장군님의 해빛 같은 사랑은 외진 최전연에 자리잡고있는 자그마한 전방치료대에도 비쳐들고있으며 장군님의 사랑이 흘러넘치는 전방치료대는 작은 집이 아니라 큰집이라는 것을 시각화하여 보여주었다.46)

이와 같은 해설은 지나친 감은 있다. 몇 초에 지나가는 장면이므로 일반 관객의 경우 평론이 말하는 기의를 읽어낼 수도 없고 김정일의 사랑을 태양과 동일시하지 못할 수도 있다. 그러나 주목하고자 하는 것은 김정은 시대에 기의를 기표화하는 데 있어서 시각성, 다시 말하면 영화적 문법에 따른 표현을 활용했다는 점이다.47) 앞에서도 언급 했듯이 김정일 시대에는 중요한 메시지를 전달하고자 할 경우 '설화' 를 자주 사용했다. 시청각 보다는 언어를 활용함으로써 관객이 무엇 을 느끼고 어떤 감정을 가져야 할지를 직접적으로 요구하는 방식이 었다. 그런데 김정은 시대에는 '설화'를 감소시키면서 '음악' 이외에 시각적 요소도 활용하는 것이다. 영화가 언어의 예술이 아닌 시청각 의 예술이라는 점을 기억할 때 김정은 시대에는 김정일 시대에 비해 영화적 문법과 미학을 동원한 표현에 보다 적극적이다. 김정은이 정권 초기 새로운 형식과 틀의 추구를 요구하며 '과학화와 현대화'를 강조한 바 있으므로 이에 대한 영향이라 하겠다.

---

46) 김금철, 「영화의 사상적내용을 돋구어준 화면형상: 예술영화 〈최전연의 작은 집〉의 화면 형상을 놓고」, 『조선예술』 10호(2014), 25쪽.

47) 북한 평론은 2017년에도 〈최전연의 작은집〉의 영화적 형상을 자찬한다. 김인철, 「병사들 의 정든 집에 대한 감명깊은 형상」, 『조선예술』 5호(2017); 리철명, 「사랑의 불사약이 전하는 감동깊은 예술적 화폭」, 『조선예술』 1호(2015); 김광혁, 「미소속에 비낀 영생의 진리」, 『조선예술』 2호(2015).

2.2. 교정대상과 경계내용 변화

2.2.1. 교정대상: 전(全)주민에서 관료로

김정일과 김정은 시대 변화는 북한이 교정대상 인물을 전체 인민에서 관료로 전환한다는 점이다.

[표 66] 김정일 시대

	〈민족과 운명〉	〈고요한 전방〉	〈그는 대학생이였다〉	〈나의 아버지 〉	〈화성의숙에서의 한해여름〉
부정인물 교정대상	간첩	부연대장	학도호국단 대학생	10대의 학생	일본경찰

[표 67] 김정은 시대

	〈들꽃소녀〉	〈종군작곡가 김옥성〉	〈폭발물 처리대원〉	〈최전연의 작은집〉
부정인물 교정대상	군관료	예술관료	보위부, 군관료	지식인출신 관료

김정일 시대 영화에서 부정적이거나 교정대상 인물은 간첩, 부연대장(군관료), 미국의 사주를 받는 학도호국단 대학생, 아직 철이 들지 않은 10대, 일본 경찰 등 다양하다. 김정일 시대 북한은 모든 계층의 모든 북한 주민에게 방어적 입장에 서 있었던 것이다. 반면 김정은 시대 부정적 인물이나 교정대상 인물은 군 관료, 예술계 관료, 보위부 관료, 지식인 출신 관료, 미국군인 등 '관료'가 단연 높은 비중을 차지한다. 정권 초기는 확실히 중심인물이 관료로 모아지는 것이다. 이유가 무엇일까?

김정일 시대 북한 문헌을 살펴보면 이에 대한 단서를 찾을 수 있다. 북한은 김정일이 "1994년 1월 31일 영화 창작가, 예술인들의 정치실무적 자질을 더 높일데 대하여 말하면서 목요기량발표회의 중요성을 다시금 강조"했다고 전한다. 고난의 행군이 이미 시작된 시점에서 예술인 재교육을 강조한 것이다. 예술인은 창작과 더불어 매주 발표회를 열면서 기술과 사상의 점검을 받아야 했는데 흥미로운 것은 이것이 예술인의 현실체험과 이어진다는 점이다.

현실에 나가서 견학이나 하는 식으로 출장성원처럼 다니는 창작가에는 현실에 있는 혁명적 열정과 기백이 느껴질 수 없다. 항일유격대식으로 배낭을 메고 근로자들속에 깊이 들어가 숨결을 같이하는 창작가만이 시대와 인민이 요구하는 좋은 작품을 창작할수 있다.[48]

예술인은 반드시 현장에 나가서 '현실체험'을 해야 했다. 노동자계급에 대한 작품을 쓰면 노동을 해 봐야 하며 농민주제 작품을 쓰면 현장에 나가 농민과 함께 살고 일해보아야 하는 것이다. 김정일 정권초기 극심한 경제난 때문이었다. 당시 북한은 "온 사회를 혁명화, 로동계급화하기 위한 투쟁을 힘 있게 벌이고 있었으며 혁명화는 농민, 지식인, 로동계급에게도 다 같이 필수적인 문제"였다.[49] 북한이 "항일혁명투사 김책은 원래 경제학을 전문으로 연구한 사람은 아니였지만 새 조국 건설시기 위대한 수령님의 사상과 령도를 받드는데

---

48) 김일국, 「(연단) 혁명적창작기풍은 좋은 작품을 창작하기 위한 선결조건」, 『조선영화』 1호(1995), 41쪽.
49) 한이훈, 「위대한 수령님과 당에 대한 충실성은 로동계급의 가장 숭고한 감정」, 『조선영화』 1호(1996), 40~43쪽.

서 가장 중요한 문제가 나라의 자립적인민족경제를 하루빨리 건설하는것임을 명심하고 우리 수령님께서 내놓으신 경제건설로선과 그 방침을 실현하기 위한 일에 모든 것을 다 바치"[50]였다고 강조한 것은 지식인, 노동자, 농민, 관료 모두를 결집하여 필요한 곳에 배치함으로써 경제난을 타개하고자 함이다.

우리는 아침일찍부터 밤늦게까지 용광로앞에서 용해공들과 함께 삽질도 하고 그들과 함께 전극교체도 하고 시료도 뜨고 구수한 마라초를 빨며 불보라치는 출강의 기쁨도 나누었고 퇴근길의 희열도 함께 맛보았다. 바로 그 소중한 체험, 그 투쟁의 나날이 있어 대본에 글로 씌여졌던 생활이 산 생활로 되어 아마도 우리 배우들의 모습도 어느새 자기도 모르게 강선의 용해공들의 모양으로, 성격으로 바뀌여졌다고 생각한다.[51]

배우 장계득은 영화를 찍으면서 실제로 제철소에서 출퇴근을 하며 용광로에서 노동자들과 삽질도 함으로써 노동자가 무엇인지를 몸소 익혔다. 그럼으로써 '자기도 모르게 노동자로 바뀌'어 나갔다고 한다. 배우들을 맞이한 현장의 노동자가 "특식을 만들어 배우들에게 나누어주었고 진응산 역을 맡았던 배우가 떡을 들다 말고 〈진짜 배우는 어머니웨다〉하고 벙글써한 웃음을 지었"다면 배우와 노동자의 구분이 없었을 것이다.[52] 이것이 김정일 시대 교정대상이 다양해진

---

50) 장영, 「(론설)김책형의 인간전형을 창조하는 것은 우리 영화예술의 중요한 시대적 요구」, 『조선영화』 2호(1996), 37~39쪽.

51) 한용팔, 「(배우수첩) 세쌍둥이아버지 장계득」, 『조선영화』 6호(1996), 49쪽.

52) 리용길, 「(수필) 생과 영원」, 『조선영화』 8호(1996), 23~25쪽.

이유를 설명해준다. 김일성 사망 이후 북한은 '온 사회의 혁명화와 로동계급화'를 내세우면서 북한 주민의 본업과 상관없이 모든 계층의 주민을 경제건설에 참여하도록 해야 했다. 그러나 경제난으로 모든 계층과 세대에서 모든 북한 주민은 생존을 위해 방사(放射)하고 있었다. 북한은 어느 계층만을 교정할 수 있는 상황이 아니었던 것이다. 이에 따라 영화에서 교정대상은 특정한 계층이 아니라 간첩, 군관료, 대학생, 10대의 학생 등으로 다양하게 나타난 것이다.

김정은 시대에도 예술가의 현실 체험은 중요했다. 다음은 〈들꽃소녀〉와 〈최전연의 작은집〉의 영화문학가 리숙경의 현장체험 관련 글이다.

평양에서 수천리 마식령, 마패령, 직동령 등 굽이굽이 험한 산과 령을 넘는 나의 가슴속에는 우리 병사들을 찾아 이 험한 길을 넘고 또 넘으셨을 어버이장군님의 불멸의 로고가 가슴뜨겁게 마쳐와 지금껏 이 길을 따라서지 못한채 책상머리에서 시대정신, 시대의 전형을 론해온 나의 그릇된 창작태도가 돌이켜져 죄책감에 사로잡힘을 어쩔수 없었다.[53]

김정은 시대에도 작가의 현장체험은 중요하며 작가가 책상머리에서 시대정신을 논한다면 '죄책감'을 가져야 했다. 그런데 영화 〈종군작곡가 김옥성〉, 〈폭발물 처리대원〉과 관련해서는 현장체험에 관한 글은 나타나지 않는다. 〈종군작곡가 김옥성〉은 배경 자체가 1930년대부터 1960년까지이므로 현장체험이 불가능하여 현장 체험 강조가

---

53) 리숙경, 「(창작수기) 위대한 병사사랑의 세계에 매혹되여」, 54~55쪽.

상대적으로 줄어들 수 있지만 전반적으로 현장체험 보다는 강조점이 '관료계층'의 부정성으로 옮겨간다. 〈들꽃소녀〉에서 정희는 선배 군인인 인석 때문에 곤란을 겪는데 영화는 중요한 일의 발생 시 군의 보고체계를 무시하는 것을 장려하며 선배의 말에도 굽히지 않을 것을 권한다. 이 과정에서 군 관료의 무사안일주의 비판이 자연스럽게 나타난다. 이 현상은 〈종군작곡가 김옥성〉에서도 드러난다. 〈종군작곡가 김옥성〉에서 김옥성을 계속 힘들게 하는 것은 창작편수를 맞추는데 급급한 예술계 관료와 외국의 것을 추앙하는 부수상이다. 〈폭발물처리대원〉에서는 중요 비중을 차지하지는 않지만 영화는 진욱 아내의 지나가는 대사를 통해 '땍땍거리는' 보위부를, 〈최전연의 작은집〉에서는 현재를 발판의 대상으로만 여기며 자신의 명예만을 추구하는 지식인 군의를 비판한다. 김정일 시대에 영화가 교정대상을 방사했다면 김정은 시대에는 방사된 교정대상이 관료로 모아지고 있는 것이다. 그 이유는 비대해진 군을 정상화시키고 당-국가 체제를 회복하여 최고지도자의 위치를 견고하게 하려 한 김정은의 입장 때문이며 이는 앞에서 설명한 바 있으므로 생략하기로 한다. 다만 김정은 시대에 교정 대상이 전 주민에서 관료로 이행한 것이 김정일 시대와 차이점이며, 그 이유가 기득권 계층을 누르고 정치적 안정을 추구한 김정은의 입장 때문이라 것을 기억하고자 한다.

2.2.2. 경계내용: 방사(放射)에서 집중으로

김정일과 김정은 시대 또 다른 변화는 경계내용이다. 김정일 시대에 경계내용이 다양했다면 김정은 시대에는 크게 둘로 나누어진다.

[표 68] 김정일 시대

	〈민족과 운명〉	〈고요한 전방〉	〈그는 대학생이었다〉	〈나의 아버지〉	〈화성의숙에서의 한해여름〉
경계내용	자본주의적 사랑	정신적 해이	배금주의 조국의 배신	상실의 두려움 조국 불신	배금주의

[표 69] 김정은 시대

	〈들꽃소녀〉	〈종군작곡가 김옥성〉	〈폭발물 처리대원〉	〈최전연의 작은집〉
경계내용	명예심	자본주의적 문화(옷, 음악)	명예심	명예심

김정일 시대 영화의 경계내용은 비교적 다양하다. 김정일 시대 경계내용이 자본주의적 사랑, 정신적 해이, 조국에 대한 배신, 상실에 대한 두려움 등인 반면 김정은 시대는 개인의 욕망과 자본주의 문화로 간략해진다. 김정일 시대 경계내용이 다양한 이유는 고난의 행군을 지나면서 북한 주민들이 의식의 지형적 변화를 경험했기 때문이다.

…1994년 이후 식량난이 심해지자 자동이혼(합의이혼)이 많아졌고, 즉 아들이 두 명이면 남편과 부인이 각각 한 명씩 데리고 갈라섰으며 다른 사람이 좋으면 그 쪽으로 재혼하는 경우가 생겼다. 법적으로는 이혼 혼서가 있어야 하지만 무시하고 이혼하고 재혼하였다. 보통 남편이 능력이 없고 여자가 장사하여 경제력이 생기는 경우에 이혼이 많았다. 이혼에 대한 사회적 시각도 예전에는 극히 부정적으로, 그것도 여성의 문제로 바라보았는데 이제는 이해하는 분위기이고 간부가 이혼하면 퇴사해야 했지만 이제는 그럴 필요가 없어졌다.54)

김정일 시대 경제난은 북한 의식에 균열을 가하여 이전 뚜렷한 삶의 목표와 지향점을 향했던 의식 자체가 방사되었던 것이다. '정치적 의식의 단층에서는 입당태도와 생활총화태도가 변화되었고 일탈과 반항이 일상화되었으며 국가에 대해 불신과 체제자긍심은 약화'되었으며 '경제적 의식의 단층에서는 화폐물신주의가 팽배했고 시장관계가 형성됨에 따라 관계 자체가 확대'되었고 '사회문화적 의식의 단층에서는 이타적인 공적 연대감이 약화되었고 공적 가족주의 역시 약화'되었다.[55] 김정일 시대 북한 당국은 경계내용을 어느 하나로 모을 수가 없었던 것이다. 이에 따라 영화에서 경계내용이 조국에 대한 배신, 자본주의적 가치관에서 비롯되는 배금주의, 외부세계에 대한 경계 등 다양하게 나타난 것이다.

반면 김정은 시대 경계내용은 개인의 욕망과 자본주의적 문화로 간결해진다. 김정은 시대는 김정일 시대에 비해 사회적으로 안정화되었는데 북한 주민의 의식은 어떻게 변화했을까?

… 외부 정보 접촉 수준은 휴대전화 사용자 증가와 국경무역 발달로 증가 추세에 있다. 중국 정보의 유입은 통제가 어려운 정도로 유통되고 있으며, 남한 영상물과 정보 유입도 지속적으로 북한주민들의 삶 속에 파고들고 있다.[56]

---

54) 김갑식·오유석, 「'고난의 행군'과 북한사회에서 나타난 의식의 단층」, 『북한연구학회보』 8(2), 2004, 109쪽.
   년도), 109쪽.
55) 위의 글, 91~114쪽.
56) 장인숙·최대석, 「김정은 시대 정치사회 변화와 북한주민 의식」, 『북한의 시장화와 정치사회 균열』(선인, 2015), 260~261쪽.

김정은 시대에는 조직 생활 통제가 강화되어 장사활동은 감소했지만 여전히 북한 주민 70%는 배급보다는 시장을 통해 생계를 유지한다. 시장은 생계를 보조할 뿐 아니라 장사를 통해서 북한 주민이 정보를 교환하고 외부 정보를 접촉하게 해준다. 실상 그 수위는 통제를 벗어나기도 한다. 그렇다면 당에 대해 경제적으로 독립하고 외부 세계와 접촉이 활발해진 북한 주민과 새 세대가 집단적 욕망이 아닌 개인의 욕망에 집중하는 것은 자연스러운 수순이다. 따라서 김정은 시대 경계내용이 '개체로서의 나'와 '외부세계'로 전환된 것은 우연이 아니다. 인간은 "민족이나 국가, 계급 등과 같은 집단적 주체의 과거가 더 이상 의미 있게 다가오지 않을 때 대신 역사라는 공적인 영역에서 억압되고 무시되어 왔던 사적인 요소"와 사적 생활에서의 욕망에 주목하기 때문이다.[57] 다만 북한 주민이 "공모·담합의 연쇄를 통해 현실과 타협하거나 우회하고, 때로는 자신의 발전을 모색하고, '일상의 정치'의 주역으로서 생존을 위한 저항 속에서 지배의도를 재채용(reemplois)함으로써, 지배의도에 적응하면서, 지배의도를 변질시키고 좌절시키는 역할을 수행하는 주체"라는 견해는 다소 지나친 감이 있다.[58] 북한에서 '공모와 담합'은 구조적으로 불가능에 가깝기 때문이다. 그러나 김정일 시대보다 김정은 시대에 북한 주민의 자의식이 발전하여 생존보다 삶의 가치에 집중하기 시작한 것은 분명하다. 이것은 더 이상 생존을 위한 갈증이 아니라 문화적 생존을

---

57) F. R. Ankersmit, "History and Tropology", *The Rise and Fall of Metaphor*(Berkekey, 1994), p. 204; Ankersmit, "Die postmoderne 'Privatiserung' der Vergragenheit", edited by Herta Nagl-Docekal, Der Sinn des Historischen Geschichtsphisch Debatteb(Frankfurt a. M. 1996), p. 207 이하. 전진성, 『역사가 기억을 말하다』, 102쪽 재인용.

58) 김종욱, 「북한의 정치 변동과 '일상의 정치': '김정일체제' 이후」, 『북한연구학회보』 11(1)(2007), 10쪽.

위한 갈증이 증가함을 의미하며, 문화적 생존에 대한 갈증은 북한 주민이 자기 자신에게 집중하도록 유도하여 개인의 욕망을 확장시키는데 일조한다. 따라서 김정일 시대 영화에서 방사되었던 경계내용이 김정은 시대에는 '개인의 욕망'과 '자본주의 문화'로 집중된 것이다.

2.3. 애(哀)의 감소, 구(懼)와 노(怒)의 증가

김정일 시대와 비교하여 김정은 시대의 변화는 감정어휘에서 애(哀)가 감소하고 구(懼)와 노(怒)가 증가한다는 점이다. 감정어휘를 살펴보았을 때 실상 애(哀)는 김정은 시대에도 높은 비중을 차지한다. 김정은 시대 감정어휘는 "좋아함-기쁨-두려움-슬픔"의 순서인데 여기에서 슬픔은 어휘로 110회 나타나며 13%를 차지한다. 다만 김정일 시대에 감정어휘가 "좋아함-기쁨-슬픔-두려움"으로 슬픔이 어휘로 342회 나타나고 23%를 차지했던 것에 비한다면 김정은 시대에는 10%가 감소한 것이다. 김정은 시대에 '슬픔'은 비중 있다고 할 수 있지만 김정일 시대에 비해 감소한 것은 분명하다.

'슬픔'은 무엇일까? 북한은 '슬픔'을 "슬픈 마음이나 느낌; 적들에게 아들을 빼앗긴 어머니의 슬픔은 원쑤를 기어코 갚고야말 복수의 다짐으로 변하였다"로, '슬프다'를 "원통하거나 불쌍한 일을 당하거나 보았을 때 언짢은 생각이 가슴에 차며 눈물겹도록 마음이 쓰라리다; 지난날엔 슬프고 고통스럽던 이야기들만이 가득찼던 우리 고장도 오늘은 참으로 살기 좋은 고장으로 전변되었다"고 정의한다.[59]

---

59) 『조선말대사전』 1(평양: 사회과학출판사, 1992).

고통이나 원통함에 가깝게 해석하는 것으로 보이는데 주목할 것은 영화에서 이 '슬픔'은 최고 지도자와 관련해서는 거의 나타나지 않고 북한 주민 자기 자신과 관련해서 나타난다는 점이다. '슬픔'의 본질에 대해 살펴보기로 한다.

슬픔이란 더 커다란 완전성에서 더 작은 완전성으로의 인간의 이행이다.[60] (Sadness is a man's passage from a greater to a lesser perfection.)

스피노자에 의하면 슬픔이란 인간의 현재 역량이 감소되는 작용이다. 슬픔은 인간이 무언가를 할 수 있다는 신념, 무언가를 하고 싶은 욕망, 자신을 확장시키려는 욕망이 감소되는 과정, 즉 능동적 에너지의 소멸이다. 김정일 시대에 북한 당국이 슬픔을 강조하여 북한 주민의 능동적 에너지를 막았다면 김정은 시대에는 슬픔을 '덜' 강조하여 능동적 에너지를 '보다' 허용하는 양상이다. 앞에서 설명한 바와 같이 김정일 시대 사회적 위기의 상황에서 최고 지도자를 향한 통합의 의지와 김정은 시대 시장화에 따른 북한 주민 의식 변화가 이 같은 변화를 가져온 것이다.

김정은 시대 변화의 또 한 축은 '두려움'과 '분노'의 증가를 들수 있다. 영화를 살펴보았을 때 '두려움'과 '분노'는 외부세계를 향해 나타난다. 북한은 '두려움'을 "두려워하는 것 또는 두려운 느낌; ~을 느끼다, ~을 모르는 용감한 청년"으로, '무서움'을 "① 위험이 닥쳐올 것 같아서 기를 펼 수 없게 마음이 불안하다. ② 해롭고 위험하다. ③ 정도가 매우 대단하거나 매우 심하다. ④ (정도나 수준 등이) 비길

---

60) Benedict de Spinoza, *A Spinoza Reader*, p. 188.

데 없이 대단하거나 지독하다. ⑤ -자마자의 뜻"으로 정의한다.61)
한편 '분개'를 "매우 분하게 여기는 것", '분노'를 "분개하여 몹시
성이 나거나 성을 내는 것 또는 그렇게 난 성"이라고 정의한다.62)
영화에서 나타나는 감정은 북한의 사전적 정의에 의하면 '무서움'과
'분노'에 해당하는데 이 감정의 본질을 살펴볼 필요가 있다. '두려움
(무서움)'과 '분노'의 본질은 무엇일까?

공포란 우리가 그 결과에 대해 어느 정도 불확실하게 여기는 미래나
과거의 것에 대한 관념으로부터 생겨나는 불안정한 슬픔이다.63) (Fear
is an inconstant sadness, born of the idea of a future or past thing whose
outcome we to some extent doubt.)

분개는 타인에게 잘못 대해준 이에 대한 미움이다.64) (Indignation
is a hate toward someone who has done evil to another.)

'두려움'이란 과거에 체험했던 고통이나 슬픔을 미래에 투사함으
로써 발생하는 감정이다. 미래는 누구에게도 불확실하므로 인간은
기본적으로 공포의 감정을 갖는다. 그런데 이 공포가 과거에 자신이
체험했던 공포와 연관된다면 미래는 불안을 넘어 두려운 것으로 변
한다. '공포가 합리적 선택에 의해 피할 수 있는 대상이 아니라 위험
에 처할지도 모른다는 감정적 느낌'뿐일지라도,65) '공포에 움츠러든

---

61) 『조선말대사전』 1, 1992.

62) 위의 책.

63) Benedict de Spinoza, *A Spinoza Reader*, p. 190.

64) *Ibid.*, p. 191.

65) 박형신·정수남, 『감정은 사회를 어떻게 움직이는가?』, 372쪽.

개인들에게는 체제에 적극 순응하는 것이 생존을 위한 확실한 방책이 된다.'66) 김정은 시대 '공포'의 강조는 이러한 맥락에서 기인한다고 하겠다. 또한 김정은 시대의 '분개'의 강조는 북한 새 세대를 의식한 감정 전략이다. '분개'의 정의에서 '타인에게 잘못 대해준 이'는 나와 직접적인 이해관계가 없는 '타인'에게 잘못 대해준 이를 의미한다. 북한 새 세대가 직접 미국에 의해 공격 받은 체험이 없더라도 과거 미국에 의해 공격 받았던 북한 주민의 고통을 이해하게 하여 외부세계에 분개의 감정을 갖도록 하는 것이다.67) 김정은 시대에는 북한 주민에게 외부세계, 돈, 물질만능주의를 미워하고 해악을 가하도록 유도하는 양상이 강하다고 하겠다. 북한 당국이 시장화에 따른 북한 주민의 의식 변동을 위기로 인식하여 '자본주의 문화봉쇄'라는 지침을 내린 결과로 볼 수 있다. "집단 연대가 약할수록 그 집단은 집단에 공포를 심어주고 또 더 큰 위협으로부터 집단을 보호하기 위해 폭력적으로 반응하는 경향"이 있다는 것을 기억할 때, 김정은 시대 구(懼)와 노(怒)의 강조는 약해진 집단 연대를 극복하고자 하는 의도이다.68)

---

66) 위의 책, 117쪽.
67) 진태원 서면 인터뷰, 2017년 11월 15일~11월 17일.
68) Mabel Berezin, "Secure states: towards a political sociology of emotion", p. 46.

제**4**장 감정국가

이 글은 먼저 "행동"을 '이항대립'으로 분석하여 김정일과 김정은 시대가 공통적으로 '개인 욕망'보다 '집단 욕망'을 강조한다는 것을 발견했다. 차이점이라면 이를 위해 김정일 시대에 '의리'를 강조했다면 김정은 시대는 '돈에 대한 경계'를 강조했다는 것이다. 김정일 시대에는 경제난으로 인한 북한 주민의 이탈현상 때문이며, 김정은 시대는 '당'보다 '돈'을 우선시하는 북한 주민의 의식 변화 때문이다. 다음은 '발견, 반전, 플래시백'으로 분석하여 김정일과 김정은 시대 모두 '최고 지도자 기억'을 강조한다는 것을 발견했다. 차이점은 김정일 시대에 '최고 지도자의 명령'기억에 초점을 두었다면, 김정은 시대는 '김정일 효성'과 '김정숙 영웅성'을 강조한다는 것이다. 김정일 시대 '긴장감'의 조성은 외부세계에 대한 방어심을 높여 체제 유지를 도모하고자 하는 의도이며, 김정은 시대 선대 지도자의 효성과 영웅성 강조는 김정은 정통성 확립의 일환이다. 다음 '인물의 목표와 심층'으로 분석하여 김정일과 김정은 시대 모두 인물의 심층에 최고 지도자가 자리한다는 것을 발견했다. 다만 김정일 시대 인물의 심층에 최고 지도자뿐 아니라 '민족'도 자리하는 반면 김정은 시대에는 '최고 지도자'만이 자리한다는 것이 차이점이다. 김정은 시대에는 '최고 지도자'에 대한 충성이 '민족'에 대한 충성보다 절실했던 것이다. 김정은 시대에 정통성 확립이 시급했음을 보여주는 대목이다.

한편 "감정"을 '서사 구조'로 분석했을 때에는 김정일과 김정은 시대 모든 영화에서 공통되는 패턴이 나타난다. 김정일과 김정은 시대 영화는 모두 기승전결의 구조를 취하면서 관객의 감정이입을 유도한다. 관객의 이성을 자극하지 않는 것이다. 다만 김정일 시대에 '설화'를 활용하여 직접적 감정자극을 모색했다면 김정은 시대는 음악을 활용해서 간접적 감정자극을 모색한다는 것이 차이점이다. 다음 예술영화를 '주제가 선율'로 분석했을 때에는 김정일 시대에는 단조와 전통 음계를 활용하여 관객의 애(哀)를 자극했던 반면 김정은 시대는 장단조를 혼용하여 다소 밝은 느낌을 주는 것을 발견했다. 외부 문화 유입으로 북한 주민의 취향이 변화했기 때문이다. 다음 예술영화를 '시나리오 감정어휘'로 분석했을 때에는 김정일 시대에는 애(愛), 희(喜), 애(哀), 구(懼)가, 김정은 시대에는 애(愛), 희(喜), 구(懼), 애(哀)가 가장 많이 사용되는 감정어휘인 것을 발견했다. 김정일과 김정은 시대 모두 최고지도자에 대한 애희(愛喜)의 강박이 있다고 하겠다. 다만 김정은 시대에는 애(哀)가 김정일 시대에 비해 상대적으로 감소하고 구(懼)와 노(怒)가 증가하는 양상이 포착되었다. 김정은 시대 애(哀)의 감소는 신파적 정서를 탈피하고자 하는 시대적 흐름에서, 노(怒)의 증가는 북한 당국의 '자본주의 문화 봉쇄'지침의 영향에서 비롯된 것이다.

이제 김정일과 김정은 시대를 정치사회적 맥락에서 살펴보며 의미를 찾아보기로 한다. 김정일과 김정은 시대는 공통적으로 동화를 통해 관객의 능동성을 소멸하여, 북한 주민이 스스로 죄책감을 갖도록 유도하고, 집합기억을 재생산한다. 북한 주민의 능동성 소멸은 북한 당국이 주조하는 감정의 내면화를 가져온다. 또한 죄책감은 북한 주민의 특정한 행동을 방지하는 데 유용하며 집합기억은 공동체의 연대를 강화하고 일체감을 부여하는 데 유용하다. 김정일과 김정은은 과거를 경험하지 않은 세대와 더불어 체제를 유지하고 정당성을 설득하기 위해 죄책감과 집합기억을 중요 요소로 활용하는 것이다. 동시에 변화도 분명 존재한다. 김정일 시대에 비해 김정은 시대에 관료에 대한 비판이 나타나고 영화적 표현이 증가한다는 점이다. 김정은 시대에는 미세하지만 '군 관료'의 실적제일주의에 대한 비판, '보안원'의 권위적 태도에 대한 불만, 과제를 맞추어 출세하려는 '관료'에 대한 불만이 분명 나타난다. 김정은 정권 첫해에는 젊은 지도자에 따른 사회 변화에 대한 북한 주민의 기대감이 존재한 것이다. 또한 김정은 시대에 헐리우드 영화적 표현이 나타나는 것은 북한이 외부 세계에 대한 경계를 아무리 강조해도 '기술'적 측면에 있어서는 외부 세계를 수용할 수밖에 없는 현실을 잘 보여준다. 헐리우드 영화적 표현은 영화의 재미를 위해서도 유용하므로 북한 당국은 북한 주민의 관심을 끌기 위해 스스로가 경계하는 자본주의적 표현을 의식적 또는 무의식적으로 수용할 수밖에 없는 것이다. 다음은 경계대상과 경계내용의 전환이다. 김정일 시대 교정대상 인물이 북한의 전체 주민이었던 반면 김정은 시대에는 관료로 전환한다. 김정일 시대에는 경제난으로 북한의 모든 계층과 세대에서 모든 북한 주민이 생존을 위해 방사하고 있었으므로 특정 계층만을 교정대상으로

놓을 수 없었던 것이다. 반면 경제적 측면에서 상대적으로 안정된 김정은 시대에는 김정은이 기득권 계층을 누르고 정치적 안정을 도모하는 것이 시급했기 때문에 교정대상이 관료로 모아진 것이다.

이를 토대로 본질적 측면에서 조금 더 논의를 전개해보기로 한다. 영화를 통해서 볼 때 김정일과 김정은 시대 북한 당국이 경계하는 것의 본질은 북한 주민의 '욕망'이다. 특히 김정은 정권 초기 경계 대상은 '개인의 욕망'이다. 김정일 시대에도 개인의 욕망에 대한 경계가 있었지만 김정일 시대 개인의 욕망은 가족이나 직장과 관련된 것이었다. 사랑하는 남편과 같이 살고 싶은, 자신의 작업반이 칭찬을 받고 싶은, 가족과 같이 살고 싶은 욕망 등이 김정일 시대 영화에 나타나는 북한 주민의 욕망이었다. 그런데 김정은 시대의 욕망은 결이 다르다. 김정은 시대 영화에 나타나는 욕망은 '가족의 욕망'과 관련되기보다는 '나'와 관련된다. '나'의 화려한 생활, '내가' 주목받고 싶은 욕망, '내가' 출세하고 싶은 욕망이다. 이를 단순히 명예욕이나 권력욕이라는 말로 일반화하지 말자. 이것을 모두 포괄하는 보다 근원적인 욕망을 찾는다면 그것은 '나의 기쁨'이 아닐까? 인간의 욕망을 '욕구에 의식이 더해진 것'으로 이해한다면 인간은 살아있는 한 욕망한다. 김정일 시대 경제난이 김정은 시대에 어느 정도, 또는 완전히 해결되었다고 해서 '기쁨'에 대한 북한 주민의 욕망이 사라지는 것은 아니다. 결핍이 없어도 더 커다란 완전성으로 이행하고 싶은 욕망, '기쁨'에 대한 욕망은 불멸인 것이다. 따라서 현재 북한의 특징을 압축하여 표현하면 기쁨을 욕망하는 북한 주민, 슬픔을 주조하는 북한 당국, 기쁨에 대한 북한 주민의 욕망을 수용할 수밖에 없는 북한 예술계가 엉켜 있는 '감정국가'라 하겠다.

분류		남한
기쁨	기쁨	가뜬하다, 감미롭다, 감흥일다, 개운하다, 경쾌하다, 고소하다, 기껍다, 기쁘다, 깔깔댄다, 껄껄댄다, 낙이 있다. 눈웃음치다, 대견하다, 덩실덩실하다, 든든하다, 들뜨다, 들먹거리다, 목이메다, 바람나다, 마땅하다, 마뜩하다, 만족하다, 반갑다, 방실거리다, 벙글거리다, 벙긋하다, 벙긋하다, 보람차다, 빙긋하다, 뿌듯하다, 살맛나다, 생글거리다, 설레이다. 시원섭섭하다, 시원하다, 신나다, 신명나다, 신바람나다, 싱글거리다, 싱글벙글하다, 안락하다, 열광하다, 우습다, 유유자적하다, 유쾌하다, 의기양양하다, 재미있다. 좋다, 즐겁다, 쾌적하다, 쾌하다, 키드득거리다, 킥킥거리다, 킬킬거리다, 통쾌하다, 행복하다, 호호거리다, 환담하다, 환대하다, 환송하다, 환영하다, 황홀하다, 후련하다, 흐뭇하다, 흡족하다, 흥겹다, 흥나다, 흥미롭다, 흥미진진하다, 흥분하다, 흥얼거리다, 흥청거리다, 희희낙락하다, 히득거리다
노여움	분노	감정나다, 개탄하다, 격노하다, 격분하다, 격앙하다, 격하다, 고깝다, 골나다, 공노하다, 괘씸하다, 기고만장하다, 기막히다, 노기등등하다, 노발대발하다, 노엽다, 노하다, 노호하다, 대노하다, 바르르하다, 발끈하다, 볼메다, 부아나다, 분개하다, 분격하다, 분노하다, 분통터지다, 분풀이하다, 분하다, 불끈하다, 불퉁스레하다, 불평불만하다, 비분강개하다, 삐뚤어지다, 삐치다, 상하다, 섭섭하다, 성나다, 성질나다, 속상하다, 신경질나다, 실쭉하다, 아니꼽다, 앵돌아지다, 약오르다, 역정나다, 열나다, 욱하다, 울분하다, 울화치밀다, 원통하다, 유감스럽다, 절치부심하다, 진노하다, 진저리나다, 짜증나다, 천인공노하다, 치밀다, 치받다, 투덜거리다, 툴툴거리다, 핏대세우다, 호통하다, 화나다, 화풀이하다, 흥분하다
	원망	원망하다, 탓하다
	불쾌	불쾌하다, 언짢다

분류		남한
슬픔	슬픔	가련하다, 가엾다, 가탄스럽다, 개탄하다, 구슬프다, 눈물겹다, 눈물짓다, 동정하다, 딱하다, 목메다, 뭉클거리다, 미어지다, 불쌍하다, 비애를 느낀다, 비장하다, 비참하다, 비탄하다, 비통하다, 뼈아프다, 뼈저리다, 서글프다, 서러워하다, 서럽다, 설워하다, 슬프다, 시원섭섭하다, 쓸쓸하다, 우울하다, 아리다, 아쉽다, 아프다, 애곡하다, 애끓다, 애달다, 애달프다, 애도하다, 애련하다, 애상하다, 애소하다, 애잔하다, 애절하다, 애타다, 애통하다, 애특하다, 오열하다, 우짖다, 울적하다, 음울하다, 잉잉거리다, 저미다, 좌절하다, 참담하다, 처량하다, 처연하다, 처절하다, 처참하다, 측은하다, 침울하다, 침통하다, 탄식하다, 통곡하다, 통분하다, 통탄하다, 한맺히다, 한숨짓다, 한스럽다, 한탄하다, 허망하다, 허무하다, 허탈하다, 허허하다, 흐느끼다, 가련하다
	괴로움	가슴앓이하다, 갈등하다, 갈팡질팡하다, 감질나다, 갑갑하다, 거북하다, 걱정하다, 겸연쩍다, 경황없다, 고심하다, 고통스럽다, 곤욕스럽다, 곤혹스럽다, 괴롭다, 굴욕스럽다, 궁금답답하다, 궁금하다, 권태롭다, 귀찮다, 그늘지다, 근심하다, 긴장하다, 껄끄럽다, 난감하다, 난처하다, 낭패하다, 노심초사하다, 답답하다, 당혹하다, 당황하다, 뒤숭숭하다, 따분하다, 막연하다, 모멸스럽다, 모욕감을 느끼다, 무력하다, 무료하다, 미안하다, 민망하다, 번거롭다, 번뇌하다, 번민하다, 부대끼다, 부심하다, 불안하다, 불편하다, 불행하다, 사랑앓이하다, 상실하다, 생가슴앓다, 생걱정하다, 서먹하다, 성가시다, 성화하다, 속상하다, 시름겹다, 식상하다, 싫어하다, 심란하다, 심려하다, 심심하다, 싱숭생숭하다, 쓰리다, 아득하다, 아리다, 아슬아슬하다, 안달복달하다, 안달하다, 안쓰럽다, 안절부절하다, 안타깝다, 암담하다, 암울하다, 애간장타다, 애먹다, 어리둥절하다, 어리벙벙하다, 어색하다, 어수선하다, 어줍다, 얼떨떨하다, 열등감 느끼다, 염려하다, 용쓰다, 우울하다, 위압감, 위화감, 음울하다, 인고, 자기모멸, 자포자기하다, 절망하다, 절박하다, 조마조마하다, 조바심하다, 죄송하다, 죄스럽다, 죄책감, 지겹다, 지루하다, 짱알거리다, 쪼들리다, 초조하다, 침울하다, (속이) 타다, 패배감, 편찮다, 환멸하다, 황당하다, 황망하다, 힘들다
	억울함	기막히다, 맺히다, 분하다, 어이없다, 어처구니없다, 억울하다, 원통하다, 탄식하다, 한맺히다, 한스럽다, 한탄하다
	외로움	고독하다, 고립되다, 고적하다, 공허하다, 덧없다, 막막하다, 삭막하다, 삭연하다, 소소하다, 소외되다, 쓸슬하다, 외롭다, 적막하다, 적적하다, 처량하다, 허전하다, 한스럽다
	후회	가책하다, 뉘우치다, 자책하다, 책망하다, 탄식하다, 한탄하다, 회개하다, 회한하다, 후회하다
	실망	낙담하다, 낙망하다, 낙심하다, 맥빠지다, 상심하다, 실망하다, 좌절하다
	허망	공허하다, 덧없다, 망연하다, 무상하다, 쓸쓸하다, 허망하다, 허무하다, 허전하다, 허탈하다, 허허롭다
	그리움	그립다, 동경하다, 망향, 비련, 상사하다, 연모하다, 연정, 향수

분류		남한
두 려 움	두려움	겁나다, 공포스럽다, 두렵다, 떨다, 무섭다, 무시무시하다, 섬뜩하다, 소름끼치다, 스산하다, 황공하다
	걱정	걱정하다, 고뇌하다, 고민하다, 노심초사하다, 번뇌하다, 번민하다, 속타다, 수심에 차다, 시름겹다, 심려하다, 애끓다, 애타다, 염려하다, 우국, 우국충절, 우국충정, 우려하다, 우수에 차다, 자글거리다, 자불안석, 전전긍긍하다, 한숨짓다
	초조함	긴장하다, 노심초사하다, 뒤숭숭하다, 불안하다, 속타다, 심란하다, 싱숭생숭하다, 아슬아슬하다, 안달복달하다, 안달하다, 안절부절하다, 애타다, 애통터지다, 전전긍긍하다, 조마조마하다, 조바심나다, 초조하다
	미안함	미안하다, 송구하다, 죄송하다, 죄스럽다
	위축감	기죽다, 시무룩하다, 위축되다, 의기소침하다, 주눅들다, 풀죽다
	놀람	경악하다, 경이롭다, 기겁하다, 기절낙담하다, 기절초풍하다, 기절하다, 기함하다, 깜짝하다, 놀라다, 당혹하다, 당황하다, 대경실색하다, 두근거리다, 뜨끔하다, 무르춤하다, 망연자실하다, 망연하다, 벙벙하다, 변색하다, 아연실색하다, 아연하다, 아찔하다, 어리둥절하다, 어이없다, 어처구니없다, 얼떨떨하다, 움찔거리다, 울렁거리다, 움찔거리다, 움칫하다, 자지러지다, 질겁하다, 질리다, 철렁거리다, 혼꾸멍나다, 혼나다, 혼비백산하다, 휘둥그레지다

분류		남한
좋아함	호감	감미롭다, 귀엽다, 귀하다. 끌리다, 도취하다, 멋있다. 매료되다, 매혹하다, 소중하다. 순결하다. 아름답다, 애지중지하다, 애착하다, 연모하다, 연정하다, 열애하다, 예쁘다, 정가다, 정겹다, 좋아하다, 호감가다, 흥미롭다, 흥미진진하다, 착하다
	사랑	경애하다, 경천애인하다, 눈멀다, 당기다, 동포애, 미혹, 민족애, 반하다, 빠지다, 사랑하다, 사모하다, 선호하다, 심취하다, 쏠리다, 애교있다. 애민, 애사, 애정, 애족, 애향, 애호, 연애하다, 열애하다, 전우애, 짝사랑하다, 총애하다, 춘심, 춘정, 친애하다, 탐닉하다, 홀리다, 황홀하다, 흠모하다
	반가움	달갑다, 반갑다
	신뢰감	든든하다, 듬직하다, 미덥다, 미쁘다, 믿다, 슬겁다, 신중하다, 진지하다
	만족감	만족하다, 보람차다, 뿌듯하다, 자족하다, 좋다, 흡족하다
	안정감	가라앉다, 괜찮다, 넉넉하다, 놓다, 느긋하다, 늘어지다, 달콤하다, 담담하다, 덤덤하다, 맘놓다, 물러지다, 방심하다, 삭다, 삭이다, 아늑하다, 안도하다, 안빈하다, 안심하다, 안정하다, 태연자약하다, 태연하다, 태평스럽다, 태평하다, 편안하다, 편하다, 평안하다, 평온하다, 포근하다, 해이하다, 홀가분하다
	공감	공감하다, 교감하다, 동감하다, 호응하다
	감동	각골난망하다, 감개무량하다, 감격무지하다, 감격스럽다, 감격하다, 감동하다, 감명하다, 감명적이다, 감복하다, 감사하다, 감읍하다, 감지덕지하다, 감탄하다, 감흥일다, 경탄하다, 놀라다, 몽클하다, 벅차다, 부듯하다, 뿌듯하다, 열광하다, 영탄하다, 전율하다, 찡하다, 착잡하다, 찬탄하다, 탄복하다, 황송하다
	통쾌함	가뿐하다, 개운하다, 상쾌하다, 속시원하다, 시원하다, 통쾌하다, 홀가분하다, 후련하다
	자랑스러움	기특하다, 대견하다, 영광되다, 자랑하다
	자신감	고무되다, 기고만장하다, 떳떳하다, 만만하다, 우쭐하다, 의기양양하다, 자긍하다, 자부하다, 자신만만하다, 자신하다
	고마움	감사하다, 고맙다, 은혜롭다, 황송하다

분류		남한
싫어함	반감; 거부감; 미움	가소롭다, 가증스럽다, 같잖다, 거부하다, 거북하다, 거슬리다, 경멸하다, 경시하다, 괘씸하다, 구역질나다, 꺼리다, 꺼림칙하다, 껄끄럽다, 께름칙 하다, 께름하다, 끔찍하다, 난색, 냉소하다, 떠름하다, 떨떠름하다, 떫다, 뜨악하다, 모멸하다, 못마땅하다, 모욕하다, 무시하다, 밉다, 밉살스럽다, 반항하다, 비위돌리다, 비죽거리다, 싫다, 야속스럽다, 야유하다, 얄밉다, 역겹다, 원망하다, 증오하다, 지긋지긋하다, 진저리나다, 질리다, 질색하 다, 징그럽다, 찝찝하다, 책망하다, 책하다, 청승맞다, 치떨다, 켕기다, 코대답하다, 코웃음치다, 탁하다, 토라지다, 투기하다, 환멸하다, 혐오하 다, 마음을 아프게 하다
	답답함	갑갑하다, 답답하다, 막막하다, 막연하다, 시원찮다, 암담하다, 착잡하다
	냉담	냉담하다, 냉정하다, 매정하다, 무정하다, 쌀쌀하다, 야박하다, 야속하다, 코웃음치다
	치사함	아니꼽다, 치사하다, 쩨쩨하다
	불편함 귀찮음	걸리다, 귀찮다, 불편하다, 성가시다, 어수선하다, 편찮다, 폐롭다
	난처함	곤란하다, 난감하다, 난처하다, 낭패하다
	불신감	불신하다, 의심하다, 의아하다
	서먹함	겸연쩍다, 낯설다, 머쓱하다, 멋쩍다, 서먹서먹하다, 서먹하다, 소원(疏 遠)하다, 어색하다
	심심함	권태롭다, 따분하다, 무료하다, 심심하다, 적적하다
	싫증	고루하다, 고리타분하다, 물리다, 시시하다, 식상하다, 신물나다, 싫증나 다, 염증나다, 지겹다, 지긋지긋하다, 지루하다, 진력나다, 진저리나다, 질리다
	시기심	남부럽다, 동경하다, 부러워하다, 부럽다, 샘나다, 시기하다, 시샘하다, 심통나다, 질투하다, 투기하다
	부끄러움	남부끄럽다, 낯간지럽다, 머쓱하다, 멋쩍다, 무안하다, 부끄럽다, 상기되 다, 손부끄럽다, 수줍어하다, 수치스럽다, 스스럼없다, 쑥스럽다, 열없다, 열적다, 자괴하다, 창피하다, 치욕스럽다
바람	바람 욕심	간원하다, 간절하다, 갈망하다, 걸근거리다, 기구하다, 남부럽다, 바라다, 부럽다, 소망하다, 소원하다, 열망하다, 염원하다, 욕기부리다, 욕심나다, 욕심부리다, 원하다, 절절하다, 탐나다, 희망하다
	궁금함	궁금하다
	아쉬움	서운하다, 섭섭하다, 섭하다, 아깝다, 아쉽다, 애석하다
	불만	못마땅하다, 불만족하다, 불평하다, 뾰로통하다, 샐쭉하다, 시들하다, 시큰둥하다, 심드렁하다
	갈등	갈등하다, 동요하다, 망설이다

분류		북한
기쁨	기쁨	가슴뿌듯하다, 가슴후련하다, 경쾌하다, 기뻐하다, 기쁘다, 기쁨넘치다, 기쁨드리다, 낙관, 놀라다, 미소짓다, 반갑다, 벅차다, 뿌듯하다, 웃다, 웃음짓다, 유쾌하다, 재미있다, 좋다, 즐겁다, 즐겨보다, 행복하다, 환성 지르다, 환희, 흥겹다, 흥미있다, 흥분하다, 키득거리다, 벙글거리다, 흐뭇하다, 힘있다, 즐겁다, 미소하다, 박수치다, 밝다, 대견해하다, 열광, 웃는다, 희열, 신바람이 나다, 생글거리다, 빙그레 웃다, 좋아라 깔깔대다, 흥이 오르다, 우습다, 행복, 활기차다, 활기에 넘치다, 격동되다, 미소, 기쁨, 쾌히, 활짝 웃다, 환희 넘치다, 환성 지르다, 희열에 넘치다, 환호하다, 축하하다, 설레이다, 기분이 좋다, 웃음, 실기띠며 웃다, 웃는, 하하, 미소가 피어나다, 흐뭇이, 폭소하다, 웃어보이다, 힘차다, 호호, 폭소를 터뜨리다, 좋은, 신이나다, 흥분을 안고 서다, 좋아하다, 놀라, 놀라는, 축하해주다, 흐뭇해하다
노여움	분노	기막히다, 격분하다, 분격하다, 불평하다. 비분에 차다, 울분을 떠뜨리다, 투덜거리다, 기가막히다, 화내다, 씨근거리다, 노려보다, 신경질나다, 화나다, 열이 오르다, 격해오다, 어안이 벙벙하다, 노하다, 분노하다, 분하다, 쏘아보다, 살기, 독이 차다, 싸움, 기분이 상하다, 격하다, 살기띠다, 잘못되다, 비분, 웅어리지다, 원한, 억이 막히다, 삐지다, 울화를 터치다, 서슬이 딩딩하다, 섭섭하다, 치를 떨다, 이지러지다, 격분에 차다, 모해하다, 발광하다, 노엽다
	원망	원망하다
	불쾌	험악하다

276

분류		북한
슬픔	슬픔	가렬처절하다, 가슴치다, 가슴터지다, 눈물흘리다, 눈물겹다, 눈물젖다, 눈물짓다, 목메다, 몸부림치다, 무참하다, 비관하다, 발버둥치다, 비애, 비장, 비통, 뼈아프다, 뼈저리다, 서럽다, 설음하다, 슬프다, 아쉬워하다, 아쉽다, 애끓다, 애석하다, 울다, 울리다, 울먹이다, 사무치다, 절절하다, 처절침통하다, 통곡하다, 피눈물나다, 피눈물흘리다, 허무하다, 흐느끼다, 서글프다, 뭉클하다, 애타다, 울적하다, 불쌍하다, 추연하게, 동정어리다, 침통하다, 탄성, 애절한, 침통히, 오열하다, 쓸쓸하다, 불우한, 불우하다, 흑, 흑흑, 눈물 나다, 딱해하다, 설움, 눈물, 한숨, 가긍한, 슬픔, 목에 메다, 설음, 통곡, 불쌍, 눈물어리다, 눈물나다, 처절하다
	괴로움	가슴을 치다, 가슴이 터지다, 가슴 아프다, 고난 겪다, 괴롭다, 뭇개기다, 상실하다, 상처 입다, 생매장당하다, 시달리다, 시련 겪다, 신음하다, 쓰리다, 얼떨떨하다, 억압받다, 엄혹하다, 절박하다, 죄책감, 주저앉다, 천대받다, 엄하다, 황황하다, 힘겹다, 당황하다, 미안하다, 난처하다, 민망하다, 무겁다, 죄스럽다, 마음아프다, 심각하다, 걱정하다, 속상해하다, 조급하다, 안타깝다, 난감하다, 고통스럽다, 뜨거움을 안다, 눈물을 머금다, 맥없다, 마음이 무겁다, 다급하다, 심각, 속상하다, 안절부절하다, 죄의식, 엄혹하다, 번민하다, 안타까와하다, 초조하다, 괴로워하다, 속이 타다, 안돼다, 마음이 상하다, 마음이 어두워지다, 심각해지다, 고뇌어리다, 아프다, 지치다, 긴장하다, 가슴이 터지다, 불행하다, 마음고생하다, 고난, 시련, 화를 입다, 수난, 불행, 가슴을 앓다, 상처, 몸부림치다, 피눈물을 삼키다, 짓밟히다, 괴로워지다, 갈팡질팡하다, 방랑하다, 가슴터지차, 가슴아파하다, 수모받다
	억울함	어이없다, 어처구니없다
	외로움	공허하다, 무시당하다, 외롭다
	후회	뉘우치다, 자책하다, 후회하다, 책망하다, 가슴치다, 자책거리다, 자책, 가슴이 뜨끔하다, 반성하다
	실망	맥빠지다, 맥을 놓다, 실망하다, 낙담하다, 낙심하다
	허망	허탈하다, 쏩쓸하다, 쓰겁게 웃다, 웃다, 허무하다
	그리움	그리다, 그리워하다, 그립다, 보고싶다, 추억하다

분류		북한
두려움	두려움	겁먹다, 동요하다, 두렵다, 무섭다, 사색이되다, 공포, 겁나다, 공포에 떨다, 음산한, 준엄하다, 엄중하다, 엄혹하다, 엄하다, 공포에 질리다, 삼엄하다, 엄숙하다, 겁이 나다
	걱정	걱정하다, 근심하다, 불안하다, 위구하다, 애끓다, 애타다, 착잡하다, 한숨짓다, 고뇌에 차다, 불안한, 근심스럽다, 생각에 잠기다, 사색에 잠기다, 깊이 생각하다, 마음쓰다, 고민, 한숨쉬다, 속이 덜컹하다, 고민하다, 상념에 빠지다
	초조함	긴장하다, 절박하다, 절실하다, 굳어지다, 초조하다, 긴장한, 안절부절하다, 불안하다, 불안, 불안해하다, 불안스럽다, 초조, 근심하다, 위험하다, 긴장, 조바심나다
	미안함	사죄하다, 미안하다
	위축감	시무룩하다, 기가 죽다
	놀람	놀라다, 놀랍다, 어리둥절하다, 멍하다, 아연하다, 눈이 동그래다, 굳어지다, 놀라는, 당황하다, 어이없다, 아연하다, 아연히, 당황해하다, 소리지르다, 기가 질리다, 당황하다

278

분류		북한
좋아함	호감	다정하다, 멋지다, 매력있다, 매혹되다, 매혹하다, 애모쁘다, 우러르다, 인상깊다, 존경하다, 좋다, 좋아하다, 친근하다, 황홀하다, 흠모하다, 곱다, 정있다, 훌륭하다, 우아하다, 정답다, 인자하다, 아름답다, 친절하다, 인정많다, 너그럽다, 매혹적이다, 다정히, 귀중한, 위대하다, 숭고하다, 정깊다, 아담하다, 현숙하다, 지성적이다, 머리가 수그러지다, 위대한, 무던하다, 관대하다, 귀중하다, 고상하다, 환성지르다, 소중하다, 멋있다, 숭상하다, 거룩하다, 아름다움, 아름다운, 고상, 정겹다, 웅장하다, 마음이 곱다, 정들다, 순진하다
	사랑	경애하다, 높이다, 동지애, 모시다, 받들다, 사랑하다, 애하다, 열정, 우러르다, 정, 찬양하다, 축복하다, 충정, 황홀하다, 친애하다, 열렬하다, 사랑, 칭찬하다, 사랑해오다, 애, 칭찬, 정들다
	반가움	반기다, 반가움, 반갑다, 반색하다, 반갑게, 반가워하다, 반겨맞다
	신뢰감	따르다, 미덥다, 믿다, 신뢰하다, 신심깊다, 진지하다, 생각이 깊다, 심중히, 점잖다, 심중해지다, 심중한, 지지하다, 생각깊다, 주의깊다, 침착하다, 믿음직하다, 심중하다
	만족감	대만족하다, 만족하다, 기막히다, 흡족한, 흡족하여, 좋다
	안정감	마음놓다, 안도하다, 따뜻하다, 평화롭다, 덤덤하다, 비긴장하게, 해이, 덤덤히, 안도감, 다행히, 다행스럽다, 자유롭다
	공감	공감하다, 절감하다, 호응하다, 박수치다, 수긍하다, 고개를 끄덕이다, 박수터지다, 끄덕이다, 찬성하다
	감동	감격적이다, 감격하다, 감동깊다, 감동있다. 감동적이다, 감동하다, 감명깊다, 감명있다. 감명하다, 감화하다, 격정에 잠기다. 격찬하다, 경탄하다, 눈물겹다, 뜻깊다, 심금을 울리다, 진감시키다, 진감하다, 칭송하다, 탄복하다, 감탄하다, 뜨겁다, 놀라다, 열광적, 울다, 눈물을 머금다, 감개무량하다, 박수치다, 감격적, 감격의, 격정에 넘치다, 격정적, 격정어린, 격정에 복받치다, 감동되다, 감동하여, 뜨거운 것을 삼키다, 뜨거움을 삼키다, 뜨겁게, 눈물흘리다, 눈물고이다, 감지덕지하다, 뜨겁게, 눈물, 흐느끼다, 울리다, 목이 메다
	통쾌함	통쾌하다
	자랑스러움	과시하다, 영광스럽다, 자랑스럽다, 자랑차다, 자랑하다, 대견하다, 기특하다
	자신감	고무추동하다, 고무하다, 긍지, 떳떳하다, 자부심, 자신만만, 으스대다, 당돌하다, 자신감, 잘난척하다, 우쭐하다
	고마움	고맙다, 감사하다, 고마움, 고맙소, 황송하다, 은혜갚다

분류		북한
싫어함	반감; 거부감; 미움	가증스럽다, 멍청해하다, 배척하다, 실망하다, 원망하다, 질책하다, 추궁하다, 탓하다, 질리다, 욕하다, 괴롭히다, 머리혼들다, 적개심, 거만하다, 빈정대다, 꺼리다, 비웃다, 증오, 눈을 흘기다, 끔찍하다, 가혹하다, 꺼림직하다, 남잡이하다, 저애하다, 모욕하다, 조롱하다, 환멸, 나쁘게 생각하다, 싫다, 미워하다, 놀리다, 너절하다, 짓밟다, 짓누르다, 가슴을 허비다, 가슴을 난도질하다, 구차하다, 비판, 코웃음치다, 업수이 보다, 교만, 건방지다, 희생시키다, 가슴을 치다, 윽박지르다, 비방중상하다, 나쁜, 질책, 속을 태우다, 업신여기다
	답답함	착잡, 고지식하다, 한심하다.
	냉담	무뚝뚝하다. 무정하다, 차갑다, 냉담하다, 정색하다, 냉냉하다, 모질다, 무관심하다, 독하다
	치사함	옹졸하다, 비열하다, 비렬하다
	불편함 귀찮음	무대끼다(부대끼다), 나약해지다
	난처함	난처해하다, 야단나다, 실패하다
	불신감	의아하다, 위구하다, 의심하다, 의아해하다, 의심쩍다
	서먹함	멋쩍어하다, 낯이 설다, 서먹하다, 서툴다
	심심함	
	싫증	지루하다
	시기심	부럽다, 동경하다, 부러워하다
	부끄러움	멋쩍다, 부끄럽다, 무안해하다, 부끄러움, 창피하다, 수치스럽다, 망신, 민망스러워하다
바람	바람 욕심	간곡하다, 간절하다, 당부하다, 바라다, 호소하다, 정성을 바치다, 사정하다, 부럽다, 희망, 애쓰다, 절절히, 열렬히, 희망차다, 하소연하다, 애원하다, 고생하다, 기대하다, 절절하게, 기구하다, 구걸질하다, 고집하다, 우기다, 희생하다, 열정, 부탁하다, 간고하다, 희생, 결연하다
	궁금함	호기심
	아쉬움	섭섭하다, 서운하다, 아쉽다, 섭섭해하다
	불만	투정하다, 토달거리다, 불평하다
	갈등	우물거리다, 혼들리다, 머뭇거리다, 주춤거리다, 우물쭈물하다

1. 단행본

고동률, 「동의서」, 『신춘문예당선집』 7, 중앙출판사, 1973.

권헌익·정병호, 『극장국가 북한』, 창비, 2013.

김갑식, 「김정은 정권의 수령제와 당·정·군 관계」, 북한연구학회, 『김정은 시대의 정치와 외교』, 한울아카데미, 2014.

김경용, 『기호학이란 무엇인가』, 민음사, 2014.

베르톨트 브레히트, 김기선 옮김, 『서사극 이론』, 한마당, 1989.

김석만, 『스타니슬라브스키 연극론』, 이론과실천사, 1996.

김연철, 『북한의 산업화와 경제정책』, 역사비평사, 2001.

김찬호, 『모멸감』, 문학과지성사, 2016.

김형기, 『남북관계 변천사』, 연세대학교 출판부, 2010.

노스럽 프라이, 임철규 옮김, 『비평의 해부』, 한길사, 2013.

단국대학교 한국문화기술연구소 편, 『주체의 환영: 북한문예이론에 대한 비판적 이해』, 경진출판, 2011.

로버트 스탬·로버트 버고인·샌디-플리터먼 루이스, 이수길·이우석·문재철·김소연·김병철 옮김, 『영상기호학』, 시각과언어, 2003.

롤랑 바르트, 정현 옮김, 『신화론』, 현대미학사, 1995.

루이스 자네티, 박만준·진기행 옮김, 『영화의 이해』, 케이북스, 2017.

린다 카우길, 이문원 옮김, 『시나리오 구조의 비밀』, 시공사, 2003.

마사 너스바움, 조계원 옮김, 『혐오와 수치심: 인간다움을 파괴하는 감정들』, 민음사, 2015.

모로오카 야스코, 조승미·이혜진 옮김, 『증오하는 입: 혐오발언이란 무엇인가?』, 오월의봄, 2014.

미셸 마페졸리·앙리 르페브르 외, 박재환/일상성·일상생활연구회 엮음, 『일상생활의 사회학』, 한울아카데미, 2016.

박가분, 『혐오의 미러링』, 바다출판사, 2016.

박형신·정수남, 『감정은 사회를 어떻게 움직이는가』, 한길사, 2015.

박형중, 『북한의 개혁개방과 체제변환』, 해남, 2004.

백선기, 『보도의 기호학』, 커뮤니케이션북스, 2010.

백선기, 『영화 그 기호학적 해석의 즐거움』, 커뮤니케이션북스, 2007.

베르톨트 브레히트, 김기선 옮김, 『서사극 이론』, 한마당, 1989.

블라디미르 프로프, 유영대 옮김, 『민담형태론』, 새문사, 2009.

빅토리아 D. 알렉산더, 최샛별·한준·김은하 옮김, 『예술사회학: 순수예술에서 대중 예술까지』, 살림출판사, 2012.

서훈, 『북한의 선군 외교』, 명인문화사, 2008.

서인숙, 『영화분석과 기호학: 「너에게 나를 보낸다」를 중심으로』, 집문당, 1998.

서정남, 『북한영화탐사』, 생각의나무, 2002.

서정남, 『영화서사학』, 생각의나무, 2009.

수잔 포워드, 김경숙 옮김, 『그들은 협박이라고 말하지 않는다』, 선돌, 2005.

수잔 헤이워드, 이영기 외 옮김, 『영화사전: 이론과 비평』, 한나래, 2012.

슈테판 마르크스, 신종훈 옮김, 『나치즘, 열광과 도취의 심리학』, 책세상, 2016.

스타이안, 윤광진 옮김, 『표현주의 연극과 서사극』, 현암사, 1988.

스티븐 코핸 외, 임병권·이호 옮김, 『이야기하기의 이론: 소설과 영화의 문화 기호학』, 한나래, 1997.

안민수, 『배우수련』, 김영사, 2015.

안민수, 『연극연출: 원리와 기술』, 집문당, 1998.

알폰스 실버만, 이남복 편, 『연극사회학』, 현대미학사, 1996.

에리히 프롬, 김석희 옮김, 『자유로부터의 도피』, 후마니스트, 2012.

에바 일루즈, 김정아 옮김. 『감정 자본주의』, 돌베개, 2010.

에티엔 발리바르, 진태원 옮김. 『스피노자와 정치』, 그린비, 2014.

요시다 도오루, 김상운 옮김, 『정치는 감정에 따라 움직인다』, 바다출판사, 2014.

우에노 지즈코, 나일등 옮김, 『여성혐오를 혐오한다』, 은행나무, 2012.

유민석, 『메갈리아의 반란』, 봄알람, 2016.

윤보라 외, 『여성혐오가 어쨌다구?』, 현실문화, 2015.

이극찬, 『정치학』, 법문사, 2013.

이남복 편저, 『연극사회학』, 현대미학사, 1996.

이명자, 『북한 영화와 근대성: 김정일시기 가족멜로 드라마』, 영락, 2005.

이명자, 『북한영화사』, 커뮤니케이션북스, 2008.

이우영, 「김정일 문예정책의 지속과 변화」, 『통일연구원 연구총서』, 통일연구원, 1998.

이종석, 『새로 쓴 현대북한의 이해』, 역사비평사, 2005.

이현재, 『여성혐오, 그 후: 우리가 만난 비체들』, 들녘, 2016.

임홍빈, 『수치심과 죄책감』, 바다출판사, 2014.

장인숙·최대석 편저, 「김정은 시대 정치사회 변화와 북한주민 의식」, 『북한 의 시장화와 정치사회 균열』, 선인, 2015.

잭 바바렛 엮음, 박형신 옮김, 『감정과 사회학』, 이학사, 2009.

잭 바바렛, 박형신·정수남 옮김, 『감정의 거시사회학: 감정은 사회를 어떻게 움직이는가?』, 일신사, 1998.

장 마리 플로슈, 김성도 옮김, 『기호학·마케팅·커뮤니케이션』, 나남출판, 2003.

전미영, 「김정은시대의 정치언어」, 우승지 편, 『김정은 시대의 정치와 외교: 선군인가, 선경인가』, 한울, 2014.

전진성, 『역사가 기억을 말하다』, 휴머니스트, 2009.

정성장, 『현대 북한의 정치』, 한울아카데미, 2011.

제롬 케이건, 노승영 옮김, 『정서란 무엇인가?』, 아카넷, 2009.

제프 굿윈·제임스 M 재스퍼·프란체스카 폴레타 엮음, 박형신·이진희 옮김, 『열정적 정치』, 한울, 2012.

조반니 프라체토, 이현주 옮김, 『감정의 재발견』, 프런티어, 2016.

존 스타이언, 장혜전 옮김, 『연극의 경험』, 소명출판, 2002.

주디스 버틀러·아테나 아타나시오우, 김응산 옮김, 『박탈: 정치적인 것에 있 어서의 수행성에 관한 대화』, 자음과모음, 2016.

주디스 버틀러, 양효실 옮김, 『불확실한 삶』, 경성대학교 출판부, 2008.

주디스 버틀러, 유민석 옮김, 『혐오발언』, 알렙, 2016.

최유준, 『음악 문화와 감성정치』, 작은이야기, 2011.

카롤린 엠케, 정지인 옮김, 『혐오사회: 증오는 어떻게 전염되고 확산되는가』, 다산초당, 2017.

크리스 바커, 이경숙·저영희 옮김, 『문화연구사전』, 커뮤니케이션북스, 2009.

통일부 통일교육원, 『북한이해』, 2013·2014·2015·2016.

편집부 편, 『파퓰러음악용어사전』, 삼호뮤직, 1998.

프리모 레비, 이현경 옮김, 『이것이 인간인가』, 돌베개, 2007.

플라톤, 최현 옮김, 『소크라테스의 변명: 피아톤, 크리톤, 향연, 프로타고라스』, 집문당, 2008.

한국문화예술진흥원, 『2013 문예연감』, 『2014 문예연감』, 『2015 문예연감』.

한국평론가협회, 『동시대 연극비평의 방법론과 실제』, 연극과인간, 2009.

한병철, 『아름다움의 구원』, 문학과지성사, 2015.

한병철, 『피로사회』, 문학과지성사, 2016.

호르헤 라라인, 신희영 옮김, 『맑스주의와 이데올로기』, 백의, 1998.

홍재희, 『그건 혐오예요. 상처를 덜 주고받기 위해 해야 하는 말』, 행성B잎새, 2017.

Alexasnder, D. Victoria, *Sociology of the arts*, Oxford: Blackwell, 2003.

Ankersmit, F. R., "Die postmoderne 'Privatiserung' der Vergragenheit", edited by Herta Nagl-Docekal, Der Sinn des Historischen Geschichtsphisch Debatteb, Frankfurt a. M. 1996.

Ankersmit, F. R., "History and Tropology", *The Rise and Fall of Metaphor*, Berkekey, 1994.

Assmann, Aleida, *Erinnerungsraume: Formen und Wandlungen des kulturellen Gedachtnisses*, verlag C. H. Beck Munchen, 1999.

Assmann, Aleida, *Cultural memory and western civilization Arts of Memory*, New York: Cambridge University press, 2013.

Barbalet, J. M., *Emotion, Social Theory and Social Structure*, Cambridge University, 1998.

Barbalet, Jack(ed.), *Emotions and Sociology*, Oxford: Blackwell, 2002.

Barker, Cris and Galasinski, Dariusz, *Cultural Studies and Discourse Analysis:*

A dialogue on Langage and Identity, Los Angeles: Sage Publication, 2001.

Bell, Allan and Garrett, Peter, *Approaches to Media Discourse*, Blackwell, 2005.

Berezin, Mabel, "Secure states: towards a political sociology of emotion", Edited by Jack Barbalet, *Emotions and Sociology*, Oxford: Blackwell, 2002.

Berezin, Mavel, "Secure states: towards a political sociology of emotion", Edited by Jack Barbalet, *Emotions and Sociology*, Oxford: Blackwell, 2002.

Berlant, Lauren, *Cruel Optimism*, Duke UP., 2011.

Brecht, Bertolt, *Brecht on theatre*, edited and Translated by John Willet, London: Methuen, 1978.

Brockett, G. Oscar, *History of the Theatre*, London: Allyn and Bacon, 1995.

Butcher, S. H.(tr.), Fransis Fergerson(Introduction), *Aristoteles's Poetics*, New York: Hill and Wang, 1961.

Cooper, Lane, *The Rhetoric of Aristotle*, Prentice-hall, 1960.

Curran, James & Morley, David & Walkerdine, Valerie, *Cultural Studies and Communications*, London: Arnold, 1996.

Dietrich, E. John & Duckwall, W. Ralph, *play Direction*, New Jersey: Prentice-hall, INC., Englewood Cliffs, 1983.

Fairclough, Norman, *Discourse and Social Change*, Cambridge: Polity Press, 2007.

Fairclough, Norman, *Media Discourse*, London: Arnold, 1995.

Gross, J. James, *Handbook of emotion regulation*, New York: The Guilford, 2007.

Hobsbawm, J. Eric, "Ethnicity and Nationalism in Europe Today", Edited by Gopal Balakrishnan, *Mapping the nation*, London: Verso, 1996.

286

Kagan, Jerome, *What is Emotion?* New haven and London: Yale university Press, 2007.

Kim, Suk-Young, *Illusive utopia: theater, film, and every performance in north korea*, The university of Michigan press, 2013.

Knuuttila, Simo, *Emotions in Ancient and Medieval Philosophy*, Oxford, 2006.

Lyons, William, *The Philosophy of Cognition and Emotion*, Tom Dalgleish and Mick Power(eds.), New York: Handbook of Cognition and Emotion, 1999.

Martin & Ringham, *Key Terms in Semiotics*, New York: Continuum, 2006.

Massumi, Brian, *The Politics of Affect*, Polity Press, 2015.

Nussbaum, *The Fragility of Goodness: Luck and Ethics in Greek Tragedy and Philosophy*, Cambridge, 1986.

Shilling, Chris, "The two traditions in the sociology of emotion", Edited by Jack Barbalet, *Emotions and Sociology*, Oxford: Blackwell, 2002.

Silbermann, Alphons, "Soziologie der Kunst", in Rene Konig(Hrsg.), *Handbuch der empirischen Sozialforschung*, Sd. 13, Sttuttgart, 1979.

Solomon, C. Robert, *What is an Emotion?: Classic and Contemporary Readings*, New York, 2003.

Spinoza, Benedict de, *A Spinoza Reader*, Edited and Translated by Edwin Curley, New Jersey: Princeton university press, 1994.

Stanislavski, Constantin, Translated by Elizabeth Reynoids Hapgood, *Building a character*, New York: Theatre arts Books, 1949.

Story, John, *Cultural theory and popular culture a reader*, Cambridge University press, 1994.

Turim, Maureen, *Flashbacks in Film: memory and history*, New York:

Routledge, 1989.

Tyson, Lois, *Critical theory today*, New York: Routledge Talor & Francis Group, 2006.

2. 학위논문

김은영, 「국어 감정동사 연구」, 전남대학교 박사논문, 2004.

신순자, 「현대국어의 형용사 연구」, 이화여자대학교 박사논문, 1996.

이명자, 「김정일 통치시기 가족 멜로드라마 연구: 북한 근대성의 변화를 중심으로」, 동국대학교 박사논문, 2004.

이효인, 「북한의 수령 형상 창조 영화 연구: 연작 〈조선의 별〉과 연작 〈민족의 태양〉의 신화 형식을 중심으로」, 중앙대학교 박사논문, 2001.

정현원, 「감성의 개념 및 어휘 체계 정립을 통한 공감각 디자인 평가 방법에 관한 연구: 실내 마감재로의 시촉각 감성평가를 중심으로」, 홍익대학교 박사논문, 2008.

홍성규, 「북한 서정가요의 주제와 음악분석」, 고려대학교 박사논문, 2015.

3. 연구논문

김갑식, 「김정은 정권의 수령제와 당·정·군 관계」, 『한국과 국제정치』 30(1), 2014.

김갑식·오유석, 「고난의 행군'과 북한사회에서 나타난 의식의 단층」, 『북한연구학회보』 8(2), 2004.

김근식, 「1990년 북한의 체체정당화 담론: '우리식 사회주의'와 '붉은기 철학'을 중심으로」, 『통일정책연구』 8(2), 2000.

김근식, 「김정은 시대의 '김일성-김정일주의'」, 『한국과 국제정치』 30(1), 2014.

김근식, 「북한의 권력승계과정과 당내갈등」, 『통일문제연구』 32, 1999.

김성경, 「북한 청년의 세대적 '마음'과 문화적 실천: 북한 '사이(in-between) 세대'의 혼종적 정체성」, 『통일연구』 19(1), 2015.

김영범, 「알박스의 기억사회학 연구」, 『사회과학연구』 6(3), 1999.

김용현, 「김정일·김정은 집권 초기 북한 권력체계 비교: 최고인민회의 제10 기, 제13기 제1차 회의를 중심으로」, 『한국동북아논총』 74, 2015.

김정수, 「김정은 시대의 예술정치」, 『위기와 기회의 한국정치와 국제질서』, 한국정치학회 2017년 연례 학술회의(2017년 12월 1일~12월 2일).

김정수, 「김정은 시대 예술영화에 나타난 일상정치」, 『문예정책논총』 32(1), 2018.

김정수·최대석, 「김정은 시대 문예정책의 감성체계 연구」, 『정책연구』 181, 2014.

김종욱, 「북한의 정치변동과 일상의 정치: 김정일 체제 이후」, 『북한연구학 회보』 11(1), 2007.

김진환, 「김정은 시대 지배이데올로기의 특징과 전망: '김일성주의'에서 '김 일성-김정일주의'로」, 『북한연구학회보』 17(2), 2013.

문순보, 「김정일-김정은 유훈통치 3년 비교」, 『월간 한국』 2, 2015.

박형중, 「김정은 권력승계의 대내와 정책의 추이」, 『KDI 북한경제리뷰』 16(10), 2014.

박형중·최대석·김학성·박영자·장인숙, 「수령독재 하에서 권력과 이권을 둘 러싼 갈등 동학 그리고 장성택 숙청」, 『북한연구학회보』 18(1), 2014.

오양열, 「김정일 시대 북한 문예정책의 변화 양상과 향후 전망」, 『예술경영연 구』 13, 2008.

이명자, 「〈민족과 운명 '로동계급편'〉: 플래시백과 역사재현」, 『통일논총』 20,

2002.

이상우, 「북한 희곡에 나타난 이상적 여성·국민 창출의 양상」, 『한국극예술』 21, 한국극예술학회, 2005.

이우영, 「북한의 사회정책과 인민생활」, 『통일경제』 1, 2012.

이준서, 「수치심 문화와 죄책감 문화 담론에 대한 비판적 고찰」, 『브레히트와 현대연극』 32, 2015.

이평전, 「김원일 소설의 '기억'과 '회상'연구」, 『우리문학연구』 39, 2014.

정영철, 「김정은 체제의 출범과 과제」, 『북한연구학회보』 16(1), 2012.

조동호, 「경제·핵 병진노선의 의미와 김정은 시대의 경제정책 전망」, 『국가 전략』 19(4), 2013.

조한성, 「북한 문화 정책의 지속과 변화」, 『한반도포커스』 37, 2016년 가을.

차문석, 「'고난의 행군'과 북한 경제의 성격 변화: 축적 체제와 조정 기제의 변화를 중심으로」, 『현대북한연구』 8(1), 2005.

최대석, 「북한의 경제난과 정치체제의 변화」, 『통일논총』 25, 2007.

최대석·현인애, 「주체사상의 재인식: 형성과 확립, 그리고 쇠퇴」, 『북한연구 학회보』 11(2), 2007.

최은석, 「북한 조선노동당의 선군정치 실현과 국방위원회에 대한 헌법적 규 제」, 『한국군사학회』 69, 2012.

한승호, 「김정은 시대의 북한 '조선예술영화' 분석」, 『통일인문학』 59, 2014.

4. 북한문헌

_____,[1] 『세기와 더불어 7(계승본)』. 평양: 조선로동당출판사, 1996.

---

[1] _____의 지은이 표기: 김일성의 회고록은 제5권으로 끝난다. 제6권에 있는 보천보 전투에 대한 김일성의 회고는 중요하다지만 이것은 이미 김일성이 쓴 글이 아닌 것으로

_____, 「(자애로운 품) 목요기량발표회」, 『조선영화』 1호, 1995.

_____, 「경애하는 김정은 동지께서 제9차 전국예술인대회 참가자들에게 력
사적인 서한 〈시대와 혁명발전의 요구에 맞게 주체적 문학예술의 새
로운 전성기를 열어나가자〉를 보내시였다」, 『로동신문』, 2014년 5월
17일.

_____, 「녀병사가 받아안은 1월의 감격」, 『조선예술』 1호, 2015.

_____, 「선군혁명문학은 주체사실주의 문학발전의 높은 단계이다」, 『조선문
학』 3호, 2003.

_____, 「화성의숙에서의 한해여름」, 『조선예술』 7호, 1998.

강진, 「위대한 〈쇠물철학〉의 진리성을 보여준 시대적 명작」, 『조선영화』 2호,
1996.

강정순, 「노래는 심장에서 우러나와야 명곡으로 될수 있다: 작곡가 김옥성의
전시가요를 놓고」, 『조선예술』 2호, 2000.

김숙, 「김일성민족의 성격적특질」, 『조선영화』 9호, 1995.

김광혁, 「미소속에 비낀 영생의 진리」, 『조선예술』 2호, 2015.

김광혁, 「예술작품 창작에서 김정일 애국주의를 철저히 구현하자」, 『조선예
술』 3호, 2013.

김금철, 「주인공의 사상정신세계를 보여준 인상깊은 장면」, 『조선예술』 9호,
2014.

김길하, 「당의 의도를 민감하게 포착할 때」, 『조선영화』 3호, 1997.

김려숙, 「(평론) 수령결사옹위의 시대정신을 구현한 문제작」, 『조선영화』 3

추정된다. 권7~권8 계승본은 물론 김일성의 글이 아니다. 권1~권6까지는 책 겉표지에
『김일성 회고록 세기와 더불어』(속표지와 맨 뒤 판권에는 회고록이라는 말이 없다)로
나와 있으며 친필 사인이 있는 데 비해, 권7~권8은 『김일성동지회고록 세기와 더불어(계
승본)』이라고 명시되어 있으면서 친필사인이 없다. 그래서 저자를 김일성으로 명기하지
도 않은 것이다.

호, 1997.

김성남, 「고난의 행군길에 울리는 영화예술의 호소성」, 『조선영화』 3호, 1997.

김성남, 「높이 들자 붉은기」, 『조선영화』 4호, 1997.

김성남, 「붉은기는 장군님」, 『조선영화』 2호, 1997.

김성호, 「부르죠아영화예술은 자본주의사상의 대변자, 전파자」, 『조선예술』 6호, 2014.

김웅진, 「(평론) 운명적으로 엮어진 대담한 인간관계」, 『조선예술』 11호, 1999.

김은철, 「숭고한 병사사랑의 세계를 구현한 영화적 형상」, 『조선예술』 4호, 2014.

김웅진, 「(평론) 조선혁명의 시원에 대한 빛나는 형상: 예술영화 〈화성의숙에서의 한 해여름〉(1, 2부)에 대하여」, 『조선영화』 12호, 1997.

김인철, 「병사들의 정든 집에 대한 감명깊은 형상」, 『조선예술』 5호, 2017.

김일국, 「(연단) 혁명적창작기풍은 좋은 작품을 창작하기 위한 선결조건」, 『조선영화』 1호, 1995.

김일성, 「민족문화유산 계승에서 나서는 몇 가지 문제에 대하여」, 『김일성저작선집』, 1983.

김일성, 「전체작가예술가들에게(1951. 6. 30)」, 『김일성 선집(3)』, 평양: 조선로동당출판사, 1953.

김일성, 「공화국 정부 10대 정강(1967. 12. 14)」, 사회과학원 력사연구소, 『조선전사 31』, 평양: 과학백과사전출판사, 1982.

김일성종합대학 조선어문학부 학생 최형렬, 「(영화와 과중) 나의 상급생」, 『조선영화』 2호, 1997.

김정은, 「위대한 김정일동지를 우리 당의 영원한 총비서로 높이 모시고 주체혁명위업을 빛나게 완성해나가자」, 평양: 조선로동당출판사, 2013.

김정일, 「문학예술부문에서 명작을 더 많이 창작하자: 조선로동당 중앙위원회

선전선동부책임일군들과 한 담화(1996. 4. 26)」, 『김정일선집(14)』, 평
양: 조선로동당출판사, 2000.

김정일, 「영화예술론」, 『김정일선집(3)』, 평양: 조선로동당출판사, 1996.

김정일, 「혁명적 영화창작에서 새로운 전환을 일으키자: 영화예술부문 창작
가, 예술인들 앞에서 한 연설(1966. 2. 26)」, 『김정일 선집 I』, 평양:
조선로동당출판사, 1992.

김정일, 「노래창작에서 절가형식은 가사와 곡을 밀착시킬 수 있는 가장 우월
한 형식이다」, 『음악예술론』, 평양: 조선로동당출판사, 1992.

김정일, 『주체문학론』, 평양: 조선로동당출판사, 1992.

김정일, 「혁명적 문학예술작품 창작에서 새로운 앙양을 일으키자(1986. 5.
17)」, 『주체혁명위업의 완성을 위하여 5』, 평양: 조선로동당출판사,
1988.

김철휘, 「(론설) 모든 무대예술작품들을 명작으로 되게하자」, 『조선예술』 3
호, 1997.

김태성, 「수령영생위업 실현에 이바지하는 명작을 더 많이 창작하자」, 『조선
예술』 1호, 2013.

김향정, 「인물의 내면세계를 참신하게 보여준 진실한 연기형상」, 『조선예술』
5호, 2013.

남룡화, 「(수기) 항일유격대식학습기풍을 더욱 높이 발휘하겠다」, 『조선예술』
11호, 1996.

라성일, 「(평론) 연출형상과 실력전: 예술영화 〈나의 아버지〉에 대하여」, 『조
선영화』 10호, 1996.

로철남, 「군사물영화창작에 깃든 위대한 령도」, 『조선예술』 4호, 2016.

류경애, 「(배우수첩) 강옥의 웃음과 눈물」, 『조선영화』 11호, 1995.

류영애, 「로동계급의 혁명관과 인생관에 대한 진실한 형상」, 『조선영화』 5호,

1996.

류용식, 「위인의 품속에서 영생하는 세계적작곡가(2): 인민예술가 김옥성동
　　　무에게 베풀어진 고귀한 은정」, 『조선예술』 10호, 2014.

리대철, 「우리 당의 사상사업과 영화예술」, 『조선영화』 9호, 1995.

리성덕, 「(평론) 구성의 묘미로 승화된 참신한 영화적형상: 예술영화 〈그는
　　　대학생이였다〉」, 『조선예술』 3호, 1997.

리성덕, 「(평론) 로동계급의 생활철학을 구현한 세계적인 대작(2): 다부작예
　　　술영화 〈민족과 운명〉 제28, 29, 30, 21(로동계급 제4, 5, 6, 7부)에
　　　대하여」, 『조선영화』 9호, 1995.

리성덕, 「(평론) 위대하고 영원한 사랑의 품에 대한 숭고하고 아름다운 예술
　　　적화폭: 예술영화 〈나의 아버지〉에 대하여」, 『조선영화』 9호, 1996.

리성덕, 「력사의 방향타를 잡고 자주의 닻을 올린 천출위인의 출현을 부각한
　　　빛나는 예술적 화폭: 예술영화 〈화성의숙에서의 한 해여름〉 제1, 2부
　　　에 대하여」, 『조선영화』 10호, 1997.

리성덕, 「정책적안목을 가지고 형사의 대를 바로세우는것은 명작창작의 기
　　　본」, 『조선영화』 10호, 1996.

리성일, 「그날의 눈송이」, 『조선예술』 1호, 2012.

리성호, 「(평론) 성공한 어린이들의 연기형상: 예술영화 〈나의 아버지〉를 보
　　　고」, 『조선영화』 10호, 1996.

리숙경, 「(창작수기) 위대한 병사사랑의 세계에 매혹되여」, 『조선예술』 2호,
　　　2014.

리용길, 「(수필) 생과 영원」, 『조선영화』 8호, 1996.

리원복, 「(배우수첩) 성격탐구와 연기형상의 진실성」, 『조선영화』 6호, 1997.

리인철, 「(창작수기) 당의 요구와 작가의 신념」, 『조선영화』 4호, 1997.

리정룡, 「(연기평) 수령결사옹위정신, 총폭탄정신, 자폭정신으로 교양하는데

홀륭하게 이바지한 인물형상」,『조선영화』 6호, 1997.

리정용, 「(연단) 배우의 세계관과 인물형상」,『조선예술』 1호, 2000.

리정용, 「(연단) 시대를 자각케 하는 인물형상」,『조선영화』 8호, 1997.

리주천, 「붉은기를 높이 들고 시대와 혁명이 요구하는 명작을 더 많이 창작해 내자」,『조선영화』 12호, 1996.

리철명, 「사랑의 불사약이 전하는 감동깊은 예술적 화폭」,『조선예술』 1호, 2015.

리현순, 「(론설) 창작가, 예술인들은 명작폭포로 당의 선군령도를 충직하게 받들어 나가자」,『조선예술』 8호, 2014.

리현순, 「숭고한 공산주의도덕의리를 구현하는 것은 영화예술의 중요한 과업」,『조선영화』 3호, 1996.

리호윤, 「(평론) 고아가 찾은 아버지: 예술영화〈나의 아버지〉를 보고」,『조선영화』 10호, 1996.

민룡길, 「명작영화 폭포로 주체문학예술을 빛내여나가자」,『조선예술』 9호, 2014.

박대순, 「조국해방전쟁시기 인민군군인들의 형상창조에서 나서는 몇가지 문제」,『조선영화』 12호, 1996.

박무환, 「(평론) 생의 젖줄기-사랑의 샘: 예술영화〈나의 아버지〉를 보고」,『조선영화』 8호, 1996.

박영무, 「(평론) 영화의 극조직이 주목된다」,『조선예술』 3호, 2014.

박춘택, 「위대한 김정일 동지께서 선군시대 문학발전에 쌓아올리신 불멸의 업적을 길이 빛내여 나가자」,『조선문학』 2호, 2012.

본사기자 황봉송, 「(방문기) 꽃망울들은 붉게만 피리: 예술영화〈나의 아버지〉에서 은정의 역을 수행하였던 학생들을 찾아서」,『조선영화』 9호, 1996.

북한 예술영화 〈민족과 운명〉 30~32부; 〈고요한 전방〉; 〈그는 대학생이였다〉; 〈나의 아버지〉; 〈화성의숙에서의 한해여름〉; 〈들꽃소녀〉; 〈종군작곡가 김옥성〉; 〈폭발물처리대원〉; 〈최전연의 작은집〉.

서철, 「극적흥미를 일관성있게 끌고나간 개성적인 연기형상」, 『조선예술』 1호, 2015.

손태광, 「(단평) 알찬 장면이 남긴 극적여운」, 『조선예술』 6호, 2016.

손태광, 「(평론) 사회문제의 예리성과 풍부한 예술성: 예술영화 〈고요한 전방〉을 보고」, 『조선영화』 6호, 1997.

손태광, 「형상의 견인력을 보장한 영화흐름」, 『조선예술』 3호, 2014.

송학성, 「(론설) 경애하는 수령 김일성동지의 위대성을 형상한 무대예술작품을 더 많이 창작하자」, 『조선예술』 4호, 1997.

신기명, 「(론설) 로동계급주제영화작품을 창작하는 것은 현시기 매우 중요한 문제」, 『조선영화』 5호, 1995.

심영택, 「(평론) 극적국면전개와 마지막 처기」, 『조선영화』 4호, 1997.

심영택, 「(평론) 운명적인 선택으로 이어지는 극의 세계: 예술영화 〈폭발물처리대원〉을 보고」, 『조선예술』 9호, 2012.

심영택, 「(평론) 작은것과 큰 것」, 『조선예술』 8호, 2012.

심영택, 「(평론) 한방울의 물에 우주가 비낀듯한 영화: 예술영화 〈화성의숙에서의 한 해여름〉(1, 2부)을 보고」, 『조선예술』 7호, 1998.

심영택, 「강옥의 운명선과 그 형상의 특징」, 『조선영화』 2호, 1997.

심영택, 「우리의 소원」, 『조선예술』 1호, 2013.

심영택, 「작은것과 큰것」, 『조선예술』 8호, 2012.

안희열, 『주체적문예리론 연구22: 문학예술의 종류와 형태』, 평양: 문학예술종합출판사, 1996.

윤종영, 「명작창작과 예술적 재능」, 『조선영화』 2호, 1996.

장영, 「(론설) 김책형의 인간전형을 창조하는 것은 우리 영화예술의 중요한 시대적 요구」, 『조선영화』 1호, 1996.

장경원, 「우리의 행군길」, 『조선영화』 4호, 1996.

장봉수, 「주체혁명의 시원, 우리 당의 력사적뿌리에 대한 예술적 형상」, 『조선예술』 10호, 2016.

장현일, 「〈들꽃〉의 아름다움을 돋구어 낸 탐구적인 화면형상」, 『조선예술』 3호, 2013.

장현일, 「〈장미〉는 〈들꽃〉의 아름다움을 어떻게 돋구어는가」, 『조선예술』 6호, 2013.

전일신, 「시대긍정과 웃음」, 『조선영화』 5호, 1996.

정철애, 「(평론) 인물성격을 깊이있게 돋구어낸 대사형상」, 『조선예술』 6호, 2014.

조선민주주의인민공화국 사회과학원, 『정치용어사전』, 평양: 사회과학출판사, 1970.

조선예술영화촬영소 예술부총장 백현구, 「올해를 영화명작창작의 해로 빛내이겠다」, 『조선예술』 2호, 2012.

조선인민군 4.25예술영화촬영소 인민배우 리익승, 「(수기) 영광의 날에나 시련의 날에나」, 『조선영화』 2호, 1997.

조선중앙통신사, 『조선중앙년감』, 평양: 조선중앙통신사, 1997·1998·1999·2013·2014·2015.

조성근, 「(평론) 극의 바탕과 척도는 어디에 있었는가: 다부작예술영화 〈민족과 운명〉의 련속편들을 보고」, 『조선영화』 8호, 1996.

채풍기, 「(창조경험) 오늘의 교훈, 래일의 대안」, 『조선영화』 4호, 1997.

최광진, 「영화의 시작과 마감에서의 정서적여운」, 『조선예술』 6호, 2014.

최성호, 「로동계급편에 명대사가 많다 하시며」, 『조선예술』 4호, 2017.

최성호, 「최후돌격전에 이바지할 영화문학」, 『조선영화』 3호, 1997.

최언국·홍국원·황지철, 『친애하는 지도자 김정일 동지의 문학예술업적(2) 혁명적 작품창작에서 위대한 변혁』, 평양: 문학예술출판사, 1993.

최철진, 「환각수법이 안겨준 예술적감흥」, 『조선예술』 5호, 2010.

평양전화국 로동자 김동철, 「(영화와 관중) 집에서 있은 일」, 『조선영화』 9호, 1997.

표광원, 「참신한 형상이 안아온 들꽃다발」, 『조선예술』 12호, 2016.

한상대, 「(연단) 주제는 생활적으로 풀어야 한다」, 『조선영화』 6호, 1997.

한용팔, 「(배우수첩) 세쌍둥이아버지 장계득」, 『조선영화』 6호, 1996.

한윤남, 「(평론) 력사물영화의 인식교양적의의」, 『조선영화』 2호, 1996.

한윤남, 「전쟁물작품창작에서의 강력적지침: 위대한 수령 김일성동지의 고전적로작 〈우리 문학예술의 몇가지 문제에 대하여〉 발표 45돐에 즈음하여」, 『조선영화』 6호, 1996.

한이훈, 「위대한 수령님과 당에 대한 충실성은 로동계급의 가장 숭고한 감정」, 『조선영화』 1호, 1996.

함영근, 「당과 국가의 시책에 대한 생각」, 『조선예술』 10호, 1995.

허영철, 「김정일애국주의로 튼튼히 무장하자!」, 『조선예술』 8호, 2012.

홍국원·최정삼, 「(위대한 령도, 불멸의 업적) 다부작 예술영화 〈민족과 운명〉 창작에 깃든 불멸의 자욱(3)」, 『조선예술』 10호, 2010.

황대영, 「(평론) 현시점에서 제기한 문제와 영화구성: 예술영화 〈고요한 전방〉을 보고」, 『조선영화』 12호, 1997.

5. 기타

진태원, 본 연구자와 인터뷰 / 전화 인터뷰 / 서면질의, 2016년 9월~12월, 2017년

3월~7월 매주 금요일.

홍성규, 곡 해석과 악보작업, 2016년 9월~12월, 2017년 10월~11월.

〈민족과 운명〉 30~32부, https://www.youtube.com/watch?v=L-C_WlsJWRY

　　　(접속일 2020년 12월 19일, 영화문학).

〈고요한 전방〉, https://www.youtube.com/watch?v=MFd_NLBaJwM

　　　(접속일 2020년 12월 19일. 영화문학은『조선영화』6호, 1997).

〈그는 대학생이였다〉, 영화문학은『조선영화』3호, 1997.

〈나의 아버지〉, https://www.youtube.com/watch?v=R4sg5rAyq-U

　　　(접속일 2020년 12월 19일. 영화문학은『조선영화』2호, 1997).

〈화성의숙에서의 한해여름〉,

　　　https://www.youtube.com/watch?v=TbBqlyptSGM

　　　(접속일 2020년 12월 19일. 영화문학은『조선예술』7호·9호, 1998).

〈들꽃소녀〉, https://www.youtube.com/watch?v=aXN8IgEttzY

　　　(접속일 2020년 12월 19일. 영화문학은『조선예술』12호, 2012).

〈종군작곡가 김옥성〉, https://www.youtube.com/watch?v=p_a4XnYP6Gg

　　　(접속일 2020년 12월 19일. 영화문학은『조선예술』3호·4호, 2013).

〈폭발물 처리대원〉, https://www.youtube.com/watch?v=y2BWJrg8quI

　　　(접속일 2020년 12월 19일. 영화문학은『조선예술』2호, 2013).

〈최전연의 작은집〉, https://www.youtube.com/watch?v=yUaKawuHNiw

　　　(접속일 2020년 12월 19일. 영화문학은『조선예술』4호, 2014).